1인창직 실무지침서

너는
평생
뭐하고
살래?

너는
평생
뭐하고
살래?

지은이		정은상
펴낸이		모두출판협동조합(이사장 이재욱)
초판 인쇄		2022년 12월 12일
초판 발행		2022년 12월 19일
디자인		나비 02.742.8742
주소		서울 도봉구 덕릉로 54가길 25(창동 557-85, 우 01473)
전화		02)2237-3301, 02)2237-3316
팩스		02)2237-3389
이메일		ssbooks@chol.com

ISBN 979-11-89203-36-8 (03330)

ⓒ정은상, 2022

modoobooks(모두북스) 등록일 2017년 3월 28일/ 등록번호 제 2013-3호

책값은 뒤표지에 씌어 있습니다.

1인창직 실무지침서

너는 평생 뭐하고 살래?

정은상
지음

modoobooks

모든 사람의 모두(冒頭) 가치를 지향하는 협동조합출판사

프롤로그

　창직(創職, job creation)은 창조적인 아이디어를 통해 자기 주도적으로 기존에는 없는 직업이나 직종을 새롭게 만들어내거나 기존의 직업을 재설계하는 직업 활동을 말합니다. 아이디어를 가지고 자신의 능력이나 적성 등을 활용하기 때문에 창업과는 다른 개념입니다.

　지난 10년 동안 오로지 평생 직업을 찾기 위한 창직과 인생 다모작 코칭을 꾸준히 해왔습니다. 또한 중앙정부와 지방자치단체 그리고 많은 기업과 학교에서 강연과 강의를 통해 창직에 대해 알리고 강조했습니다. 지금까지 450명을 코칭 했는데 이 중 250명은 일대일로, 나머지 200명은 그룹으로 코칭 했습니다.

　2015년부터 이미 세 권의 저서를 통해 필자의 생각을 널리 알려드렸지만, 이번에는 지금까지 말씀드린 내용을 일목요연하게 1강~7강으로 나누어 정리했습니다. 특히 창직의 절차에 대해 자세히 기록하여 창직을 하려는 분들에게 도움을 드리고자 합니다.

　1강에서는 왜 창직이 답인가를 설명했습니다. 창직을 하는 이유는 평생 직업을 찾기 위한 것입니다. 평생 직업 찾기는 사람마다 방법이 다릅니다. 그리고 한 번 평생 직업을 찾았다고 해서 그 직업을 계속 유지하기는 어렵습니다. 그러므로 평생 직업을 찾는 노하우를 터득해야 합니다.

　2강에서는 급변하는 시대를 어떻게 이해하고 발상의 전환을 할 것인가를 풀어놓았습니다. 생각이 바뀌어야 행동이 바뀝니다.

그리고 행동이 바뀌어야 조금씩 습관이 바뀝니다. 평생 직업을 찾기 위한 창직 활동은 결국 몸에 배어 습관이 되어야 합니다.

3강에는 필자가 만든 창직 7계명과 창직의 절차를 구체적으로 설명했습니다. 창직 7계명을 염두에 두고 평생 직업을 찾기 위한 창직 활동을 하면 큰 틀에서 궤도를 벗어나지 않을 것입니다.

4강에는 구체적으로 어떻게 '창직선언서'를 작성하고 브랜드를 만드는지에 대해 정리해 놓았습니다. 창직을 위해서는 우선 선언을 해야 합니다. 돈이 아니라 가치를 먼저 생각하면서 창직선언서를 만들면 나중에 돈도 자연스럽게 따라오게 됩니다.

5강에는 처음에 창직을 하려면 1인 기업부터 시작하는 것이 좋습니다. 1인 기업은 과연 무엇이며 어떻게 1인 기업을 시작해야 하는지에 대해 정리해 두었습니다. 그리고 명함을 만드는 방법도 알려 드렸습니다.

6강에서는 독서와 글쓰기에 대해 자세하게 설명했습니다. 변화무쌍한 미래를 지혜롭게 헤쳐 나가려면 독서와 글쓰기가 필수입니다. 엄청난 속도로 변화하는 세상을 읽어내는 능력을 독서를 통해 찾아내야 합니다. 동시에 생각의 힘을 키우기 위해서는 반드시 글쓰기를 해야 합니다. 필자처럼 책을 쓰거나 칼럼을 쓰거나 블로그와 각종 채널에 글을 써야 합니다.

마지막 7강에서는 셀프 홍보하는 방법에 대해 기록해 두었습니다. 지금은 1인 미디어 시대이며 셀프 홍보의 시대입니다. 창직을 선언했다면 이제부터 자기 자신을 직접 홍보하면서 널리 알려야 합니다.

이 책을 읽는 방법은 처음부터 끝까지 읽어도 좋겠지만 창직을 하면서 필요한 부분을 골라서 읽고 하나씩 적용하는 방법도 좋을 것입니다.

아직 네이버 어학사전에도 나오지 않은 '창직'에 대해 10년 동안 쌓아온 필자의 충분한 지식과 경험을 묶어 일목요연하게 정리해 놓았으니 잘 활용하시면 큰 도움이 될 것으로 확신합니다.

2022년 12월
서초동에서 정은상

차례

1강
왜 창작이 답인가

- 012 **창작의 목표는 평생직업**
- 013 아이폰3와의 만남
- 014 50플러스 재단과 중학교 자유학년제의 창직 과정
- 015 창직은 2080 필수과목
- 016 1주일 만에 시작할 수 있는 1인창직

- 019 **창직과 평생직업**
- 019 경쟁에서 벗어나면 세상이 달라 보인다
- 021 낯선 시선으로 세상을 보라
- 023 모르면 두렵고 알아야 자신감이 생긴다
- 026 정신력은 늙지 않는다
- 028 지능지수에 대한 환상을 버려라
- 030 때를 기다리지 말고 찾아내라
- 032 기회는 노리는 자의 몫이다
- 035 막히면 뚫어라
- 037 반대에 부딪쳤을 때
- 039 직업의 재구성
- 041 쫄지 맙시다
- 043 리버스 멘토링
- 045 평생직업과 독서
- 047 자제력은 우리의 운명을 결정한다
- 049 평범함의 위력
- 051 결핍을 에너지로
- 053 은퇴하지 맙시다
- 056 이름을 불러주라

2강
시대의 변화와 발상의 전환

- 060 **발상의 전환이 변화를 이끄는 힘**
- 061 직장과 직업은 다르다
- 062 백세시대의 개인도 발상 전환해야
- 063 창작을 위한 발상의 전환을 생각해야
- 064 시대의 변화는 나의 변화

- 068 **변화의 시대와 발상의 전환**
- 068 고슴도치 딜레마
- 070 나쁜 질문은 없다
- 072 짧아지는 직업의 라이프 사이클
- 074 행동하며 생각하라
- 077 기능적 고착을 벗어나라
- 078 너무 늦은 때란 없다
- 080 능력주의의 함정
- 082 메타버스로 세대의 벽을 넘는다
- 085 메타버스에 올라타라
- 087 열심히 하지 마라
- 089 위드 코로나 시대, 플랜B가 필요한 이유
- 091 위드 코로나와 창작
- 093 일자리 파괴는 계속된다
- 095 직업관이 달라졌다
- 098 미래 예측은 스스로 하라
- 100 인구 감소에 대비하라

3강
창직 7계명과 창직의 절차

104 창직 7계명
104 돈보다 가치를 우선으로
106 조급하면 핵심을 놓친다.
107 남을 따라하면 창직이 아니다.
107 독서와 글쓰기는 기본
109 스마트 도구로 무장하라.
110 소셜 네트워크를 넓혀라.
111 의심하지 말라.
111 창업과 다른 창직의 절차

114 창직에 성공하려면
114 시작이 반이다
116 아는 체하지 말고 배워라
118 창의성은 연결에서 나온다

121 논리적 사고 능력을 길러라
123 디지털 리터러시, 가르치지 말고 함께 배워라
125 사람을 연결하라
127 나만의 학습 방법을 찾아라

130 따로 다음 서로
132 멀티태스킹을 피하라
134 시간 도둑을 잡아라
136 지금은 디지털 학습시대
138 지나친 논리주의를 경계하라
140 우선순위를 바꿔라
142 직업을 바꾸는 독서
144 산만하지 않고 집중하기
146 토론 능력을 갖춰라
148 대화의 단절을 극복하라

4강
창직선언서와 브랜드 작성

152 뽕망치와 창직 코칭
153 초심이 흔들리지 않도록 창직 선언부터
155 창직을 성숙시키는 퍼스널브랜딩
157 창직의 개척자들

160 창직선언서와 퍼스널 브랜딩
160 나를 바꾸면 창의력이 생긴다
162 자기모순을 경계하라
164 자신의 삶을 산다는 것
167 전문성이 부족하면 제너럴리스트가 되라
169 가업을 잇다
171 강물을 거슬러 올라가는 연어처럼
173 근자감을 에너지로 바꿔라
175 단순화 기술
177 모방의 기술
179 생각을 행동으로 옮겨라
182 생각하는 자에게 기회는 찾아온다
184 인정(認定)욕구를 활용하라
186 직관을 믿는 내공을 쌓아라
188 똑똑함보다 꾸준함이 필요한 때
190 나만의 커리어를 만들어라
192 변화된 세상, 나만의 길 찾기
194 앞서려 하지 말고 달라지려 하라
196 언리미팅으로 무장하라
198 직관력을 위한 나만의 고정관념 만들기
200 뉴노멀이 된 재택근무
202 실패를 소환하라
204 유머의 위력

5강
1인 기업과 명함 만들기

- 208 **1인 기업 창작과 명함의 위력**
- 208 1인 기업 창작은 미리미리 계획해야
- 209 1인 기업은 자기선언이 창작
- 210 창작 선언했으면 명함부터 만들어야

- 212 **창작 선언, 퍼스널브랜딩, 명함으로 무장한 1인 기업가**
- 212 디딤돌과 걸림돌
- 214 카오스를 뛰어 넘어라
- 216 티칭에서 코칭으로
- 219 공부를 멈추지 말아야 할 이유
- 221 누군가를 만날 때 창의력이 높아진다
- 223 당당하게 자신을 표현하라
- 226 손정의의 매직 넘버 7
- 228 수평적 사고
- 230 정중(鄭重)하라
- 232 정체성, 찾지 말고 만들어라
- 234 피보팅을 활용하라
- 236 두려움을 에너지로 바꾼다
- 238 리더의 말
- 240 컬처 코드를 읽어라
- 242 탐험가의 자세로 미래를 바라보라
- 244 틀리는 것을 두려워하지 마라
- 246 관계를 복원하려면
- 248 배우려면 만나라
- 250 안다는 것

6강
독서와 글쓰기 실전

- 254 **창작 독서 글쓰기는 불가분의 관계**
- 255 독서는 선진국과 선진국민의 척도
- 256 창작선언서와 키워드 독서
- 257 꾸준한 글쓰기와 세 권의 저서
- 258 책과 더불어 성공한 창작자들

- 263 **창작과 독서, 독서와 글쓰기**
- 263 디지털 문해력을 키워라
- 265 최고의 배움은 가르침에서 온다
- 267 학습을 포기하지 마라
- 269 독서 토론과 독후 에세이
- 271 독서력의 진화
- 274 독서로 자신을 확장하라
- 276 마음 챙김을 위한 독서
- 278 종이책 독서가 가장 효과적이다
- 280 차별화를 위한 독서
- 282 독서 루틴 만들기
- 284 왜 독서를 주저할까?
- 286 독서꽝
- 288 독서의 기술
- 290 독서에 목숨을 걸다
- 292 산책과 독서
- 294 성과를 위한 독서
- 296 아날로그 독서
- 298 언어와 독서
- 300 위대한 유산 독서 습관
- 302 지혜를 구하는 독서
- 304 효율적인 독서법
- 306 에세이 쓰기로 생각의 힘 키우기

7강
셀프 홍보하기

- 310 **소셜 미디어 시대의 셀프 홍보**
- 311 1인 미디어와 팬덤의 활용
- 311 카카오톡, 페이스북
- 314 유튜브 채널과 네이버 블로그
- 315 브런치와 트위터, 인스타그램과 메타버스 플랫폼

- 318 **소셜 미디어로 세상과 소통하기**
- 318 공유의 효과
- 320 멘탈 갑이 되는 방법
- 322 숲과 나무를 모두 보라
- 324 스스로 한계를 정하지 말라
- 326 흑백논리를 뛰어넘어라
- 329 공부의 기술
- 331 디아벨 시대, 잊지 말아야 할 것
- 333 똘레랑스로 소통하라
- 335 말에도 그릇이 필요하다
- 337 미래 마케팅, 인간의 이기심을 활용하라
- 339 변화를 원하면 만나는 사람을 바꿔라
- 341 슈퍼 커넥터가 되라
- 343 지금은 접속의 시대
- 345 반대 의견에 부딪쳤을 때
- 347 셀프 홍보의 시대
- 349 설득의 기술
- 351 치열한 독서
- 353 게임하듯 질문하라
- 355 우연의 기적 -세렌디피티를 잡아라
- 357 친구의 범위

1강
왜 창작이 답인가

창직의 목표는 평생직업

창직⁽創職⁾이란 말은 창업과는 조금 다른 의미입니다. 아직 네이버 어학사전에는 나오지 않습니다. 다만 네이버 지식백과에 보면 창직이 '새로운 직종을 만드는 활동'이라고 설명되어 있습니다. 그래서 아직 창직이란 용어를 한 번도 들어보지 못한 분들도 꽤 많습니다. 국내에서는 2014년 매일경제신문에서 가장 먼저 창직이라는 용어를 사용했습니다.

필자는 2015년부터 지금까지 이 창직이라는 키워드를 가지고 450명을 코칭했습니다. 그 중에서 250명은 일대일 코칭을 했고, 200명은 그룹 코칭을 했습니다.

그런데 창업⁽創業⁾이 무엇인지는 아시죠?

우리는 어려서부터 열심히 공부해서 직장에 취업하거나 직장을 퇴직한 후에 재취업을 합니다. 그렇게 취업하지 않고 스스로 비즈니스를 시작하는 것을 창업이라고 합니다. 국내에서는 창업에 대해 자기자본이나 타인자본을 투자해서 비즈니스를 하는 것이라고 설명합니다. 하지만 실제로는 창업보다 개업을 하는 경우가 많습니다. 프랜차이즈 사업을 하는 경우는 창업이 아니라 개업⁽開業⁾입니다.

창업과는 조금 다른 창직의 개념을 설명해 드리겠습니다. 지금은 워낙 변화의 물결이 거세고 새로운 과학기술이 발달하면서 직업이 많이 사라지고 있기 때문에 어떻게 하면 자신에게 맞는 평생

직업을 찾아낼 것인가가 창직의 핵심입니다. 요즘은 백세 시대이기 때문에 적어도 70대 후반 또는 80대 중반까지 자신의 직업을 가지고 세상을 살아갈 수 있어야 합니다. 이것이 바로 창직입니다. 그래서 필자는 지금 창직 전문가로 활발하게 활동하고 있습니다.

필자는 직장생활을 꼭 20년 했습니다. 국내 기업에서 5년 정도, 씨티은행과 프랑스 회사에서 15년 정도 일했습니다. IMF 외환위기가 있었던 1999년 무렵 직장생활 20년을 마치고 비교적 젊은 나이인 46세에 조기 퇴직을 결정했습니다. 그때는 필자가 지금까지 살아왔던 세상과는 조금 다른 세상을 살아봐야겠다는 생각과 막연한 기대감을 가지고 있었습니다.

막상 퇴직하고 보니까 기대감과는 달리 필자가 하는 일이 마땅치 않았습니다. 그래서 여러 가지 직업을 경험하기도 했고요. 교육사업도 해보고, 부동산 자산관리사(미국 CPM), 미국 부동산자산관리협회(IREM) HRD 교수, 그리고 안산의 반월공단에서 전문경영인으로도 몇 년간 일을 해보았습니다. 그렇게 해보니까 상당히 힘이 들기도 하고 돈을 버는 데도 크게 도움이 되지 않았습니다.

아이폰3와의 만남

그래서 '앞으로 어떻게 할까?' 하고 고민하던 차에 하나의 계기가 찾아왔습니다. 2009년 말 스티브 잡스가 만든 스마트폰 아이폰3가 국내에 보급되었습니다. 필자는 아이폰3를 보는 순간 세상이 크게 바뀌겠구나 하고 직감했습니다. 얼마 후 잡스는 타계했습니다만, 필자는 이후로도 열심히 스마트폰과 SNS에 몰두해서 열공(熱工) 모드로 연구해 나갔습니다.

한참 스마트폰 공부를 하고 있을 때, 필자의 주변 친구들과 지인들이 스마트폰과 새로운 세상에 대해 너무 모르고 있다는 사실을 알아챘습니다. 그래서 전국을 다니며 필자가 스스로 밥도 사고 커피도 사면서 그들에게 스마트폰과 스마트폰이 가져올 새로운 세상에 대해 소개하였습니다.

그때가 벌써 필자의 나이도 50대 후반에 접어들었을 때죠. 마침 필자의 고등학교 동기들과 ROTC 친구들이 퇴직하고 쏟아져 나올 무렵이었는데, 막상 무엇을 어떻게 해야 할지 몰라 상당히 고심하는 모습을 볼 수 있었습니다. 그들에게 조금이나마 도움을 줄 수 없을까 하고 궁리하다가 창직 코칭에 발을 들여놓게 되었습니다.

코칭은 기본적으로 스마트폰과 SNS를 활용해서 셀프 홍보를 할 수 있는 방법을 알려주는 일부터 시작했습니다. 그러면서 자연스럽게 자신만의 평생직업을 찾아내는 방법을 함께 고민하며 연구하다 보니 오늘에 이르게 되었습니다.

50플러스 재단과 중학교 자유학년제의 창직 과정

이렇게 열심히 사람들을 만나 창직을 전파하다 보니 여기저기 소문이 나서 2017년 가을 학기부터 서울시에서 운영하는 50플러스 재단 중부 캠퍼스에서 1인창직 과정을 시작하게 되었습니다. 그때까지는 필자가 맥아더스쿨이라는 이름으로 일대일 코칭만 했는데 그 이후로는 그룹 코칭까지 하게 되었습니다. 필자는 그때까지 그룹 코칭 경험이 없어 처음에는 조금 서툴렀지만 차츰차츰 그룹 코칭에 대한 노하우와 경험도 쌓이면서 이제는 일대일 코칭과 그룹 코칭을 병행하고 있습니다.

지인의 소개로 알게 된 김원배 선생님의 요청으로 2018년 봄 학기부터 서울시 중구 다산동에 있는 장충중학교에서 자유학년제 1학년 창직반을 지도하게 되었습니다. 올해 5년째 학년들을 지도하고 있는데 지금 중학교 1학년이면 2009년생입니다. 학생들을 지도하면서 필자도 많이 배웠습니다.

필자가 학생들을 지도한 게 아니라 학생들로부터 배웠다고 해도 틀린 말이 아닙니다. 또래 중학생들은 무슨 생각을 하고 있으며, 앞으로 시대가 어떻게 변할 것인지 그들로부터 배운 셈입니다.

이런 경험을 묶어서 매주 창직 칼럼을 썼고, 지금까지 창직과 관련된 책을 네 권이나 저술하여 펴냈습니다. 첫 번째 책 『마법의 코칭』은 2015년 새로운사람들 출판사에서 발간했습니다. 두 번째 책은 2018년의 『창직이 답이다』였고, 세 번째 책은 2019년의 『창직하라 평생직업』이며, 이번에 나오는 이 책이 네 번째 책입니다.

창직은 2080 필수과목

직장을 처음 다니기 시작했거나 아직 다니지 않는 젊은이들이나 청소년들도 이제는 창직의 개념을 이해하고 직장생활을 시작해야 합니다. 필자가 직장을 다닐 때에는 산업화 시대였기 때문에 창직이나 창업보다는 열심히 공부해서 좋은 직장에 취업하기만 하면 자신의 노후는 당연히 보장되는 것으로 생각하고 살아왔습니다. 그런데 막상 시대가 변하고 40년이 흘러가니까 이제는 평생직장의 개념이 사라졌습니다.

지금은 50대 중후반, 심지어 50대 초반이나 40대 후반에도 직장을 퇴직하는 경우가 많아졌습니다. 회사도 이전처럼 그렇게 오래 지속되기 어려운 무한경쟁의 시대를 우리가 살아가고 있습니다. 고성장이 멈춘 저성장 시대, 저금리 시대를 맞이해서 직장의 안정이 어려워졌다는 뜻입니다.

이제는 자신의 직업을 스스로 찾아내야 합니다. 비록 생계를 위해서 직장에 다니더라도 그 직장이 자신이 만든 직장이 아니라면 언제든지 퇴직할 수 있다는 사실을 염두에 두고 미리미리 준비를 해야 합니다. 그래야 막상 퇴직할 사정이 되면 당황하지 않고 미리 준비한 대로 창직에 도전할 수 있기 때문입니다.

1주일 만에 시작할 수 있는 1인창직

이렇게 필자는 20년 정도의 직장생활 경험과 퇴직 이후 약 10년 정도의 다양한 경험을 살려 창직 코칭을 10년 했습니다. 그동안 많은 분들이 필자의 코칭을 받고 이미 창직한 분도 계시고 창직을 준비 중인 분도 계십니다.

필자가 1주일 만에 1인창직을 할 수 있다고 강조하는 이유가 있습니다. 창직은 1인창직부터 시작하면 됩니다. 창업은 1인 창업하기가 쉽지 않지만, 창직은 1인창직부터 가능합니다. 아니 1인창직으로 출발하는 것이 좋습니다. 1인창직의 좋은 점은 일단 자본이 필요하지 않습니다. 그리고 언제든지 시작할 수 있습니다.

나도 창직을 해야겠다고 마음먹는 순간 이미 1인창직은 시작된 셈입니다. 이렇게 마음가짐이 가장 중요합니다. 나도 창직할 수 있다거나 내 직업을 내가 찾아낼 수 있다고 생각하면 창직은 이루어진 것입니다.

창업은 성공하기도 하고 실패하기도 합니다. 하지만 창직에는 실패가 없습니다. 왜냐하면 죽을 때까지 힘이 있는 한 창직을 계속할 수 있기 때문입니다. 이렇게 생각하면 좀 더 마음이 편해지고 급변하는 세상에 잘 적응하면서 살아갈 수 있습니다.

지금까지 우리는 뭐니 뭐니 해도 시대가 '창의력'을 요구한다고 생각했습니다. 하지만 지금은 그런 시대가 아닙니다. 지금은 인공지능 로봇이 나오고, 클라우드 서비스가 이루어지며, 우리가 지금 현실에게 보고 듣는 여러 가지 기술적인 변화가 우리를 돕기 때문에 창의력보다는 적응력이 더 중요합니다. 앞으로 시대가 어떻게 바뀔지, 세상은 어떻게 변할지에 대해서 정확한 안목을 길러 적응해 나가면 됩니다.

필자는 아주 공부를 잘하는 편은 아니었습니다. 대학에서 전자공학을 전공했지만 전자공학과 관련 있는 일을 해보지 않았습니다. 하지만 돌이켜보면 필자는 비교적 적응력이 뛰어났던 것 같습니다.

창직을 하고 뛰어난 적응력을 발휘하려면 무엇보다 남을 따라하면 안 됩니다. 자신만의 길로 가야 합니다. 자신만의 길로 갈 수 있는 가장 좋은 방법은 자신이 새롭게 알게 된 내용을 코칭이나 강연을 통해 어떤 내용이든지 부지런히 남에게 알려주는 것입니다.

남을 가르치는 것이 아니라 남에게 자신이 직접 겪고 깨달았던 내용을 알려줌으로써 남에게 제공하는 만큼 내 것이 되어 돌아옵니다. 아무리 좋은 내용의 강의도 듣고 나서 가만히 있으면 며칠 지나지 않아 산산이 공중에 흩어져 버립니다. 그런데 남에게 알려준 것은 알려준 만큼 자신의 자산이 됩니다. 이것이 바로 창직의 비결입니다.

필자의 권유를 믿고 받아들이셔서 창직에 도전하면 좋겠습니다. 여러분도 얼마든지 창직할 수 있습니다.

창직과 평생직업

경쟁에서 벗어나면 세상이 달라 보인다

경쟁(競爭, competition)이란 같은 목적에 대하여 이기거나 앞서려고 서로 겨루는 것을 말합니다. 생물이 환경을 이용하기 위하여 다른 개체나 종과 벌이는 상호작용도 경쟁에 해당합니다. 경쟁의식은 남과 겨루어 이기거나 앞서려는 마음입니다. 벗어나는 것은 어떤 힘이나 영향 밖으로 빠져나오는 것입니다.

경쟁의식에 사로잡히지 않고 벗어나면 세상의 모든 것들이 다르게 보입니다. 하지만 그렇지 못하면 자신도 모르게 경쟁의식이란 틀 속에 갇혀 시야가 좁아지고 발상을 전환하기 어렵습니다.

우리는 평생 동안 경쟁의식 속에 갇혀 살아왔습니다. 아이가 자라 학교에 들어가면 시험을 통해 성적을 매기고 다음 단계의 학교가 결정됩니다. 학교를 졸업하고 직장에 들어가기 위해 수많은 사람들과 경쟁을 하고 마침내 직장에 들어갑니다.

여기서 끝이 아닙니다. 직장에서 본격적으로 경쟁은 시작됩니다. 요즘은 기업의 조직이 많이 변했다고 하지만 예전에는 한결같이 피라미드식이었습니다. 최고경영자 밑에 임원들이 있고, 임원들 밑에 부서장이 있고, 그 다음에 중간 관리자와 맨 아래 직원들이 있는 식입니다.

같은 회사에서 겉으로는 웃으며 함께 일하지만 보이지 않는 경쟁의식이 서로에게 긴장감을 갖게 합니다. 심지어 직장의 상사는 은근히 부하직원들의 경쟁심을 부추겨서 자신의 실적을 나타내려 합니다. 그래야 그 상사도 동료보다 나은 평가를 받고 승진의 기회를 잡을 수 있기 때문입니다.

경쟁심은 대부분 열등감으로 발전합니다. 긍정적인 방향으로 경쟁심이 활용되기보다 부정적으로 조직의 분위기를 해치고 개인의 자존감도 낮아져서 나중에는 자신감마저 줄어드는 결과를 가져다줍니다.

10년 동안 창직 코칭을 하면서 제발 다른 사람과 비교하지 말라고 계속 조언하지만 워낙 오랫동안 몸과 마음에 깊숙이 배어 있어서 쉽사리 떨쳐버리지 못합니다. 이제는 시대가 바뀌었습니다. 여전히 대기업이나 중견기업의 경우에는 아직도 옛날 방식의 평가 시스템이 존재하지만 애플이나 구글 등 빅테크 기업을 필두로 상대 평가를 하지 않고 절대 평가로 시스템을 바꾼 기업이 많습니다.

평가 시스템의 수정은 조직원의 동기부여에 큰 영향을 미칩니다. 사람은 누구나 자신만의 고유한 특성을 갖고 있습니다. 암기력이 뛰어나 시험을 잘 치르는 사람, 공부는 잘하지 못하지만 성실한 사람, 손재주가 있는 사람, 친화력이 있어서 호감을 주는 사람, 끈기는 부족하지만 아이디어가 넘치는 사람, 다른 관점으로 세상을 보는 사람 등등.

하버드 심리학과 교수 하워드 가드너(Howard Gardner)는 다중지능이론을 주장했는데 그는 지능이란 학습 능력뿐 아니라 문제를 해결하거나 특정한 분야에서 가치 있는 것을 만들어내는 능력이라고 했습니다.

핵심은 다양한 자신만의 능력을 찾아내는 것입니다. 자신의 능력을 찾아내기 위해서는 경쟁의식을 줄이고 내면을 들여다보는 생각의 힘을 키워야 합니다.

한 분야를 깊이 있게 연구하는 사람도 있지만 여러 가지 분야에 걸쳐 다양하게 경험하는 사람도 있습니다.

경쟁의식을 벗어나면 분명히 세상이 달리 보입니다. 다른 사람과의 경쟁이 아니라 자신과 경쟁하는 것이 더 유익합니다. 어제보다 조금이라도 더 성숙한 사람이 되기 위한 시도는 우리를 깨어 있게 만듭니다. 경쟁의식에 갇혀 살면 좁은 세상을 살게 되지만 경쟁을 벗어나면 드넓은 세상이 펼쳐집니다.

낯선 시선으로 세상을 보라

낯설다(unfamiliar)는 말은 전에 본 기억이 없어 익숙하지 아니하거나 사물이 눈에 익지 아니한 경우를 말합니다. 익숙하다는 말의 의미는 어떤 일을 여러 번 하여 서투르지 않은 상태에 있거나 어떤 상대를 자주 보거나 겪어서 처음 대하지 않는 느낌이 드는 상태를 말합니다.

인간은 누구나 낯설지 않고 익숙한 사물이나 사람을 좋아합니다. 물이 언제나 지구 중력의 힘으로 인해 낮은 곳으로 흐르듯 익숙하면 우선 마음이 편안해지기 때문입니다. 그런데 한편으로 익숙하면 변화에 깨어 있지 못하고 뒤처질 가능성이 높습니다.

그래서 자신이 스스로 낯선 시선으로 세상을 보려는 노력을 해야 합니다. 처음에는 낯설지만 이런 과정을 반복하는 가운데 차츰 낯선 것이 두려운 것이 아니라 새로운 것을 경험하는 좋은 기회라고 생각하게 됩니다.

여행을 떠나는 사람들의 특징은 익숙하지 않은 곳을 찾아 낯섦을 즐기기 위해서입니다. 새로운 세상을 보고 새로운 사람을 만나면 새로운 기회가 생깁니다.

여행을 통해 전혀 익숙하지 않은 지형과 기후와 문화를 만나게 됩니다. 언어도 다르고 생각도 다른 사람들을 만나면 시야가 넓어지고 세상을 보는 눈이 점점 커집니다.

큰일을 이룬 정치가들이나 작가들은 우물 안에 갇혀 살지 않고 넓은 세상을 돌아다녔습니다. 그들의 행보는 나중에 그들을 위대한 정치가와 작가로 이끌었습니다.

1934년 중국의 마오쩌둥은 9만 명의 홍군을 이끌고 368일 동안 9,600km를 걷는 대장정을 마치고 중국 통일의 영웅이 되었습니다. 마지막까지 완주한 홍군이 겨우 1만 명이었다고 하니 얼마나 목숨을 건 험난한 여행이었는지 쉽게 짐작할 수 있습니다. 그는 이 대장정을 통해 민심을 얻고 결국 중국을 통일합니다.

독일의 작가이며 철학자인 요한 볼프강 폰 괴테는 이탈리아 여행을 통해 그의 천재성을 일깨우고 삶을 획기적으로 변화시킵니다. 그는 자신의 이탈리아 여행의 의도를 육체적·도덕적 폐해를 치유하고 참된 예술에 대한 뜨거운 갈증을 진정시키는 것이라고 밝혔습니다.

이쯤에서 우리는 우리 자신의 상태를 점검해 볼 필요가 있습니다. 나는 혹시 익숙한 것에 도취되어 있지는 않은지 점검해 봐야 합니다. 새로운 것에 호기심이 없다면 벌써 익숙한 것에 안주하고 있다고 보면 확실합니다.

필자가 만난 사람들 중에는 새로운 사람을 만나기를 꺼려하는 분들이 있습니다. 나이 들면서 그저 익숙한 친구들과 자주 만나는 것으로 만족하며 살아갑니다.

하지만 세상은 엄청난 속도로 변해갑니다. 이런 변화는 그것을 싫어하는 사람에게는 고역이 될 수밖에 없습니다.

따지고 보면 우리 삶은 그 자체가 낯섦의 연속입니다.

낯선 곳에서 태어나서 세상을 알아가고 낯선 사람과 만나 결혼하고 낯선 자식이 태어나고 한 번도 가보지 않은 낯선 곳으로 결국 돌아갑니다. 아무리 애써 낯섦을 외면해도 우리의 삶에서 낯섦을 떨쳐버릴 수 없습니다.

그렇다면 관점을 바꿔서 차라리 낯섦과 친숙해지는 것이 낫지 않을까요? 필자는 2018년부터 낯선 사람 만나기 이벤트를 하고 있는데 지금은 '시즌7'에 접어들어 격주 토요일 낮에 합정역 그릭조이에서 그리스와 지중해 문명 여행에 관한 강의를 듣고 낯선 그리스 음식을 즐기며 낯선 사람들과 대화를 합니다.

필자는 이렇게 낯섦을 경험하는 일이 이제 익숙해졌습니다. 시즌 7도 어느 정도 익숙해지면 다시 시즌 8로 변화를 모색해야겠지요. 아무도 강요하지 않지만 스스로 낯선 삶을 살아가려 노력하고 있습니다.

낯선 시선으로 세상을 바라보면 모든 게 새롭기 때문입니다.

모르면 두렵고 알아야 자신감이 생긴다

두려움은 무지(無知)에서 비롯됩니다.

무지란 알지 못한다는 뜻입니다. 몰라서 쩔쩔매다가 이윽고 그것이 무엇인지 알고 나면 마음이 놓이고 뭔가 보이기 시작합니다. 우리 주변에는 자신이 모른다는 사실을 남들에게 들킬까 봐 전전긍긍하는 사람들이 의외로 많습니다. 모르면 차라리 솔직하게 모른다고 고백하면서 배우려고 노력하면 되는데 그런 말조차 감당하지 못해 그저 모른 채 넘어갑니다.

이런 일이 반복되면 두려움이 사라지지 않고 언제나 곁에서 자신을 옥죄게 마련입니다. 그러니 몰라서 모르고, 모르기 때문에 다시 더 알아보려는 노력도 하지 않는 악순환이 반복됩니다. 모르는 것은 부끄러운 일이 아닙니다. 용감하게 모르면 모른다고 털어놓으면서 알려달라고 부탁하면 됩니다. 모르는 상황이 계속 이어지면 자존감이 낮아지고 자신감도 사라집니다.

필자가 꽤 오래 전 중소기업 전문 경영자로 일할 때였습니다. 그 회사 임원의 초청으로 일을 시작했는데 처음 맞닥뜨린 문제는 임원들의 태도였습니다. 무엇인가 궁금해서 물어보면 도통 대답을 하지 않았습니다.

처음에는 필자가 마음에 들지 않아서 그런가 하고 필자를 초청한 임원에게 물었습니다. 되돌아온 대답은 그렇지 않다는 겁니다. 그렇다면 그들이 몰라서 그랬을 것으로 필자는 판단했습니다.

임원들이 모두 어려서부터 기술을 배워 성장했지만 경영에 대해서는 잘 알지 못했습니다. 필자는 임원들의 책상에 컴퓨터를 한 대씩 설치하고 이메일 사용법을 알려 주었습니다.

매주 화요일 오전에 임원회의를 개최하는데, 모든 부서장들에게 일주일 동안 결제할 내용을 하루 전까지 이메일로 발송하라고 주문했습니다. 이와 더불어 임원들에게는 주간회의 들어오기 전에 이메일을 확인하라고 요청했습니다.

과연 그 이후에 임원들의 변화가 시작되었습니다. 비록 처음에는 컴퓨터를 익숙하게 사용할 줄 몰라 다소 어려워했지만, 주간 임원회의를 열면 다양한 의견이 오고 갔습니다. 물론 회사는 활기를 되찾고 매출도 크게 늘었습니다.

평소 대화하는 과정에서 자신이 무엇, 무엇 때문에 두렵다고 말하는 사람들을 종종 만납니다. 그들의 공통점은 디테일을 모르기 때문에 막연한 두려움에 사로잡혀 있다는 사실입니다. 또한 미래에 대한 두려움이 그들을 괴롭힙니다.

모르면 묻고 알면 모르는 사람에게 알려주는 것이 우리 삶의 보편적인 모습이고 반복되는 일상입니다. 특히 비즈니스에서 이런 상호작용은 절대 필요한 요소입니다. 물론 우리 인간은 모든 것을 체험하면서 알고 살아갈 수 없는 시간과 공간의 제약을 받는 존재입니다. 완벽하게 모든 것을 알 수는 없지만 어느 정도 알게 되면 나머지는 예측능력을 키우면 됩니다.

실상 우리 인생은 미지의 세상을 미처 알지도 못한 채 앞으로 나아가야 합니다. 설령 알지 못해도 지적인 낙관주의자가 되면 안개 속을 헤쳐 나갈 능력을 키울 수 있습니다. 안다고 지나치게 으스댈 일도 아니지만, 모른다고 너무 의기소침해지면 곤란합니다. 막연한 두려움으로 인해 미지의 세계로 탐험하는 일을 포기한다면 우리 인생은 나약해질 따름입니다.

지금 우리는 살아가기에 정말 만만치 않은 시대를 살아가고 있습니다. 정신없이 빨리 다가오는 과학기술의 발전이 때로는 우리를 짓누르기도 합니다. 하지만 두려움을 분연히 떨쳐버리고 비전을 품고 앞으로 나아가야 합니다.

비전(vision)은 눈에 보이지 않는 것을 보는 것입니다. 알지 못하면 호기심도 사라지고 도전하고 싶은 의욕도 없어집니다. 모든 것을 알지는 못해도 직관을 믿으며 자신감을 갖고 힘차게 나아가야 합니다.

정신력은 늙지 않는다

정신력(精神力)이란 정신적 활동의 힘을 말합니다. 인간은 영혼과 육체로 이루어져 있습니다. 인간은 태어나 나이가 들면 육체가 성장했다가 시나브로 시들어갑니다. 하지만 영혼은 여전히 활발하게 활동을 계속합니다.

영혼 불멸은 인간이 죽은 뒤에도 영혼은 존재하며 미래의 생활을 계속한다는 의미입니다. 기독교를 비롯한 많은 종교에서는 영혼 불멸을 믿습니다. 종교가 없는 사람들 중에도 영혼 불멸을 믿는 사람들이 꽤 있습니다. 영혼은 바로 정신입니다.

나이가 들면 기억력이 감퇴합니다. 기억이 잘 나지 않는 것을 두고 사람들은 정신력이 사라지고 있다고 오해합니다. 하지만 그렇지 않습니다. 생각이란 판단하고 기억하고 호기심을 갖는 것이라고 했습니다. 생각의 힘은 정신력입니다. 나이가 들면 기억력은 비록 쇠퇴해도 반대로 판단력은 더욱 왕성해집니다.

판단력이 활발해지는 이유는 다양한 경험과 지식이 융합되어 드디어 지혜의 샘이 열리고 의사결정 능력과 직관력이 강력해지기 때문입니다. 그래서 60세 이후에 큰 뜻을 품고 큰일을 해내는 사람들이 종종 나타납니다. 기억력이 감퇴되는 것은 판단력을 극대화하기 위해 오히려 자연스러운 현상입니다.

기억력이 감퇴되는 또 하나의 이유는 우리가 지금 너무 복잡한 시대를 살아가고 있기 때문입니다. 100년 전에 비하면 인류는 하루 동안에 너무나 많은 정보를 보고 듣게 됩니다. 그 모든 정보를 모두 기억하려는 것은 어리석은 일입니다.

판단력과 함께 호기심을 키운다면 지혜의 샘은 더욱 확장됩니다. 호기심은 선천적으로 생기기보다 후천적으로 노력하면 얼마든지 발전시킬 수 있습니다. 나이가 들었다고 호기심을 우습게 여기고 내팽개친다면 창의력도 사라지게 됩니다.

정신력은 기억력보다 소중합니다. 판단력과 창의력은 나이가 들수록 더욱 왕성해질 수 있습니다. 어릴 때는 경험과 지식이 부족하기 때문에 시행착오를 많이 겪습니다. 하지만 나이가 들면 시행착오를 크게 줄이고 중요한 결정에 과감하게 나설 수 있습니다. 젊은 날에 비해 소득이 적어졌다고 의기소침해서 판단력과 호기심을 가볍게 생각하는 경향이 있습니다.

젊은 날 열심히 일했으니 이제는 한 발 물러나 세상의 이치를 깨닫고 삶의 의미를 되새기며 정신력을 충전해 가야 합니다. 그러기 위해서는 두말할 필요 없이 독서와 글쓰기를 쉬지 말아야 합니다.

필자는 이를 깨닫고 꾸준히 칼럼을 쓰고 있습니다. 또한 계속해서 호기심을 갖고 독서를 해 나갑니다. 이에 더하여 최근에는 유튜브 방송에 출연해서 자주 사회를 봅니다. 직업란에 방송인도 추가해야 할 것 같습니다.

기억력의 감퇴를 너무 심각하게 받아들이지 말아야 합니다. 생각의 힘을 믿고 사고력을 키워야 합니다. 기억력보다 사고력과 판단력이 더 중요함을 깨닫고 발전시켜야 합니다. 특히 호기심을 잃지 말아야 합니다.

103세 현역 김형석 명예교수나 얼마 전 88세에 타계한 이어령 명예교수는 호기심을 가진 어른 아이였습니다. 더글러스 맥아

더 장군이 1950년 9월 15일 그의 나이 무려 70세에 인천상륙작전을 했습니다. 그때 나이 70세면 지금은 80세 정도로 봐야 합니다. 맥아더 장군은 전쟁에서 산전수전 모두 겪은 지장이며 용장입니다. 그의 정신력은 살아있었고 판단력은 빛났습니다.

나이 들면서 가장 경계해야 할 일은 스스로 자신의 정신력을 가두어 버리는 것입니다. 정신력은 육체가 쇠잔해서 죽을 때까지 결코 사라지지 않습니다. 정신력이 늙지 않음을 믿는 사람과 그렇지 않은 사람의 남은 삶은 크게 달라집니다.

지능지수에 대한 환상을 버려라

지능지수(知能指數, Intelligence Quotient)를 과대평가해서는 안 됩니다. 지능지수란 지능연령/생활연령x100이라는 도식으로 산출되는 수치인데 생활연령은 실제 연령을 말하고 지능연령이란 정신연령을 의미합니다. 이는 1912년 독일의 정신학자 윌리엄 스턴(W. Stern)이 처음 제안한 이론입니다.

문제는 이 이론이 지금은 거의 사용되지 않고 있으며 역사적인 전례로 취급되고 있습니다. 물론 지능지수가 너무 높거나 낮은 경우에 이를 조기 발견하여 상응하는 조치를 취하기 위한 수단으로 사용되지만 대다수의 사람들에게 지능지수는 별로 효용성이 없습니다.

흔히 우리나라 국민의 평균 지능지수는 106이며 반면에 유대인들의 평균 지능지수는 겨우 94에 불과한데 상당수의 유대인들은 노벨상을 수상했지만 우리는 노벨평화상 외에는 받은 적이 없다고 하며 비교하곤 합니다.

지능지수에 대한 이야기가 나오면 종종 우리 아이는 머리는 좋은데 노력을 하지 않는다고 한탄합니다. 지능지수가 높으면 머리가 좋고 낮으면 머리가 나쁘다는 단정적인 결론은 매우 위험합니다.

지능지수가 높은 사람들의 특징은 순발력이 뛰어난 정도로 보면 됩니다. 그것을 전체적으로 머리가 좋고 나쁨으로 가름하는 것은 어리석은 발상입니다. 암기력도 이와 비슷합니다. 우리나라 대부분의 시험은 암기력을 테스트합니다. 정해진 시간 내에 많은 양의 정보와 지식을 암기해서 답안지에 옮겨 놓으면 높은 점수를 주고 당락을 결정하는 방식입니다.

그런데 암기력이 뛰어나기 때문에 모든 분야에서 특출한 실력을 나타낸다고 생각하면 오판입니다. 생각이란 판단하고 기억하고 호기심을 갖는 것인데 암기력은 좋지만 판단력이 부족하거나 호기심이 별로 없다면 머리가 좋다고 할 수 없습니다.

이런 지능지수에 대한 착각을 어느 누구도 자세한 내용을 알려주지 않기 때문에 어렸을 때 측정했던 지능지수로 평생 자신은 머리가 좋다 또는 나쁘다는 선입견을 갖게 됩니다. 전 세계에서 유독 한국, 일본, 대만 등 동아시아인들이 지능지수가 높은 것으로 통계가 나와 있지만 그것으로 인해 유럽 등 다른 지역과 비교할 때 경쟁력이 뛰어나다는 통계는 어디에도 없습니다.

오히려 순발력은 좋지만 인내심을 발휘하지 못해 한 분야에 집중하지 못하고 무슨 일이든 시작을 하고서도 금세 의심하고 돌아서는 경우가 허다합니다.

조급하거나 의심하면 평생직업을 찾아내는 창직 활동에 오히려 방해가 됩니다. 머리가 좋은 것이 무조건 핸디캡은 아니겠지만 큰일을 이루기 위해 반드시 필요한 덕목이라고 말하기는 어렵다는 뜻입니다.

지금은 창의력보다 적응력이 더 중요한 시대입니다. 워낙 빠른 속도로 발달하고 변화하는 과학 기술과 주변 환경에 적절하게 대응하지 못하면 쉽게 도태되고 말기 때문입니다. 이제라도 지능지수에 대한 환상을 과감하게 깨뜨리고 버려야 합니다. 그저 한 번 정도 테스트한 것으로 만족하고 마음에 두지 말아야 합니다.

정작 중요한 것은 자신이 어떻게 스스로 발상을 전환하고 변화의 시대에 적응하느냐에 초점을 맞추어야 합니다. 머리가 좋고 나쁜 것이 중요하지 않다는 인식을 하게 되면 조금 더 겸손한 자세로 세상을 바라보고 자신의 길을 헤쳐 나갈 수 있습니다.

우리 주변에서 어릴 적부터 어른들로부터 자신의 머리가 좋다는 말을 듣고 그것을 굳게 믿은 결과 노력이라고는 하지 않는 사람들을 심심찮게 만나 볼 수 있습니다. 지능지수를 과대평가하지 말아야 합니다.

때를 기다리지 말고 찾아내라

모든 일에는 때가 있는 법이라고 합니다. 여기서 때(timing)란 좋은 기회나 알맞은 시기라고 네이버 어학사전에 나와 있습니다. 공부할 때가 있고 가정을 이룰 때가 있으며 사업을 시작할 때가 있고 마칠 때가 있습니다. 농사를 짓는 농부는 때를 맞춰 논과 밭을 갈고 씨를 뿌리고 거름을 주고 열매를 거둡니다. 비가 올 때와 오지 않을 때를 가려 농사의 시기를 조절합니다.

인간이라면 모두 저마다의 때가 있습니다. 나서야 할 때가 있는가 하면 물러설 때도 있게 마련입니다. 때를 잘 분별하지 못하면 낭패를 보기도 합니다. 때를 잘 포착해서 기회를 잡으면 큰 뜻을 이룰 수도 있고 그렇지 않으면 나락으로 떨어지기도 합니다. 이렇듯 모든 일에는 때가 있다고 하는데 과연 어떻게 자신만의 시의적절한 때를 찾을 수 있을까요? 간단한 문제가 아닌 것은 분명합니다.

세상이 급변하고 과학기술이 고도로 발전하면서 지난날처럼 때를 기다리기만 하는 시대는 지나갔습니다.

아무도 대신해 줄 수 없는 삶의 여정에서 수시로 우리는 선택의 기로에 서게 됩니다. 공부를 하는 학생이든 사회생활을 하는 직장인이든 퇴직을 한 사람이든 우리는 누구나 자신의 때를 찾아내고 그것을 활용해야 합니다.

자신을 위한 적절한 때는 그냥 찾아오지 않습니다. 오히려 안개처럼 긴가민가 다가오는 경우가 많습니다. 때를 찾아내는 가장 현명한 방법은 때가 오기를 마냥 기다리지 말고 때를 찾아 나서야 한다는 것입니다.

다른 표현으로 때는 선택이라고도 할 수 있습니다. 우리의 삶은 태어나서 죽는 순간까지 매 순간 선택으로 연결됩니다. 가장 좋은 선택을 하기 위해서는 부지런히 많은 선택을 해보아야 합니다. 평소에 순간순간마다 선택을 자주 해봐야 결정적인 순간에 최고의 선택을 할 수 있게 됩니다.

세상을 오래 살았다고 선택을 잘하는 것은 결코 아닙니다. 많이 선택해 보지 않은 사람은 나이에 상관없이 무언가를 선택할 때 주저하게 마련입니다. 용감하게 선택을 해보지 않은 사람은 자신의 선택에 대한 확신이 없습니다.

이것을 할까 저것을 할까, 또는 이리 갈까 저리 갈까 망설이다가 때를 놓치는 경우가 허다합니다. 한참을 지나고 나서야 그때 그런 선택을 했어야 한다고 후회하지만 아무 소용이 없습니다. 알면서도 우리는 이런 과오를 너무 자주 범합니다.

때를 기다리지 않고 찾아내면 그 이후부터 상황이 달라집니다. 나머지 모든 과정이 송두리째 바뀌는 경우도 있습니다. 때를 적절하게 찾으려면 자신의 직관에 대한 신뢰가 있어야 합니다. 자신이 자신을 믿지 못하면 과연 어느 누구를 믿을 수 있을까요? 결국 자신을 믿지 못하면 자신감이 생기지 않고 자존감도 낮아집니다.

학생들이나 청소년들이 진로를 결정하기 위해 때를 찾아내는 것은 매우 중요합니다. 이들이 고등학교를 졸업하고 사회에 진출하거나 대학에 진학하는 때가 되면 이들과 이들의 부모는 진로와 진학을 위해 여러 가지 고심을 하고 의견을 조율합니다.

선택을 미루다가 늦게서야 진로와 진학의 방향을 서둘러 결정하기도 합니다. 이렇게 조급하게 결정해 놓고 나중에는 후회합니다. 하지만 따지고 보면 후회할 일이 아닙니다. 진로와 진학을 그때 그렇게 결정했다고 해서 평생 그런 방향으로 가야 하는 것은 아니기 때문입니다.

지금은 수많은 직업이 사라지고 새로운 직업이 생겨나는 시대입니다. 어느 누구도 5년 또는 10년 후에 어떤 직업이 사라지고 어떤 직업이 새로 생길지 알 수 없습니다. 그저 하루하루에 충실하면서 때를 기다리지 말고 찾아 나서려는 의지가 중요합니다. 지혜로운 사람은 때를 기다리지 않고 스스로 찾아냅니다.

기회는 노리는 자의 몫이다

기회(機會, opportunity)란 어떠한 일을 하는 데 있어 적절한 시기나 경우를 말합니다. 노린다는 말은 순수한 우리말인데 무엇을 이루려고 모든 마음을 쏟아서 눈여겨보는 것을 말합니다.

기회는 마냥 기다리는 자의 몫이 아니라 온 마음을 다해 현실을 직시하며 적극적으로 찾아나서는 자에게 돌아갑니다. 이렇게 평소에 어떤 사물이나 상황을 바람직한 방향으로 이끌기 위해 꾸준히 노력하는 가운데 기회가 포착됩니다. 다시 말하면 대박을 꿈꾸며 한탕주의를 지향하는 자세보다는 일상에서 벌어지는 일에 특별한 관심을 가지며 관찰하는 습관이 필요하다는 뜻입니다.

한참을 지난 후에 과거에 있었던 기회를 놓쳐버린 사실에 대해 후회하는 사람들이 주변에 너무나 많습니다. 그런 사람들의 특징은 슬그머니 지나치는 기회를 잡으려는 노력은 하지 않고 우연히 다가오는 기회만 기다린다는 것입니다.

기회를 붙잡는 첫 번째 노력은 바로 생각하는 습관입니다. 생각이 기회를 가져온다는 사실을 알게 되면 생각의 힘을 키우기 위해 온갖 노력을 경주하게 됩니다. 생각은 문제를 해결하는 행위입니다.

일상에서 벌어지는 문제를 해결하기 위해 생각하고 또 생각하는 과정을 통해 문제가 해결되면서 기회도 동시에 붙잡게 됩니다. 단순히 공상하고 상상하는 것만으로는 온전한 생각을 한다고 말하기 어렵습니다. 생각을 현실로 바꾸는 실행력이 있어야 비로소 기회가 만들어지는 것입니다.

어리석은 사람은 기회를 포기하고, 평범한 사람은 기회를 기다리며, 지혜로운 사람은 기회를 만든다는 말이 있습니다. 대부분의 사람들은 첫 번째와 두 번째에 해당합니다. 성공하고 싶은 자는 기회를 스스로 만들어야 합니다. 남들이 만들어 가져다주는 기회는 온전한 기회가 아닙니다.

1980년대 초 상업용 컴퓨터가 처음 나왔을 때 마이크로소프트 창업자 빌 게이츠와 애플 창업자 스티브 잡스는 기회를 자신의 것으로 만들었습니다. 그 기회는 누구에게나 공평하게 찾아왔지만, 그들은 그것을 그냥 흘려보내지 않았습니다.

컴퓨터를 인류에게 좀 더 편리한 도구로 바꾸기 위해 그들은 기회를 제대로 살렸습니다. 벌써 40년이 지난 지금도 그들이 세운 기업들은 여전히 세계 최고의 기업으로 승승장구하고 있습니다.

1990년대 중반 인터넷이 나왔을 때 필자를 비롯한 대부분의 사람들은 도대체 인터넷이 뭔가 하고 궁금해 했습니다. 2007년 이후 스티브 잡스가 만든 스마트폰이 처음 나왔을 때 필자는 기회를 놓치지 않았습니다.

처음 아이폰3를 보는 순간 온몸에 전율이 느껴지며 스마트폰으로 세상이 크게 바뀔 것으로 직감했습니다. 그 결과 필자는 오늘의 창직 전문가로 확고히 자리 잡게 되었습니다.

이제 다시 메타버스(Metaverse) 시대가 왔다고 여기저기서 많은 얘기가 들려옵니다. 소위 차세대 인터넷이라고 불리는 메타버스는 인공지능, VR, AR 등과 함께 세상을 바꿀 것입니다. 이런 기회를 놓치지 말아야 합니다. 아직 안개 속처럼 모든 것이 구체화되지 않았을 때 진정한 기회는 우리에게 슬그머니 다가옵니다.

그런 기회를 알아채지 못하면 기회도 우리를 외면하고 머리를 돌려 조용히 사라집니다. 성공한 사람들은 모두 기회를 기다리지 않고 먼저 다가가서 손을 내밉니다. 긴가민가 의심하는 시간을 줄이고 자신의 직관을 믿고 과감하게 실행력을 발휘합니다.

동물의 왕 사자가 한 번 먹이를 잡으면 결코 놓지 않듯이 기회를 꽉 붙잡고 자신의 것으로 만들어야 합니다. 기회는 이렇게 노리는 자의 몫입니다.

막히면 뚫어라

　우리나라는 70%가 산악지형입니다. 자동차를 타고 전국 어디를 가든지 터널을 많이 만납니다. 터널을 뚫기 전에는 꼬불꼬불 산길을 넘어 다녔지만 지금은 터널을 순식간에 통과합니다. 세계에서 가장 터널 뚫는 기술이 발달했다고 합니다.
　길이 막히면 뚫고 가는 것이 가장 빠르고 비용도 적게 듭니다. 국내 최초의 K1스마트 화가 정병길은 불도저입니다. 모바일 미술의 새로운 장을 열고 지금 수많은 모바일 화가들과 함께 신 르네상스 모바일 미술 시대를 열어가고 있습니다.
　8년 전부터 시작된 그의 모바일 미술은 이미 매스컴에 여러 차례 보도된 바 있습니다. 단지 그가 모바일 미술을 시작했다는 정도가 아닙니다. 그는 모든 모바일 화가들이 자신만의 스타일로 그림을 그리도록 지도하고 있습니다.

　창작의 대표적인 사례로 지금은 정상에 우뚝 서 있지만 8년 전 처음 시작했을 때는 과연 모바일 미술이 미래에 어떤 모습으로 비춰질까 반신반의하기도 했습니다. 하지만 그의 끈기는 모든 의심을 걷어버리고 뚜벅뚜벅 앞으로만 나아갔습니다.
　참으로 전국을 부지런히 쫓아다니며 많은 분들에게 모바일 미술을 전파했습니다. 지금까지 줄잡아 500명 이상을 개인 또는 그룹으로 지도했고 그 중에서 300명 정도가 지금도 열심히 그림을 그리고 있습니다. 그의 진가는 코로나19로 인해 잠시 주춤했지만, 화상회의 줌(zoom)을 만나면서 반전을 시작했습니다. 주로 서울과 수도권만 오가며 강좌를 열었는데 이제는 집이나 화실에서 줌 화상을 이용하여 전국을 대상으로 모바일 미술을 지도하고 있습니다.

사회적 거리두기가 여전히 강화되는 가운데 인사동을 비롯한 많은 전시회장에 발길이 뜸해진 그 즈음 그는 종로에 있는 '문화공간온'에서 그의 열다섯 번째 개인전을 열었습니다. 이번에는 '코리아의 기상 2021'이라는 주제를 내걸고 모두가 함께 코로나를 뛰어넘을 것을 독려하고 있습니다.

이번 전시회에는 그의 작품 일곱 점이 전시되었는데 그 중 여섯 점이 팔리고 한 점을 경매로 내놓았습니다.

그야말로 완판을 한 셈입니다. 그는 이번 전시회를 새로운 모델로 삼고자 했습니다.

올해도 지난해에 이어 J중학교를 비롯한 세 곳의 중학교에 출강하고 서초문화원, 광진문화원 등에서도 강의를 계속해 나갑니다. 동시에 두 달 간격으로 열리는 모바일미술 아카데미 줌 화상 강좌도 벌써 8기를 모집 중입니다.

미술은 특정인들의 전유물이 아니며 누구든지 생활미술로 즐겨야 한다는 평소 지론을 펼치는 정 화백의 행보가 돋보입니다. 점점 많아지는 강의 요청과 대형 프로젝트를 소화하기 위해 지난해 몇몇 모바일 화가들과 함께 결성한 한국모바일아티스트협동조합이 올해부터 본격적인 활동을 시작합니다. 미술 강좌를 열 수 없다고 손을 놓고 있는 사람도 많지만, 정병길 화백은 줌 화상 강좌로 정면 돌파를 해나가고 있습니다.

미술뿐 아닙니다. 얼마 전 필자는 우연히 유럽의 어느 오케스트라가 줌으로 각자의 집이나 스튜디오에서 화상으로 연주하는 것을 보았습니다. 도저히 불가능할 것이라고 모두가 생각하지만, 그 지휘자는 생각을 바꿔 멋진 연주를 이루어낸 것입니다. 막히면 뚫고, 문은 두드려야 열립니다.

반대에 부딪쳤을 때

　반대(反對)란 어떤 행동이나 견해, 제안 따위에 따르지 않고 맞서서 거스르는 것을 말합니다. 우리는 세상을 살아가면서 수없이 반대에 부딪칩니다. 반대에도 여러 가지 형태가 있습니다. 단순히 의견이 달라서 반대하는 경우도 있지만 때로는 반대를 위한 반대에 직면하기도 합니다.

　반대를 만나면 누구나 힘듭니다. 반대 의견이 없으면 좋겠지만 우리의 바람과는 달리 자주 반대를 만납니다. 누구든지 반대를 만나지만 어떻게 대처하느냐에 따라 결과가 달라집니다. 그런데 가만히 생각해 보면 반대가 없으면 발전도 없습니다. 반대를 만나기 때문에 사전에 세밀히 따져보게 됩니다. 미처 생각하지 못했던 것도 반대 의견을 접하면서 깨닫게 됩니다. 반대를 무릅쓰고 일사천리로 일을 진행하다가는 무리가 따릅니다.

　그렇지만 막상 반대를 만나면 피곤해집니다. 화가 치밀어 올라 이성적인 판단을 내리지 못하고 감성에 이끌립니다. 어떤 사안에 대한 반대를 만나고도 그것을 개인적인 감정으로 반대한다고 생각해 버립니다. 과거에 있었던 좋지 않았던 감정까지 모두 끄집어내어 반대한다고 오해합니다.

　반대를 경험하고 나타내는 리액션은 과격해지기 일쑤입니다. 인간은 감정의 동물입니다.

　그래서 말로 대꾸하다보면 반대하는 사람의 상처를 들추어내거나 논리적으로 모자라는 부분을 파고듭니다.

　이런 과정이 지속되면 처음에는 사소한 반대와 이의 대응으로 시작했지만 점점 다툼의 수위가 높아져서 큰일을 만나도 해결

책을 찾기 어렵습니다. 유치해 보여도 일단 반대하는 사람의 말을 경청하고 낮은 자세로 해결책을 찾는 지혜가 필요합니다.

상대방의 마음을 상하게 하지 않고도 반대 의견을 접수하고 설득할 수 있습니다. 세상일에는 정답이 없습니다. 내 것만 옳다고 하면서 다른 사람의 생각은 무조건 잘못 되었다고 할 때 문제가 더욱 꼬이기 시작합니다.

반대 의견을 묵살하지 않고 원만하게 받아들이면서 반대자 스스로 자신의 반대를 거둬들일 수 있는 기회를 제공하는 것이 좋습니다. 과거 산업화 시대에는 선봉에 나서는 사람이 항상 옳기 때문에 나머지는 그를 졸졸 따라가기만 하면 모든 문제가 해결되었습니다. 하지만 지금은 더 이상 그런 시대가 아닙니다.

충분하게 준비하고 시작하지만 도중에 반대 의견이 나오면 우선 멈추고 서로 충분히 의견을 나누고 합의점을 찾아가야 합니다. 나만 옳다고 해서는 곤란하지만 반대 의견이 나오면 방향을 잃고 무조건 휩쓸리는 것도 위험합니다.

이런 사례는 우리 주변에 얼마든지 있습니다. 현명한 사람은 반대를 만날 때 먼저 상대의 숨은 의도를 찾아내는 작업을 시작합니다. 그리고 자신이 세운 결정에 반대 의견을 집어넣으면 어떻게 될 것인가를 심사숙고합니다.

반대로 인해 조금 지연되는 한이 있어도 서로가 절충해서 바람직한 결론을 도출해내는 것이 중요합니다. 때로는 반대가 있어도 무시하고 일을 해나가야 하는 경우도 있습니다. 이때에도 충분한 설명과 설득이 요구됩니다. 자세한 내용을 몰라서 반대하는 경우가 많기 때문입니다.

머리가 좋고 똑똑하다고 반대를 잘 극복하는 게 아닙니다. 진정성을 가지고 함께 문제를 해결하려는 마음가짐이 중요합니다. 반대에 부딪쳤을 때 슬기롭게 잘 처리하는 사람을 우리는 고수(高手)라고 부릅니다.

직업의 재구성

인류가 코로나바이러스19(COVID-19)를 만난 지 벌써 3년이나 되었습니다. 수많은 업종이 직·간접으로 타격을 입었고 지금까지 겨우 잘 버텨왔지만 더 이상 견디기 어려워 비즈니스를 중단하는 숫자가 크게 늘어나고 있습니다.

그렇다면 이쯤에서 우리의 직업을 재구성해 볼 필요성을 강력하게 제기하고 싶습니다. 재구성이란 한 번 구성하였던 것을 다시 새롭게 구성한다는 의미입니다. 코로나19로 인해 점점 상황이 어려워지는 직업인 줄 인지하면서도 여전히 '설마!' 하면서 기다리는 경우가 많습니다. 코로나19 이전과 이후를 나누어 사라지는 직업과 새로 생겨날 직업을 세밀하게 살펴보고 직업을 재구성해야 합니다.

우선 자신의 직업이 가까운 미래에도 살아남을 것인가를 냉정하게 판단해야 합니다. 근거 없이 막연하게 잘 될 거야 하는 식의 낙관론은 전혀 도움이 되지 않습니다. 혼자서 판단하기 어려우면 전문가와 의논하는 것도 좋은 방법입니다. 또한 당장은 코로나19의 영향을 받지 않고 있지만 장기적으로 4차 산업혁명의 현실화도 고려하면서 판단해야 합니다.

모든 직업이 하루아침에 사라지지는 않겠지만 벌써 그런 조짐을 보이는 직업이 종종 눈에 띄고 있습니다. 학교에서 전공을 했으니 죽으나 사나 그 전공을 살려 직업을 고수해야 한다는 생각은 위험합니다. 학교에서 배운 전공은 불과 몇 년 써먹지 못합니다. 특히 정년 은퇴 이후는 더욱 그렇습니다. 과감하게 시대를 관통하는 통찰력을 통해 직업을 재구성해야 하는 이유입니다.

다른 사람의 직업은 모두 안전해 보이고 자신의 직업만 불안하다는 잘못된 생각도 버려야 합니다. 지금 이 시대는 어느 것 하나 안전한 직업은 없습니다. 불안해 보이더라도 차분하게 자신의 직업을 재구성하면서 안정을 추구하는 노력이 중요합니다.

창직 전문가로 10년 이상 활동해 온 필자는 최근 직업 재구성 작가라는 타이틀을 명함에 추가했습니다. 그 이유는 창직(創職)하기를 어려워하고 선뜻 시작하지 못하는 분들이 먼저 자신의 직업을 재구성하는 작업부터 시작할 필요가 있다고 판단했기 때문입니다.

직업의 재구성은 아직 뚜렷한 직업을 찾지 못한 직장인들에게도 반드시 필요합니다. 아직도 몸을 담고 있는 직장이 곧 자신의 직업이라고 착각하는 분들이 의외로 많기 때문입니다.

우리의 라이프 사이클을 전체로 놓고 보면 앞으로 직업의 재구성은 수차례에 걸쳐 필요하게 됩니다. 그만큼 새로운 과학기술의 발달과 코로나19와 같은 돌발변수에 의해 직업의 세계가 달라지기 때문입니다.

코로나19가 기승을 부리기 시작하면서 사람을 배제하는 인공지능 로봇의 역할이 더욱 커졌습니다. 이윤 추구가 목표인 기업으로서는 인력을 줄이고 자동화를 늘리는 일을 계속하게 되겠지요. 이런 대세를 막을 수는 없습니다.

그 대신 직업의 재구성을 통해 역할을 달리할 수는 있습니다. 처음부터 사람과 자동화 로봇이 함께 일하는 프로세스를 만드는 것입니다. 필자가 만든 직업 재구성 작가라는 직업도 창직입니다. 여러분의 직업도 한 번 재구성해 보시기 바랍니다.

쫄지 맙시다

'쫄다'라는 말은 '겁먹다'라는 경상도 방언입니다. 겁먹는 것을 쫀다고 합니다. 제발 쫄지 말았으면 좋겠습니다. 요즘 매스미디어나 소셜 미디어나 한결같이 사람들에게 겁을 주고 있습니다. 마케팅도 공포 마케팅이 꽤 잘 먹힌다고 합니다.

공포 마케팅은 뭔가 하지 않으면 큰일이 날 것처럼 소비자를 윽박지릅니다. 또한 뭔가 하면 큰 문제가 생길 것이라는 암시를 풍기기도 합니다. 왜 이렇게 공포 마케팅이 먹히고 미디어가 하루 종일 보도하는 내용이 사람들의 마음을 움직일까요?

지나치게 쫄면 부작용이 크게 생깁니다. 정부를 믿어야 하지만 항상 정부가 옳은 것은 아닙니다. 마치 안경점에 가서 도수를 측정한 후 그대로 안경을 맞추면 어지러워 걸어 다니지도 못하는 것과 같습니다. 그래서 필자는 측정한 도수보다는 한 단계 낮춰서 안경을 맞춰달라고 부탁합니다.

얼마 전 제주도에 일주일을 머물렀는데 마지막 날 서귀포 숙소에서 지진을 경험했습니다. 평소 재난 문자가 무척 성가셔서 꺼두었는데 숙소가 흔들리는 것을 보고 지진임을 직감했습니다. 오래 전 미국 로스앤젤레스에서 지진을 경험한 적이 있었기 때문입니다. 지진 강도 5도 정도라면 일본 사람들은 전혀 동요하지 않는다고 합니다. 일본에는 해마다 5도 이상의 지진을 수백 번 이상 경험하기 때문이라고 합니다.

필자는 15년째 뉴스를 보거나 듣지 않습니다. 그런데 하루 종일 뉴스에 귀를 쫑긋 세우고 민감하게 반응하는 사람들이 생각보다 많습니다. 지금은 통신이 발달해서 지구 반대편에 무슨 일이 일어나는지 금세 알게 됩니다.

모르는 게 약이라는 옛말이 있습니다. 너무 많이 알아서 탈입니다. 당장 자신에게 일어나지 않을 일도 큰일이 날 것처럼 호들갑을 떱니다.

기후 변화는 물론이고 정치도 마찬가지입니다. 자신이 지지하는 정당이나 후보가 아니면 모두 적으로 몰아세우고 도무지 말을 들으려고 하지도 않습니다. 모든 것을 흑백 논리로 세상을 판단합니다. 세상은 흑과 백만 있는 것이 아니라 빨강, 파랑, 초록 등 다양한 색이 있습니다. 쫄면 세상을 똑바로 보지 못하게 됩니다.

무슨 일이 일어나도 의연하게 대하는 태도가 필요합니다. 양은 냄비처럼 금방 끓다가 식었다가 하면 정신적 신체적 건강에 모두 해롭습니다. 뿌리 깊은 나무는 웬만한 바람에도 끄떡하지 않습니다. 초연하게 매사를 바라보는 자세가 요구됩니다.

쫄기만 하는 사람은 언제나 바쁩니다. 항상 바쁜 사람은 속도에 이끌려 방향을 놓치기 십상입니다. 내가 아니면 안 된다는 식으로 생각하는 사람은 쫄기 쉽습니다. 내가 아니라도 얼마든지 세상은 잘도 돌아갑니다.

쫄지 말라고 단순하게 말하지만 속뜻은 깊습니다. 쫄지 않기 위해서는 내공을 키워야 합니다. 세상이 돌아가는 이치를 깨달으면 일희일비하지 않습니다. 뭐가 뭔지 모르면 쫄기 쉽습니다. 제발 쫄지 말았으면 좋겠습니다. 코로나19로 인해 쫄고 인공지능으로 인해 쫄고 미래에 불어 닥칠 뭔가가 두려워 쫄다 보면 평생 쫄다가 끝납니다. 제발 쫄지 맙시다.

리버스 멘토링

리버스 멘토링(Reverse Mentoring)을 역(逆)멘토링이라고도 합니다. 이것은 기업 내에서 사원이 멘토가 되고 경영자가 멘티가 되는 방식인데 주로 조직의 유연성을 키우기 위해 도입하는 새로운 방식입니다.

이렇게 서로의 역할을 바꾸면서 세대 간의 격차를 해소하고 특히 디지털 시대에 걸맞은 새로운 지식과 정보를 공유하게 됩니다. 기업으로서는 사원들의 동기부여 차원에서 큰 도움이 될 뿐 아니라 점점 젊어지는 고객의 욕구를 파악하고 충족하기 위한 인사이트를 덤으로 얻는 효과도 가져옵니다.

기업뿐 아니라 개인도 리버스 멘토링에 대해 긍정적이고 적극적인 접근이 필요합니다. 기업과는 달리 개인은 스스로 겸손한 자세로 배워야 시대에 뒤쳐지지 않습니다.

세상은 빨리 변하고 새로운 디지털 문명은 하루가 다르게 우리 생활 속 깊숙이 침투해 들어옵니다. 디지털 원주민이라 불리는 MZ세대에게는 너무나 자연스러운 스마트 도구들이지만 디지털 이주민인 기성세대에게는 여전히 낯설기만 합니다.

꾸준히 관심과 호기심을 가지고 배우고 익히지 않으면 어느새 또 새로운 것들이 순식간에 밀려올지 모릅니다. 예전에는 그나마 설명서라도 있었지만 지금은 스스로 구글이나 네이버 또는 유튜브에서 사용법을 찾아야 합니다.

잘 몰라서 자녀들에게 묻는 것도 한두 번이지 계속해서 물으면 핀잔을 듣게 되고 기가 죽습니다. 젊은이들이 인내심을 가지고 차근차근 가르쳐 주지 않는다고 불평하지만 그건 젊은이들의 잘못이 아니라 리버스 멘토링 기술이 부족해서 그렇습니다.

필자는 주변에 몇몇 필자보다 나이 어린 분들을 멘토로 모시고 있습니다. 그 중에 P감독은 저의 맥 코치입니다.

필자는 지금 애플에서 나온 맥북(MacBook) 노트북을 사용하고 있습니다. 윈도우 노트북을 사용하다가 10년 전부터 맥북에어를 쓰고 있는데 지금도 가끔 어떤 기능은 잘 몰라서 헤매곤 합니다.

그럴 때는 즉시 맥 코치이자 멘토인 P감독에게 메신저를 보냅니다. 가끔 그를 만나 함께 점심식사를 하며 배우기도 합니다. 동시에 그에게 도움이 될 만한 일이 없을까 늘 궁리합니다. 그도 필자의 진심을 이해하는지 언제든지 필자가 그를 찾을 때 선뜻 응해줍니다.

이건 하나의 예이지만 리버스 멘토링이 복잡하지 않다는 걸 말해줍니다. 진정성을 가지고 상대를 대하고 무엇이든 배우려는 태도를 가지면 누구와도 좋은 관계를 만들어갈 수 있습니다.

지난 3년은 특히 코로나19로 인해 모두가 어려운 시간을 보냈습니다. 그 어려움 속에서도 필자를 든든히 지켜준 것은 바로 줌(zoom)이라는 화상회의 솔루션입니다. 줌을 배우고 익히는 과정에서 Y멘토에게서 많이 배웠습니다.

줌에 대한 조회 수가 이제 거의 50만 회를 육박하는 그의 유튜브 동영상을 보고 혼자서 학습했지만 한계를 느낄 때마다 그에게 전화하거나 만나서 유튜브에 나오지 않는 몇 가지 핵심 내용을 배웠습니다.

그 이후 필자는 줌 전문가가 되어 줌 강의를 많이 했고 『줌을 알려줌』과 『줌 공유를 알려줌』이라는 두 권의 책을 공저로 냈습니다.

배움에는 끝이 없고 호기심은 점점 더 늘어납니다. 상대가 누구든 필자는 얼마든지 배우려는 태도를 갖고 있습니다. 리버스 멘토링으로 신세대와 신문명을 조금씩 알아 가면 어떨까요?

평생직업과 독서

불과 30년 전만 해도 모두 평생직장을 꿈꾸었습니다.

평생직장이란 한 번 입사하면 정년이 될 때까지 일할 수 있는 직장을 말합니다. 정년이 된 후에도 그동안 쌓아온 지식과 경험을 바탕으로 더 일을 할 수도 있었죠. 특히 이웃나라 일본에는 이런 평생직장이 꽤 일반화되어 있었습니다. 종신고용이라고 하여 그야말로 죽을 때까지 일한다는 뜻이죠.

하지만 이제 평생직장은 더 이상 없습니다.

일부 기업들이 정년을 연장한다고는 하지만 4차 산업혁명과 코로나19의 영향으로 대부분 정년을 채우지 못하고 퇴직합니다. 평균 60대 초반이 정년이지만 50대 후반 또는 40대 후반에도 직장에서 퇴직하고 다른 직장으로 옮기거나 창업을 하는 사례가 점점 늘어나고 있습니다.

백세 시대를 맞아 이제는 평생직장이 아니라 평생직업을 찾아야 하는 시대가 되었습니다. 적어도 70대 후반이나 80대 중반까지 스스로 일자리를 만들고 자발적으로 일할 수 있는 직업이 평생직업입니다.

그렇다면 어떻게 평생직업을 찾아낼 수 있을까요?

필자는 지난 10년 동안 450여 명을 일대 일 또는 그룹으로 코칭을 해본 결과, 독서하지 않고는 자신만의 평생직업을 찾아내기 어렵습니다.

창직은 지금까지 없었던 새로운 직업을 찾아내고 만드는 것인데 필자가 매주 지도하는 자유학년제의 중학교 1학년 학생들에게 각자 생각나는 직업을 적어보라고 하면 누구나 익히 알고 있는 직업을 겨우 적어냅니다.

청소년이나 성인들도 다르지 않습니다. 지금까지 살아오면서 보고 들었던 직업이 모두라고 생각합니다. 그건 미래 직업이 얼마나 어떤 모습으로 다양하게 탄생할지 잘 몰라서 그렇습니다. 사고의 틀이 좁아서 그렇습니다.

독서는 기록이 시작되고 책이 만들어진 때부터 지금까지 오랫동안 모든 비즈니스를 줌인(zoom-in) 하고 줌아웃(zoom-out) 할 수 있도록 도와줍니다. 독서는 자신이 직접 모든 것을 체험하지 않고도 다양한 직업을 간접 경험하도록 도와줍니다.

독서하는 과정을 통해 인내심을 키우고 자신을 돌아보며 스스로의 정체성(Identity)을 확립하는 퍼스널 브랜딩(personal branding)도 가능하게 합니다. 독서는 선각자들이 이미 깨달은 내용을 고스란히 들려줍니다. 누가 뭐래도 최고의 자기주도 학습 방법은 독서와 글쓰기입니다.

자기계발을 위해 존재하는 여러 가지 도구 중에서 독서는 단연 으뜸입니다. 미래의 주역은 적응력을 가진 자들입니다. 적응력을 키우려면 독서를 통해 세상을 넓고 깊게 볼 줄 알아야 합니다. 특히 어떤 직업이 사라지고 어떤 직업이 새로 생겨날 것인지 구별할 수 있어야 미래사회에 적응하여 살아남을 수 있습니다.

멘토나 코치를 통해서도 듣고 배울 수 있습니다. 하지만 시간 제약이 따르고 비용도 만만치 않습니다. 독서는 이런 제약사항을 모두 벗어나 평생직업을 찾는 데 온전히 매진할 수 있도록 도와줍니다.

'왜 평생직업이 필요한가?'를 묻는 분들이 종종 있습니다. 수입이 있든 없든 직업은 우리 인간이 추구하는 행복과 밀접한 관련이 있습니다. 매일 아침 일어나 오늘 하루 할 일이 있다면 행복할 수 있기 때문입니다. 아무런 할 일도 없이 아침에 깨어나는 사람만큼 불행한 경우도 없습니다.

독서를 생활화하기에는 어려움이 따릅니다. 하지만 한 번 독서의 맛을 보고 나면 시나브로 독서의 세계에 빠져듭니다. 독서는 선택이 아닙니다. 행복하게 살아가려는 모든 사람에게 독서는 필수입니다. 특히 평생직업을 찾아 행복을 설계하려면 독서부터 시작해야 합니다.

자제력은 우리의 운명을 결정한다

자제력(自制力)은 자신의 감정이나 욕망을 스스로 억제하는 힘을 말합니다. 흔히 자제력은 이유 따위를 묻지 않고 무조건 참는 것으로 생각하는 경향이 있습니다. 그래서 타고난 성격 탓으로 돌려버리고 자제력이 얼마나 중요한지 평생 깨닫지 못합니다.

우리의 운명을 결정하는 요인으로는 자제력, 운동, 식생활, 독서 습관, 우정 등이 있습니다. 이 중에서도 자제력은 가장 중요한 삶의 방향을 결정하는 역할을 합니다. 성인은 물론이고 청소년에게도 자제력은 매우 중요합니다. 한창 젊음을 꽃피우는 시절에 자제력을 언급하면 대부분 젊은이들은 이를 외면합니다.

하지만 자제력을 어느 정도 컨트롤 할 수 있는지에 따라 다른 사람들과의 관계를 원만하게 형성하는 데 큰 도움이 됩니다. 자제력은 결코 하루아침에 생기지 않습니다. 꽤 오랜 시간을 조금씩 자신을 담금질하며 쌓아가야 합니다.

성격이 내성적인 사람도 때로는 욱하는 경우가 있습니다. 불의를 보면 참지 못하는 성격은 탓할 수 없겠지만, 사소한 일에도 자신의 성질을 제어하지 못하고 남을 욕하고 술을 마시며 온갖 추한 행태를 보여주기도 합니다.

자제력은 먼저 가정에서부터 키워야 합니다. 부모가 자제력이 없으면 고스란히 자녀에게 대물림하게 됩니다. 간혹 부모는 자제력이 없지만 자녀들 중에는 부모의 그런 행동과 태도를 보며 자신은 그러지 말아야겠다고 다짐하는 경우도 있습니다.

자제력을 키우는 아주 좋은 사례가 있습니다. 대한민국 최고의 가정경제 전문가인 미래희망가정경제연구소의 김남순 소장은 이렇게 권합니다. 가정경제를 지혜롭게 하려면 수입보다 지출을 잘 관리해야 하고, 지출해야 할 일이 생겼을 때 금액이 1만 원 이상이면 이것이 과연 필요인지 욕구인지 따져보라는 것입니다.

필요는 반드시 지출해야 하지만 욕구는 자제력을 발휘해 멈출 수도 있습니다. 김 소장은 자녀들이 어릴 때부터 이런 가정경제 교육을 계속해 왔습니다. 얼마 전 김 소장의 노트북이 말썽을 부려 새것으로 교체해야겠다고 했을 때 자녀들이 물었답니다. 그것이 필요인지 아니면 욕구인지를.

그래서 김 소장은 다시 한 번 생각을 하고 나서 노트북의 조금 좋지 않은 부분을 고쳐서 한참을 더 사용했다고 합니다. 이렇게 어려서부터 자제력을 몸에 익힌 자녀들은 나중에 성장해서도 자제력을 계속 유지하게 됩니다.

자제력을 잃으면 반드시 분노가 따라옵니다. 분노는 자신을 파괴하고 나중에 다른 사람에게도 해악을 끼치는 무서운 질병입니다. 성인들 중에도 분노를 억제하지 못하는 사람들을 종종 봅니다. 그런 사람들은 비록 타고난 DNA 덕분에 공부를 잘해서 어느 정도 지위에는 올랐지만 거기서 막상 퇴직을 하고 나면 나락으로 떨어집니다.

얼핏 보기에는 자제력이 별로 대단해 보이지 않지만 자제력이 충분히 쌓여 몸에 익숙해지면 대인관계도 원만해지며 비즈니스에도 긍정적으로 작용합니다. 자제력은 생각의 깊이와 관련이 있습니다. 생각을 깊이 하지 않으려는 습관 때문에 자제력을 키우지 못합니다.

화가 났는데 그냥 참는 것은 좋지 않습니다. 자제력은 문제가 생겼을 때 무조건 참는 것이 아니라 한걸음 물러서서 왜 이런 일이 발생했는지 돌아보고 다시는 그런 문제가 발생하지 않도록 대책을 마련합니다.

불행하게도 자제력을 쌓기 위한 좋은 책이나 코치는 별로 없습니다. 사람은 누구나 제각각 다르기 때문에 스스로 방법을 찾아내야 합니다. 남을 무조건 따라 해서도 안 됩니다. 자신만의 자제력을 스스로 차곡차곡 키워야 합니다. 자제력은 우리의 운명에 결정적인 역할을 합니다.

평범함의 위력

평범하다는 말은 뛰어나거나 색다른 점이 없이 보통임을 의미합니다. 탁월한 성과는 엄청난 도약이나 타고난 재능이 아니라 작은 행동을 반복함으로써 나타납니다.

사회학자 대니얼 챔블리스(Daniel Chambliss)는 수영 선수들의 동작을 분석하여 최고의 성과는 배우거나 우연히 알게 된 수십 개의 작은 기술이나 활동이 합쳐진 결과라고 밝히며 평범함의 위력이라는 용어를 만들었습니다.

경영의 구루(guru) 피터 드러커(Peter Drucker)도 경영자에게 필요한 것은 특별한 재능, 특별한 적성, 특별한 훈련이 아니라 단순한 몇 가지 일을 꾸준히 하는 것이라고 했습니다. 프로골프 선수는 드라이빙 레인지에서 똑같은 스윙을 수없이 반복하며 자신만의 루틴과 샷을 만듭니다.

우리는 어릴 적부터 남보다 뛰어나기 위해 공부를 합니다. 직장에 들어가서는 다른 사람보다 더 빨리 승진하고 더 많은 연봉을 받기 위해 죽기 살기로 노력합니다. 그러다 조기 퇴직이나 정년퇴직을 하고나면 지금까지 특별하기 위해 노력했던 것보다 평범함의 위력을 절실히 깨닫게 됩니다.

무슨 일이든 태어날 때부터 머리가 뛰어나고 체력이 앞서기 때문에 전문가가 되는 것이라고 착각합니다. 진정한 전문가는 단순한 동작을 무한 반복하면서 아무 생각 없이도 그런 일을 해낼 수 있는 능력을 가진 사람입니다. 하루가 모여 일주일이 되고 순간이 모여 하루가 됩니다. 비록 자신이 지금 하고 있는 일이 하찮아 보여도 스스로를 믿는 믿음으로 꾸준하게 해내야 합니다.

독서를 하고 글을 쓰는 일도 다르지 않습니다. 특히 학업 중인 학생들이 하는 독서와 글쓰기는 대부분 시험 성적을 올리기 위한 방편입니다. 그렇지만 몇몇 학생들은 독서와 글쓰기를 하루 세 끼

밥을 먹듯이 꾸준히 반복합니다.

당장은 다른 학생들과 그다지 차이가 나지 않지만 나중에 학교를 졸업하고 직업 세상에 뛰어들면 상황이 달라집니다. 세상을 보는 시야가 달라지고 자신의 나아갈 미래가 달라집니다.

평범함의 위력을 실감하지 못하면 무슨 일을 하더라도 마음속에 의심이 찾아옵니다.

과연 자신이 지금 하고 있는 일이 쓸모 있는 일일까 아닐까를 염려하고 근심하다가 아까운 시간을 다 보내버립니다. 큰일만 하려고 궁리하다가 작은 일조차 놓쳐버리기 십상입니다.

태산이 아무리 높아도 오를 수 있지만 오르려 시도하지도 않고 한 번에 오르려고만 하면 결코 오를 수 없습니다. 대박을 터뜨릴 작정으로 기회만 노리다가 세월만 허송합니다. 지금 자신이 하고 있는 일이 가장 중요한 일이며 미래를 준비하는 지름길이라는 사실을 간과하지 말아야 합니다.

평범함을 위대함으로 만들기 위해서는 작은 행동을 습관화해야 합니다. 의심을 떨쳐버리고 오르고 또 오르면 올라갈 수 있습니다.

필자는 7년 전부터 제주 올레 걷기를 시작했는데, 처음엔 26개 코스 425km를 언제 완주할 수 있을까 생각했지만 벌써 세 바퀴를 돌았습니다. 주간 뉴스레터를 13년 6개월 동안 매주 발송했습니다. 이런 실천이 오늘의 필자를 여기까지 이끌었습니다. 평범함의 위력은 이렇게 대단합니다.

결핍을 에너지로

결핍(缺乏, lack)이란 있어야 할 것이 없거나 모자라는 것을 말합니다. 대부분의 인간은 누구나 결핍을 가지고 태어납니다. 결핍은 상대적입니다. 절대적인 잣대로 결핍을 잴 수는 없습니다. 결핍은 눈에 보이는 부분과 보이지 않는 부분으로 나눕니다. 보이는 결핍은 눈에 쉽게 나타나지만, 보이지 않는 결핍은 판단하기 어렵습니다.

인간의 본성에는 비교하는 속성이 있습니다. 아무리 많이 가지고 있어도 더 많이 가지려고 합니다. 인간의 욕망에는 브레이크가 없습니다. 돈을 많이 가진 사람은 언제나 돈이 더 필요합니다. 지위가 높은 사람은 더 높은 지위를 향해 끝없이 도전합니다. 다른 사람들이 볼 때는 어느 정도 성취했으니 더 이상 욕심을 부리지 않는 것이 좋겠다고 생각하지만 정작 본인에게는 남의 일입니다.

조금 부족하면 겸손해집니다. 돈이 조금 부족하면 열심히 일을 하게 됩니다. 지식과 지혜가 조금 부족하면 공부를 더 하게 됩니다. 체력이 조금 부족하면 건강을 위해 운동을 합니다. 친구가 조금 부족하면 좋은 친구를 사귀기 위해 자신을 돌아봅니다.

매사 풍족하면 거기서 멈추지만 조금 부족하면 도전할 용기가 생깁니다. 부모를 잘 만나 재물이 많으면 세상이 모두 돈으로 보입니다. 풍족하게 가진 사람은 그것을 지키는 일에 함몰하게 되고 다른 사람을 돌아보지 못합니다.

약간 부족하고 이타심이 있으면 더 행복해집니다. 건강을 위해서도 음식을 포만감이 들 때까지 먹지 않고 위에 빈 공간을 조금 남겨둡니다. 음식을 만들 때 양념이나 소스도 약간 부족하면 채울 수 있지만 지나치면 버려야 합니다.

부족함이 없으면 인간은 점점 교만해집니다. 뤼트허르 브레흐만(Rutger Bregman)은 최근 그의 저서 『휴먼카인드』에서 권력은 가장 위험한 마약이라고 단언합니다. 권력은 사람을 마비시키고 결핍을 참아내지 못하게 합니다. 그러다가 결국 권력을 가진 사람은 부패합니다. 권력을 가지면 겸손하기 어렵습니다. 세상을 마음대로 좌지우지 하려고 칼을 함부로 휘두릅니다.

그러다 나중에는 스스로의 칼에 베입니다. 안타까운 현실이지만 엄연한 사실입니다. 역사를 공부하는 목적은 잘못된 역사를 되풀이하지 않으려는 것입니다. 그러나 권력의 역사는 유사 이래 교만으로 인해 나락으로 떨어지는 경우가 허다합니다. 조금 부족하면 다른 사람을 자신보다 낫게 여깁니다. 반대로 부족함이 없으면 안하무인이 됩니다.

인간은 태생적으로 결핍을 두려워합니다. 자신에게는 없지만 남에게 있으면 빼앗으려 합니다. 그 결과 개인이든 국가든 늘 다툼이 일어납니다. 가진 자와 못 가진 자, 잘 난 사람과 못 난 사람, 똑똑한 사람과 멍청한 사람, 모두가 뒤섞여 살아가는 것이 세상을 지혜롭게 살아가는 이치입니다.

도시화는 이런 결핍을 더욱 부추깁니다. 계급이 나누어지는 것도 양극화도 모여 살기 때문에 생깁니다. 매일 아침 우리는 부족하기 때문에 일찍부터 일어나 종일 무언가를 열심히 하게 됩니다.

결핍을 원망하는 사람은 어리석은 사람입니다. 결핍이 있기 때문에 발전할 여지가 있다고 생각하면 됩니다. 끊임없이 내면에서 솟아오르는 에너지의 원천은 바로 조금 부족하다는 사실 때문입니다.

은퇴하지 맙시다

은퇴(隱退, retirement)란 직임(職任)에서 물러나거나 사회활동에서 손을 떼고 한가히 지내는 것입니다. 사전적 의미로만 본다면 은퇴는 모든 일을 그만두고 뒤로 물러나 숨어 지내는 것을 의미합니다.

당연히 이 시대에 이런 일은 맞지 않습니다. 사전부터 고쳐야 합니다. 영어식으로는 새로운 출발입니다. 백세시대를 맞은 지금 조용히 물러나 유유자적하며 지내면 곤란합니다.

평균 수명이 60세가 되지 않았을 때는 열심히 일을 하다가 때가 되면 은퇴를 해야 했습니다. 산업화와 대가족 시대에는 은퇴를 해도 괜찮았습니다. 여러 명의 자녀들이 열심히 부모를 이어 일을 하면 생존에 위협을 받지 않았고 일손을 놓고 얼마 지나지 않아 대부분 세상을 떠났기 때문입니다.

인간에게는 행복추구권이 있습니다. 인간은 누구나 행복하게 오래 살고 싶어 합니다. 열심히 일을 하다 그만두면 행복지수가 급격하게 떨어집니다. 따라서 은퇴하지 않고 일거리를 찾는 것은 행복을 추구하는 일이기도 합니다.

서울대학교 김태유 명예교수는 『은퇴가 없는 나라(2013)』와 『한국의 시간(2021)』이라는 저서를 통해 모두가 행복을 누리기 위해서는 경제성장률을 높여야 하며 이를 위해서는 나이와 무관하게 함께 부지런히 일을 해야 한다고 일관성 있게 강조했습니다. 일시적인 복지는 포퓰리즘이지만 지속적인 복지를 위해서는 성장이 무엇보다 중요하다고 했습니다.

현재를 사는 우리가 다음 세대를 위해 노력한다면 얼마든지 우리가 가진 DNA를 활용해 성장하는 국가가 될 수 있다고 했습니다. 세대 간의 갈등을 일으키는 정년 연장이나 조기 퇴직은 문제 해결의 핵심이 아닙니다. 국가는 국가대로, 개인은 개인대로 각자의 맡은 분야에서 최선을 다할 때 시너지 효과를 거둘 수 있습니다. 현재의 모든 문제를 누구의 탓으로 돌리지 않는 성숙한 의식이 뒷받침되어야 합니다.

젊으면 젊은 대로 나이가 들면 나이가 많은 대로 얼마든지 새로운 일을 찾아 일할 수 있습니다.

겨우 예순 살을 넘기고 이제는 뒤로 물러서서 조용히 살겠다고 일찌감치 선언하는 사람들이 꽤 많습니다.

마땅히 할 일을 찾지 못해 그럴 수는 있습니다. 하지만 아무 일도 하지 않고 있으면 시나브로 의욕 상실에 빠져들고 일상에서 재미와 의미를 찾지 못하게 됩니다. 육체노동은 물론이고 정신적인 노동도 전혀 하지 않게 됩니다.

젊을 때는 자신과 가족을 부양하기 위해 어쩔 수 없이 노동 현장에서 일했지만 나이 들면 한꺼번에 많은 일을 하지 않고도 성과를 낼 수 있는 지혜가 활짝 피어납니다. 지식과 정보를 무기로 활용할 수 있는 미래 시대에는 다양한 지식과 경험을 쌓은 시니어들이 활동할 수 있는 영역이 점점 늘어날 전망입니다. 비록 직장 일선에서는 퇴직을 해도 일손을 놓지 말아야 합니다.

서로 세대가 다르다고 경쟁적인 관계가 아님을 먼저 깨달아야 합니다. 서로 보완해 줄 수 있는 관계입니다. 힘과 패기로 할 수 있는 일은 젊은이들이 하고 지혜와 노련미로 할 수 있는 일은 시니어들이 맡으면 됩니다.

이렇게 본다면 지금 우리나라의 세대 간 조합은 절묘한 조화를 이루고 있습니다. 산업화 시대를 지낸 베이비부머들의 다양한 경험과, 디지털과 속도전에 능한 젊은이들의 협업이 이루어진다면 세계무대에서도 단연 두각을 나타내게 됩니다.

일찍 은퇴하려는 사람들에게 물어보면 대부분 그냥 쉬고 싶다고 대답합니다. 그런데 아이러니하게도 만 13세 중학교 1학년 학생들로부터도 똑같은 대답을 듣습니다. 매일 학교 공부와 학원 공부에 지쳐 그냥 쉬고 싶다고 대답합니다.

필자는 모두가 쉬겠다고 대답하는 말이 그냥 말의 습관처럼 들립니다. 지금은 은퇴하고 쉴 때가 아닙니다. 새로운 것을 공부할 때입니다.

이름을 불러주라

인간이라면 누구에게나 이름이 있습니다. 태어나기 전부터 이름을 미리 짓는 경우도 많습니다. 대부분의 경우에 이름을 불러주면 모두가 좋아합니다. 그냥 인상착의로 키가 큰 사람이라든지 하얀 안경 쓴 친구라고 부르면 그다지 좋아하지 않습니다.

이름을 부르는 것은 수많은 상호작용 속에서 주의를 환기시키고 관심을 기울인다는 적극적인 표현입니다. 이름은 그 사람의 존재를 인정하고 정체성을 부여하는 중요한 수단입니다.

지인들의 이름을 꼼꼼히 기억하였다가 다시 만날 때 불러주는 것만으로도 원만한 소통을 시작할 수 있습니다. 인간관계의 중요성을 강조하는 데일 카네기는 사람의 이름이 모든 언어에서 가장 달콤한 소리라고 했습니다.

요즘은 개나 고양이 등 반려동물에게도 사람처럼 이름을 붙입니다. 마치 자식처럼 애지중지하기도 합니다. 그러면서도 정작 다른 사람의 이름을 불러주는 일에는 별로 관심을 갖지 않습니다.

우리는 누구나 다른 사람과 좋은 관계를 유지하고 싶어 합니다. 사랑하고 좋아한다면 그 사람의 관심사를 찾아내고 비위를 맞추려고 노력합니다. 다정하게 이름을 불러주는 것은 그 무엇보다 호감을 표현하는 적극적인 방법입니다.

J중학교에서 5년째 자유학년제 교사로 학생들을 지도하고 있

습니다. 학교에 가면 복도에서 지금 지도하는 1학년 외에도 2, 3학년 학생들을 만납니다. 어렴풋하지만 기억력을 되살려 이름을 불러주면서 주먹 악수라도 권하면 학생들이 아주 좋아합니다.

사회적 지위가 높을수록 하찮은 일을 하는 사람들의 이름을 기억하지 못합니다. 아니 아예 기억하려고 하지 않습니다. 그냥 청소하는 아줌마나 경비하는 아저씨 정도로 생각합니다.
관심을 가지고 보면 명찰을 달고 있거나 어딘가에 이름이 적혀 있습니다. 이왕 인사하게 될 때 다정하게 이름을 부르며 인사하면 감정의 교감이 일어납니다.
필자는 아파트 경비원의 이름을 유심히 기억했다가 집을 나가거나 들어올 때 이름을 부르며 인사합니다. 그들이 진심으로 좋아한다는 느낌을 받으면 필자도 덩달아 기분이 좋아집니다. 모임에 나갔을 때 처음 보는 사람과 명함을 주고받으며 인사를 합니다. 발음하기 어려운 경우에는 어떻게 부르는지 물어봅니다. 이름을 부르고 관심을 가지면 금세 분위기가 좋아집니다.

필자는 다른 사람의 명함을 받으면 리멤버라는 앱에 저장해 둡니다. 지금 필자의 리멤버에는 2,000장 이상의 명함이 들어 있습니다. 다시 만나기로 약속을 했다면 이름을 불러보고 메모에 적힌 내용을 살펴 언제 만났는지를 확인하고 만납니다. 이렇게 하면 만나는 순간부터 친근감이 들기 때문에 서먹서먹하지 않습니다.
이름을 기억하고 불러주는 이런 단순한 일이 인간관계에 긍정적인 변화를 가져다줍니다. 지금까지 이름을 불러주는 일을 소홀히 했다면 이번 기회에 한 번 방법을 바꿔보면 좋겠습니다.
어떤 사람은 한 번만 들어도 이름을 기억하는데 자신은 다른 사람의 이름을 좀처럼 기억하지 못한다고 흔히 말합니다. 그건 노력을 하지 않아서 그렇습니다. 암기력의 문제가 아닙니다. 김춘수 시인은 "내가 그의 이름을 불러주었을 때 그는 나에게로 와서 꽃이 되었다."는 절창의 시를 썼습니다.

2강
시대의 변화와 발상의 전환

발상의 전환이 변화를 이끄는 힘

흔히들 시대가 많이 변했다고 하는데, 여러분은 어느 정도 시대의 변화를 민감하게 이해하고 있나요? 발상의 전환이 필요하다고 합니다. 발상은 생각해내는 것을 말합니다. 생각은 과연 무엇일까요? 생각이라는 단어를 네이버 사전에서 찾아보았더니, '판단하고 기억하고 호기심을 갖는 것'이라고 나와 있습니다.

우리는 보통 판단과 기억은 생각의 범주에 들어가지만 호기심까지 포함된다는 사실은 깨닫지 못할 때가 많습니다. 지금 시대는 과연 호기심이 얼마나 중요한지 새삼 깨닫게 해줍니다. 정말 세상이 많이 변했습니다. 과거 40년 정도만 돌아봐도 세상이 엄청나게 많이 변했습니다.

우리나라가 한국전쟁 이후 1970년대와 1980년대 소위 산업화 시대를 거치면서 고도성장을 해왔지만, 이제는 고도성장의 엔진이 멈추고 지금은 저(低)성장 시대를 맞이하고 있습니다. 그동안 우리나라 사람들은 열심히 일해서 이제 선진국으로 도약했습니다.

사회적인 변화도 엄청나지만 특히 기업이나 직업 세계의 변화는 정말 상상을 초월할 정도입니다. 1980년대에 일반인이 사용할 수 있는 컴퓨터가 도입되었고 1990년대 중반에는 인터넷이 나와서 세상을 하나로 연결했습니다. 그리고 2007년에는 스티브 잡스가 스마트폰을 만들어서 세상의 변화를 주도했고 지금은 초

연결시대로 접어들었으며 심지어 블록체인과 메타버스까지 나왔습니다. 참으로 많이 변했습니다.

직장과 직업은 다르다

직장과 직업의 개념에 대해 살펴보고 몇 가지 말씀을 드리겠습니다. 많은 분들이 아직도 직장과 직업을 혼동하고 있는 것 같습니다. 자신이 직장을 다니면 직업을 가지고 있다고 생각합니다. 필자도 20년 직장생활을 하면서 당연히 그렇게 생각했습니다.

그런데 막상 퇴직하고 보니까 그건 직장이었지 필자의 직업이 아니었던 겁니다. 누군가가 일자리를 만들어 놓고 필자가 거기 들어가서 일을 하다가 적절한 시기에 다시 나와야 하는 그런 일자리였지 일거리가 아니었다는 말입니다.

창직은 직업을 만드는 것입니다. 그것은 일자리를 만들기 전에 일거리를 만든다고 생각하면 됩니다. 예전 산업화 시대에는 우리나라가 고도성장을 했기 때문에 무슨 일을 하든지 누군가 이미 만들어 놓은 일자리에서 열심히 일만 하면 먹고 사는 데 지장이 없고 또 시간이 흐르면 승진도 하면서 자연스럽게 가정을 꾸리고 자녀를 낳고 이렇게 살아왔습니다.

그런데 우리나라가 1997년 말 IMF 외환위기를 겪으면서 기업들이 구조조정에 들어갔고 그때부터 평생직장의 개념이 사라졌습니다. 직업을 새로 만들고 일자리를 만드는 기업가 정신을 가진 기업주조차도 그 기업이 얼마나 유지될지 알 수 없는 그런 시대가 되었습니다.

우리가 대기업들이 문어발식으로 여러 업종을 가지고 있다고 비난하지만, 그들은 그들 나름대로 살아남기 위해 그런 선택을 하지 않으면 안 되었다는 뜻입니다. 여러분이 잘 아는 삼성만 해도 그렇습니다. 삼성이 지금은 반도체와 스마트폰으로 글로벌 기업이 되었지만, 예전에는 문어발식 기업으로 비슷비슷했죠. 여러 가지 여의치 않아 한동안 운영하던 자동차 회사는 접었지만, 어떤 기업이든 정말 앞으로 무엇을 해서 어떻게 먹고 살아야 할 것인지에 대해 고민하면서 기업주들은 밤잠을 설칩니다.

백세시대의 개인도 발상 전환해야

개인도 다르지 않습니다. 예전에는 직장에서 열심히 일만 하면 노후가 보장되고 60세 전후에 정년퇴직을 하면 얼마 후에 대부분 세상을 떠나는 그런 시대를 살았습니다. 그런데 지금은 어떻습니까? 이미 백세시대를 맞이했고 75세 또는 80세에도 여전히 건강하고 지적으로도 왕성한 분들을 자주 만나게 됩니다.

여러분이 잘 아시는 김형석 명예교수는 1920년생입니다. 우리 나이로는 103세인데 지금도 강의를 하고 TV에 출연하고 글도 쓰고 하십니다. 정말 세상이 많이 변했습니다. 세상은 이렇게 변했는데 여전히 변하지 않는 분들이 많습니다. 특히 금융기관이나 공무원 그리고 대기업이나 중견기업에 근무하시는 분들이 그렇습니다. 왜냐하면 그들이 속한 직장이라는 울타리가 튼튼해서 바깥세상을 살아보지 못했기 때문입니다.

그런데 자기가 속한 그 직장에서 자기가 위치한 그 자리가 최고인 줄 알고 평생 그렇게 살 걸로 생각하며 살아오다가 어느 날 갑자기 퇴직을 하면 당황하게 되고 자괴감에 빠지게 되는 겁니다.

발상의 전환을 하지 않으면 어떤 일도 해낼 수 없습니다. 창직도 마찬가지입니다. 스스로 자신의 직업을 찾아야 합니다. 특히 현재의 직장에서 아직 일을 하고 계시는 분들부터 생각을 바꿔야 합니다. 또 앞으로 취업하기 위해 준비하는 젊은 분들과 청소년들도 마찬가지로 직업에 대한 발상의 전환이 필요합니다.

비록 생계를 위해 직장에 들어가서 일을 하더라도 장기적으로 자신의 평생직업은 무엇이 될 것인지 연구하고 노력하고 찾아내야 한다는 말입니다.

창직을 위한 발상의 전환을 생각해야

창직은 지금까지 없었던 직업을 만들어내는 것입니다. 그런데 만들어낸다고 해서 전혀 아무 것도 없는 상태에서, 다시 말하면 무(無)에서 유(有)를 창조한다는 말은 아닙니다. 기존의 직업 중에서도 남들이 잘하지 않는 그런 일들은 우리가 해낼 수 있습니다. 그리고 기존의 어떤 직업에 프로세스가 있을 때 그 프로세스를 바꿈으로써 새로운 직업을 만들 수도 있습니다. 얼마든지 변형된 직업을 만들어낼 수 있다고 생각하면 틀림없습니다.

무엇보다 자신이 그 직업에 대해 깊이 생각해 보고, 나름대로 연구를 하면서 통찰력을 키워야 합니다. 특히 호기심을 가져야 합니다. 나이가 들면 호기심이 줄어든다고 하는데, 글쎄요. 필자는 그렇지 않은 것 같습니다. 오히려 나이가 들면서 더욱 호기심이 많아져서 새로운 것을 보면 참지 못하고 직접 경험해 보거나 찾아보거나 연구해 보는 습관이 생겼습니다.

필자의 이런 성향도 결코 하루아침에 이루어지지 않았겠지만, 다행스럽게도 20년 직장생활 중에서 약 15년을 글로벌 금융기관인 씨티은행에서 일하며 비교적 IT기술에 대해 일찍 받아들이고 또 전 세계 많은 외국인들과 함께 일해 본 경험이 필자의 유연성을 키우고 호기심을 키우는 데 크게 도움이 되지 않았을까 생각해 봅니다.

여러분 세상이 정말 많이 바뀌었습니다. 그런데 세상은 아무리 바뀌어도 나는 절대로 바꾸지 않겠다고 생각하시는 분들이 꽤 있습니다. 소위 아날로그 세대입니다. 필자는 아날로그 세대를 '안 할려고 세대'라고 부릅니다만.

디지털이든 아날로그든 변화하는 세상을 따라잡는 가장 좋은 방법은 항상 새로움에 대한 기대감과 호기심을 가지고 직접 해보는 것입니다. 특히 나 혼자만 직접 해볼 것이 아니라 새로운 것이 정말 좋다고 생각했다면 자신의 주변에 있는 가족들이나 친구들이나 지인들에게 알려주면 금상첨화일 것입니다. 필자는 그렇게 하다가 지금 여기까지 오게 되었습니다.

시대의 변화는 나의 변화

필자는 직장을 퇴직하고 10년 정도 여러 가지 일을 해보았습니다. 지금 시대는 한 가지 직업으로 평생을 살아갈 수 없는 시대입니다. 10년 동안 교육 사업, 부동산 자산관리 일을 했으며, 미국 부동산자산관리협회(IREM) HRD(인적자원관리) 교수로 강의를 했고, 안산에 있는 반월공단에서 휴대폰 제조회사 전문경영을 했습니다.

이러한 경험이 결국 바탕을 이루어서 필자가 지금 하고 있는 창직 코칭과 강연 등으로 이어졌습니다. 적어도 75세 또는 80세까지는 특별한 경우가 아니면 얼마든지 일선에서 일을 할 수 있다는 생각을 가지고 창직을 시작한다면 가능성이 있습니다.

필자의 주변에도 필자가 코칭을 했거나 필자가 코칭을 하지 않았어도 창직을 하신 분들이 있습니다. 그분들 중에는 이미 70세를 넘고 70대 중반에 있는 분들도 있습니다. 여전히 일선에서 활발하게 활동하고 있고 유튜브 크리에이터로 맹활약을 하고 강연도 하고 블로그도 쓰고 책도 출간하고 있습니다. 요즘은 비대면 시대에 줌(zoom)으로 강연을 하는 그런 분도 있습니다.

여러분, 시대의 변화는 나의 변화입니다. 시대와 상관없이 나는 이대로 그냥 살겠다고 고집하는 분들이 있는데 그건 잘못된 생각입니다. 시대가 변했으면 나도 당연히 변해야 합니다. 오히려 내가 시대를 뛰어넘어 리드해 나갈 수 있는 역량을 찾아내는 것이 미래를 살아가는 데 더욱 현명한 방법입니다.

필자가 말씀 드린 내용은 전혀 새로운 내용은 아닙니다. 그리고 이런 내용이 담긴 책도 많이 나와 있습니다. 여러분이 관심만 가지면 그런 것들이 얼마든지 눈에 들어옵니다. '나는 이제 모든 것이 끝났다.'거나 '더 이상 내가 할 일이 없다.'고 생각하면 큰 착각입니다. 백세시대를 자기가 원해서 사는 것이 아닙니다. 건강하다면 얼마든지 나이가 들어도 할 수 있는 일이 있다고 생각하면 됩니다.

또 한 가지 말씀드리고 싶은 것은 세상을 살면서 항상 감사하는 마음이 있어야 한다는 점입니다.

지금 여기까지 내가 있게 된 것은 부모님과 사랑하는 가족과 친구들과 지인들이 있었기 때문입니다. 그분들에게 늘 감사하는 마음이 있을 때 나의 생각이 달라집니다. 감사하는 마음을 가질 때 내가 어떻게 하면 그분들에게 조금이나마 도움이 되는 말과 행동을 할까, 그리고 사회에 조금이라도 도움이 될까, 국가에 도움이 되는 일을 없을까 그런 생각을 하게 됩니다.

북한이나 우크라이나 등과 같은 나라를 보십시오. 어려운 환경에서 살아가는 사람들이 얼마나 많습니까?

우리나라는 그래도 선배들의 피땀 어린 노력으로 경제적으로 어느 정도 안정이 되어 있습니다. 그분들에게 감사하는 마음이 있다면 그분들을 비난하지 말고 감사하는 마음을 담아서 미력이나마 열심히 노력하여 그분들에게 은혜를 갚는 태도를 취하는 것이 도리가 아닐까요?

시대가 변했습니다. 많이 변했습니다. 그런데 지금까지의 변화보다 앞으로 더 많이 변할 것입니다. 미래에는 정말 따라잡기 힘들 정도로 빠른 속도로 세상이 변할 겁니다.

그렇다면 여러분은 어떻게 그 변화를 따라 가시겠습니까? 허겁지겁 따라가면 힘듭니다. 가랑이가 찢어집니다. 그러지 말고 먼저 세상을 리드해 가보자는 생각을 가지고 앞서 나간다면 훨씬 마음도 편하고 몸도 편해집니다.

　이 세상에 변하지 않는 것은 아무 것도 없습니다. 나도 변하고 세상도 변하고 친구도 변하고 모두가 변합니다. 그렇지만 세상이 아무리 변해도 우리가 마음의 중심을 든든히 잡고 있으면 급변하는 세상 속에서도 얼마든지 새로운 직업을 찾아내어 나의 평생직업으로 만들어 갈 수 있을 것이라고 확신합니다.

변화의 시대와 발상의 전환

고슴도치 딜레마

　딜레마(dilemma)란 선택해야 할 길은 두 가지 중 하나로 정해져 있는데, 그 어느 쪽을 선택해도 바람직하지 못한 결과가 나오게 되는 곤란한 상황을 말합니다.
　고슴도치는 포유류 동물로서 네 다리는 짧고 몸통은 통통하며 등과 옆구리 털이 가시처럼 돋아나 있습니다. 자신을 보호하기 위해 변색을 하거나 딱딱한 껍질 속으로 숨는 동물이나 곤충이 있듯이 고슴도치의 뾰족한 털은 본능적으로 자신의 생명을 보호하는 데 사용됩니다.
　고슴도치 딜레마는 대인관계를 통한 친밀감 욕구와 자율성에 대한 욕구, 상처받지 않는 욕구가 양립할 수 있다는 딜레마입니다. 우리 삶에서 발생하는 많은 문제는 모두 인간관계에서 비롯됩니다. 너무 가깝지도 않고 너무 멀지도 않은 적당한 거리를 유지하는 지혜로운 인간관계를 누구나 원하지만 그리 쉽지 않은 것이 현실입니다.

　인공지능을 앞세운 4차 산업혁명의 거센 바람과 갑자기 불어닥친 코로나 팬데믹의 영향으로 기업에 몸을 담고 일을 하는 사람이 급격히 줄어들고 있습니다. 해서 자의 반 타의 반으로 많은 사람들이 1인 기업이나 소규모 비즈니스를 시작합니다.
　기업의 규모가 크면 클수록 겉으로 드러나지 않는 인간관계의 문제가 규모가 작으면 확연하게 나타납니다. 주변을 둘러보면 가족 중심의 비즈니스를 하는 자영업자들이 부쩍 많아졌습니다. 인건비가 만만치 않아서 그렇기도 하겠지만 이런 선택의 결과로 고슴도치 딜레마에 쉽게 빠져들게 됩니다.

특히 우리나라 사람들의 정서는 미국이나 유럽과 다르게 일의 범위나 기간, 그리고 급여(보상)를 정하는 데 익숙하지 않습니다. 서로가 으레 그렇게 알아서 해주기를 바라고 무작정 일부터 시작합니다. 그러다가 중간에 이해관계가 얽히고 틀어지면 그때부터 상황이 복잡하게 됩니다.

고슴도치 딜레마를 피하려면 사전에 미리 서로 충분하게 소통하고 정리해두는 방법이 좋습니다. 문서가 아니더라도 구두로 상황에 따른 책임과 의무를 정해두면 나중에 오해의 소지를 줄일 수 있습니다. 그저 좋은 게 좋다는 식의 사고방식은 인간관계에서는 괜찮을지 몰라도 비즈니스에서는 바람직하지 않습니다.

우리는 너무 사랑하고 너무 좋아서 모든 것을 아낌없이 퍼줍니다. 하지만 받아들이는 입장에서는 그렇게 생각하지 않을 수 있습니다. 마치 친한 친구 사이에도 자신은 그 친구를 끔찍이 좋아하지만 상대 친구는 그렇지 않을 수 있기 때문입니다.

또한 그냥 말로 하는 비즈니스가 아니라 금전이 오고가는 거래 관계라면 문제는 더욱 복잡해집니다. 가족이든 가깝게 지내는 사이든 상관없이 좋은 관계를 오래 지속하려면 불가근불가원(不可近不可遠) 원칙을 세워 지키는 것이 좋습니다.

가족이나 가깝게 지내는 사이일수록 서로 예절을 지키는 것이 좋습니다. 허물없이 가깝게 지내면 서로의 약점이 쉽사리 노출되어 실망하기도 합니다. 상대의 허물을 덮어주고 감싸주는 것이 사랑입니다. 고의로 가까운 사람들에게 불이익을 가져다주는 사람은 흔치 않겠지만 그래도 항상 자신을 살피며 조심해야 합니다.

고슴도치는 새끼를 사랑해서 꼬옥 안아주고 싶어도 그럴 수 없습니다. 비록 안아주지는 못하지만 위험한 동물을 만나면 어떻게 자신을 보호해야 하는지 새끼들에게 직접 몸으로 보여줍니다. 나중에 위험한 동물이 사라지고 나면 새끼는 어미의 사랑을 확인하게 됩니다.

거친 세상을 살아가는 우리는 모두 약자입니다. 서로 돕고 의지하고 살아가야 하지만 결국 자신이 홀로 서야 합니다. 그러므로 고슴도치 딜레마에 빠지지 않도록 애초부터 경계해야 합니다.

나쁜 질문은 없다

질문(質問, question)이란 알고자 하는 바를 얻기 위해 묻는 것입니다. 아이가 세상에 태어나 자라면서 보고 듣고 만지는 모든 것을 처음에는 신기해하며 질문을 시작합니다. 아이의 눈높이에 맞는 질문을 원초적 질문이라 할 수 있습니다.

그런데 아이가 좀 더 자라 학교에 가면 질문이 점차 줄어듭니다. 방과 후 학원에 가면 거의 질문하지 않습니다. 학교나 학원에서는 대부분 선생님의 강의를 받아쓰고 외워야 하는 공부이기 때문입니다.

아이들의 질문을 되살려야 합니다. 질문을 되살리기 위해서는 먼저 가정에서 질문에 대한 부모의 정확한 인식이 필요합니다. 생각의 힘을 키우는 최고의 방법은 열린 질문을 끊임없이 주고받는 것입니다. 질문에 대한 대답을 찾는 것이 아니라 질문하는 습관을 길러야 합니다. 결코 쉽지 않지만 질문하는 방법을 터득하면 미래를 여는 문을 스스로 찾아낼 수 있습니다.

아인슈타인은 "만일 내게 문제를 해결할 시간이 1시간 주어진다면 어떤 질문을 하는 게 적합한지 판단하는 데 55분을 쓸 것이다. 적절한 질문을 찾아내면 문제를 해결하는 데는 5분도 채 걸리지 않을 것이다."라고 했습니다.

질문은 우리의 뇌를 자극합니다. 질문하지 않으면 뇌가 잠을 잡니다. 뇌(腦)과학자의 말에 따르면 인간의 뇌는 지극히 게으르다고 합니다. 뇌는 가능하면 편안한 상태를 유지하기 원합니다. 그러다가 질문을 만나게 되면 깜짝 놀라며 반응을 시작합니다.

질문의 형태는 여러 가지가 있습니다. 그 중에서 열린 질문은 뇌를 자극하고 질문에서 질문으로 꼬리에 꼬리를 뭅니다. 단답형 질문은 막힌 질문입니다. 그런 질문은 생각의 힘을 키우지 못하고 그저 답을 찾아내는 데만 몰두합니다. 세상에는 정답이 없는 질문이 많습니다.

5년째 J중학교에서 1학년을 지도하고 있습니다. 수업 목표는 생각의 힘 키우기입니다. 수업 시간마다 학생들이 수업 목표를 잊지 않도록 연필로 노트에 수업 목표를 꼬박꼬박 적도록 합니다. 매주 주제를 정하고 질의응답식 수업을 시작합니다.

학기 초에는 학생들이 질문을 받으면 대답하기를 주저했습니다. 하지만 차츰 시간이 흐르면서 질문에 적응해 갑니다. 수업은 질문과 검색 그리고 대답으로 이어집니다. 학생들이 질문을 하면 필자는 답을 하는 대신 검색을 하도록 유도합니다. 혹시 필자가 잘못 대답할 수도 있기 때문입니다.

스마트폰으로 네이버나 구글에서 검색하는 방법도 알려줍니다. 인터넷에 떠도는 내용이 완전한 대답이 아닐 수도 있음을 알려줍니다. 결국 검색은 하되 생각을 되풀이하면서 스스로 답을 찾아내도록 하는 것이 궁극적인 질의응답식 수업의 목표입니다.

유대인의 하브루타 교육 방식은 널리 알려져 있습니다. 그 중에서 인상 깊은 대목이 있습니다. 부모는 자녀가 학교에 다녀오면 "오늘은 무엇을 배웠니?"라고 묻지 않고 "무엇을 질문했니?"라고 묻는답니다. 이 질문의 힘이 바로 생각의 힘이 되어 수많은 노벨상 수상자를 키워낸 것입니다.

우리의 교육 시스템이 잘못되어 있다고들 합니다. 하지만 필자의 생각은 좀 다릅니다. 부모가 가정에서, 교사가 학교에서 질문의 위대함을 인지하고 어릴 때부터 질문하는 아이로 키우면 얼마든지 성인이 되어서도 질문하는 사람으로 성장합니다.

교육 시스템은 하루아침에 바뀌지 않습니다. 포기하지 않고 가정에서 그리고 학교에서 질문하는 사람으로 키워내면 됩니다. 나쁜 질문이란 없습니다. 그저 지식을 전달하겠다는 생각으로 질문을 빼앗아 버리는 것이 문제입니다.

짧아지는 직업의 라이프 사이클

직업의 라이프 사이클(Life Cycle)이 점점 짧아지고 있습니다. 인공지능의 발달과 4차 산업혁명의 등장 그리고 코로나19 팬데믹의 영향 때문입니다. 게다가 지난해부터 열풍이 불고 있는 메타버스까지 가세하면서 기존의 직업을 흔들어놓고 새로운 직업을 만들어내고 있습니다.

지금까지 꿈을 현실로 바꾸면서 인류는 진보해 왔습니다. 최근 빅테크 기업들의 행보는 이런 현상을 고스란히 보여줍니다. 여기서 말하는 빅테크(Big Tech)는 구글, 아마존, 애플, 페이스북과 같은 대형 정보기술 기업을 가리킵니다.

네이버와 카카오도 어느새 부쩍 도약하고 있습니다. 금융을 비롯한 모든 산업에서 이들 빅테크들의 약진이 돋보이면서 직업 라이프 사이클 단축에 앞장서고 있습니다. 이런 변화에 민감하게 대응하지 못하는 기업이나 개인은 직업 세계에서 밀려날 수밖에 없습니다.

올해 81세의 원로 만화가 이정문은 그의 나이 24세인 1965년에 학생 과학잡지의 의뢰를 받아 35년 뒤인 서기 2000년의 미래 상상도를 그렸습니다. 그 그림 속에는 전기자동차를 비롯하여 태양열을 이용한 집, 원격치료, 손에 들고 다니는 TV, 재택 학습, 달나라 여행 등 현재까지 모두 실현된 내용이 담겨 있습니다.

그는 또한 2050년 미래를 만화로 그렸는데 여기에는 우주 발전소, 웨어러블 컴퓨터, 움직이는 건물, 날아다니는 자동차, 해저 주택, 순간 이동 등이 포함되어 있습니다. 정말 놀라운 상상력입니다.

이 모든 상상이 현실이 되었고 앞으로도 인류의 꿈은 하나씩 이루어질 것입니다. 문제는 이런 변화 속에 우리가 가진 직업의 부침이 쉴 새 없이 계속된다는 사실입니다. 그러므로 우리는 지금 각자가 가진 직업에 안주해서는 곤란합니다.

올해 화두는 메타버스, NFT, 로봇 그리고 헬스케어라고 합니다. 어느새 인공지능이라는 용어는 자취를 감추었습니다. 인공지능이 사라진 게 아니라 이제 우리의 손에 들려 있는 스마트폰을 위시해서 곳곳에 이미 자리 잡고 있기 때문입니다.

그런데 여전히 스마트폰에 탑재된 인공지능조차 활용하지 못하는 사람들이 꽤 많습니다. 빅테크를 비롯한 기업들의 발 빠른 행보로 인해 사라지는 직업에 여전히 연연하며 살아간다면 우리 직업의 미래는 불안하고 불투명합니다.

필자가 10년 동안 창직 코칭을 해 오면서 평생직업을 찾아야 한다고 누차 강조해 왔지만 여기서 말하는 평생직업도 시대의 흐름에 따라 얼마든지 변할 수 있음을 인지해야 합니다. 라이프 사이클이 긴 직업을 찾는 일이 그다지 쉽지 않은 만큼 언제든지 다른 직업을 선택할 수 있는 역량도 갖춰야 한다는 의미입니다.

변화하는 직업의 라이프 사이클에 잘 적응하는 세대가 바로 MZ세대입니다. 게임과 아바타 세상에 친숙한 그들과의 소통은 미래 새롭게 생겨날 직업과 직접적인 관련이 있습니다.
시장에서의 구매력까지 갖춘 그들은 점점 더 새로운 직업의 선봉에 우뚝 서게 될 것입니다.
그들을 외면하고 나머지 세대만을 겨냥한 비즈니스는 어려움을 겪을 가능성이 농후합니다. 변화는 이제 일상이 되었습니다. 코로나19는 여전히 우리 곁에 머물고 있으며 언제 완전히 사라질지 어느 누구도 알 수 없습니다. 마냥 기다리기에는 과학기술이 하루가 다르게 발달하고 수많은 직업이 사라지고 새로 생겨나고 있습니다.
변화의 시대에 적응하는 가장 좋은 방법은 변화를 적극적으로 받아들이고 자신을 변화시키는 것입니다.
아무도 변화를 강요하지 않습니다. 하지만 스스로 변화하지 않으면 결국 도태되고 맙니다.

행동하며 생각하라

흔히 행동하기 전에 반드시 생각을 먼저 해야 한다는 것을 당연하게 여깁니다. 생각이 없는 행동은 자칫 다른 길로 빠져들 수 있기 때문입니다. 하지만 아무리 생각을 많이 해도 행동이 따르지 않으면 어떤 결과도 끌어내지 못합니다.

우리는 세상을 살면서 모든 것을 다 경험할 수는 없습니다. 머리를 써서 생각은 깊이 하더라도 막상 행동하기 시작하면 생각했던 대로 일이 진행되지 않는 경우가 많습니다. 그럴 때는 생각을 다시 해봐야 합니다. 인공지능은 딥러닝(deep learning)과 머신러닝(machine learning)의 확장으로 이루어집니다.

우리 손에 들려 있는 스마트폰에 이미 인공지능 기능이 들어 있습니다. 인공지능은 우리가 어떤 행동을 반복하면 그것을 빅데이터로 묶어서 우리의 다음 행동에 영향을 미칩니다. 인공지능은 존재가 아니라 도구입니다. 인간을 돕기 위한 도구입니다.

오래전 안산에 있는 반월공단에서 제조업체 전문 경영을 할 때의 일입니다. 슬라이드폰과 폴더폰의 앞부분을 알루미늄으로 표면 처리하는 업체였는데 워낙 불량이 많아 직원들과 함께 일본 도요타자동차에 견학을 갔습니다. 그런데 공장 벽에 '해보고 생각하자!'라는 커다란 현수막이 붙어 있었습니다.

그 시절에만 해도 도요타자동차의 제조 방식을 전 세계에서 배우자는 열풍이 불었던 때입니다. 처음에는 참 이상한 슬로건이라는 생각이 들었지만 귀국해서 곰곰이 생각해 보니 무슨 일이든 계획한 대로 되지 않을 때는 재빨리 계획을 수정해서 적용하라는 의미로 받아들였습니다.

세상 모든 일이 계획한 대로만 된다면 무슨 문제가 있겠습니까? 계획을 벗어났을 때 그것을 어떻게 신속하게 수정해서 원하는 결과를 이끌어내느냐가 관건이겠지요.

세상은 정신없이 빠르게 돌아갑니다. 인공지능을 앞세운 4차 산업혁명의 바람이 부나 했더니 코로나 팬데믹이 갑자기 불어 닥쳐 지난 3년 동안 세계가 잔뜩 긴장하고 움츠렸습니다. 그 결과 비대면 비즈니스가 일상화되었고 급기야 지난해부터 메타버스 열풍까지 불기 시작했습니다.

끊임없이 새로운 것을 공부하지 않으면 뒤따라가기도 어려운 지경에 이르렀습니다. 필자도 2020년 초에 비대면 세상을 미리 내다보고 열심히 줌(zoom)과 웹엑스(webex)를 배우고 익혀 전문가가 되었습니다.

처음에 줌을 배우기 위해 열심히 공부해서 아는 만큼 지인들에게 소개를 했고 몇몇 지인들과 줌 유격대를 만들어 전국을 돌며 줌 캠프를 열고 줌 관련 책도 두 권이나 공저로 썼습니다. '배워서 남 주자.'는 취지로 열심히 알려주었더니 필자는 더 많이 배우게 되었습니다. 이것이 비결입니다.

생각은 언제 어디서든 할 수 있지만 행동은 시간과 공간 등 여러 가지 제약을 받습니다. 생각과 행동은 동시에 이루어지는 것이 바람직합니다. 배우면서 생각하고 행동하면서 다시 생각하는 방식이 최선입니다.

필자의 주변을 살펴보면 생각은 많이 하지만 행동으로 옮기지 못하는 사람들이 꽤 많습니다. 완전하고 확실하게 이해하고 나서 행동으로 옮기려고 기다리다가는 시간만 속절없이 흘러갑니다. 누군가 아직 하지 않았을 때 먼저 치고 나가며 행동을 해야 선점할 수 있는데 어정쩡한 태도로 기다리다가 시기를 놓쳐버립니다.

아직 미숙하지만 행동하면서 수정하고 보완하면 됩니다. 그리고 행동하면서 생각하면 더 많은 경험을 하게 됩니다. 왜냐하면 모든 일에는 언제나 예외가 있는 법이기 때문입니다. 행동하면서 생각하는 것도 습관이 되어야 합니다.

기능적 고착을 벗어나라

기능적 고착(functional fixedness, 機能的 固着)이란 한 대상에 대해 그것의 가장 일반적인 한 가지 사용법만 가지고 있는 것으로 지각하여 다른 기능으로의 사용 가능성에 대해 닫혀 있는 경향을 말합니다.

쉬운 예를 들자면 손에 망치를 들면 모든 게 못으로만 보인다는 말이 있습니다. 당구(billiards)를 처음 배우면 지나가는 사람들의 머리가 모두 당구공으로 보이는 것과 비슷한 이치라고나 할까요?

한 분야에 전문적인 지식을 가지고 있으면 그에게 그 전문적인 지식은 굉장히 조직적이고 이해하기 쉽습니다. 하지만 이렇게 한 분야에 너무 치우치는 전문 지식은 간혹 자신도 모르게 기능적 고착 상태에 빠지게 합니다.

자신이 가지고 있는 도구를 완전히 새로운 시각에서 열린 마음으로 볼 수 있는 능력은 문제 해결에 큰 도움을 줍니다. 문제 해결을 위해 특정한 전략만을 고수하는 사람은 단순한 방법이 필요할 때에도 다른 해결책이 있다는 생각을 하지 못합니다. 쉬운 방법이 있음에도 불구하고 굳이 어려운 방식으로 문제를 해결하려는 사람들이 이런 경우에 해당합니다.

아무리 복잡한 문제라 할지라도 언제나 해결책은 쉽고 단순한 부분부터 풀어가야 한다는 점이 중요합니다. 창의력은 익숙한 정신적·신체적 도구를 벗어나 새롭게 생각하고 사용할 방법을 찾는 과정에서 생겨납니다. 인간은 대부분 기존의 방식이 아닌 새로운 방식에서 창의력을 발휘합니다.

전문가들의 잠재의식 속에는 쉬운 방법은 누구나 생각할 수 있으므로 자신의 독창성을 드러내기 위해 고의로 어려운 방법을 채택하는 경우가 종종 있습니다.

21세기는 4차 산업혁명과 더불어 코로나 바이러스 팬데믹으로 인해 뉴노멀 시대가 열렸습니다. 뉴노멀은 이제까지 당연시해 왔던 일들이 새로운 기준으로 바뀌는 경험을 우리에게 안겨줍니다.

어릴 때 학교에서 배운 지식이나 직장생활이나 사업을 하면서 겪었던 경험들을 젖혀두고 새로운 방식으로 생각의 힘을 키우는 노력이 절실해졌습니다.

조지 버나드 쇼는 일 년에 두세 번 생각하는 사람이 드물지만 자신은 일주일에 한 번 생각을 해서 세계적인 명성을 얻었다고 했습니다.

결국 기능적 고착을 벗어나기 위해서는 먼저 생각의 유연성을 키워야 합니다. 독서를 통해 다양한 사람들의 이야기를 듣고 어느 한쪽으로 치우치지 않는 균형감각을 유지해야 합니다. 망치를 들면 못뿐 아니라 망치를 사용할 수 있는 다양한 용도가 머리에 떠올라야 합니다.

몰입의 사고는 반드시 필요하지만 사고의 경직성을 주의해야 합니다. 특히 나이가 들면 들수록 미래보다는 과거에 갇혀 사는 사람이 많습니다. 왜냐하면 이미 겪었던 과거가 익숙하고 편하기 때문입니다. 이런 사고방식으로는 다음 세대와의 대화가 단절됩니다. 스스로 대화의 단절을 자초하는 것으로 귀결됩니다. 전문적인 지식은 습득하고 활용하되 기능적 고착화가 되지 않도록 힘써야 합니다.

너무 늦은 때란 없다

예전에 어른들이 말씀하시기를, 세상 일에는 모두 때가 있는 법이라고 했습니다. 공부도 젊을 때 해야 하고 결혼도 때가 되면 마땅히 해야 하는 것으로 모두가 당연하게 여겼습니다. 하지만 지금은 그렇게 말하는 사람을 주변에서 찾아보기 힘듭니다.

이제 공부는 평생 해야 하는 것이고, 백세시대에는 직업도 평생 직업을 가져야 한다고 합니다. 언제 무엇을 하느냐보다 언제든지 새로 시작할 수 있다는 진취적인 생각으로 실천에 옮기면 됩니다.

지구상에는 정말 다양한 사람들이 살고 있습니다. 나와는 전혀 다른 사고와 행동을 하는 사람들로 넘쳐납니다. 다름은 틀림이 아니라는 것을 깨닫기만 해도 우리의 삶은 달라질 수 있습니다. 하지만 다름을 참아내지 못하는 사람들이 여전히 눈에 띕니다.

방송국 다큐멘터리 PD로 시작해서 지금은 영화감독으로 활동 중인 김덕영 작가가 지은 『뒤늦게 발동 걸린 인생들의 이야기』는 많은 사람들에게 용기를 불어넣어주고 있습니다. 필자는 이 저서를 통해 그를 알게 되었고 지금은 종종 만나는 가까운 사이로 발전했습니다.

처음 이 책을 접하는 순간, 마치 저를 모델로 쓴 게 아닌가 하는 생각이 들었습니다. 왜냐하면 필자도 별 생각 없이 세상을 살다가 쉰 살이 넘어서야 자신을 발견하고 지금은 창직 전문가와 직업 재구성 작가로 활발하게 활동하고 있기 때문입니다.

김 감독은 이 책에서 뒤늦게 발동 걸린 많은 사람들을 소개했습니다. 미켈란젤로를 시작으로 괴테, 에디슨, 벤저민 프랭클린, 도스토옙스키, 프로이트, 피카소, 소크라테스, 코엘료 등등 꽤 유명한 사람들입니다. 하지만 그들뿐 아니라 세상에는 뒤늦게 발동 걸린 필자와 같은 평범한 사람들도 많이 있습니다.

김덕영 작가는 꿈은 젊은이들만의 특권이 아니라고 강조합니다. 그는 또한 우리의 인생은 단 한 번 쏘는 화살이 아니므로 언제든지 용감하게 첫 번째 화살을 당기라고 권합니다. 궁수들은 첫 번째 화살이 어디를 맞혔는지를 확인한 후 다음 화살을 조정한다고 합니다. 아직도 우리의 화살 통에는 여러 개의 화살이 남아 있습니다. 나이를 탓하고 환경을 핑계대지 말고 언제나 새롭게 시작해야 합니다.

위에 열거한 '뒤늦게 발동 걸린 사람들'은 대부분 60세 넘어서야 세기의 작품을 남기거나 인류에게 기여한 사람들입니다. 직장을 퇴직하고 겨우 50대 후반이나 60대 초반이면서 벌써 뒷짐을 지고 조용히 물러나려는 많은 사람들에게 경종을 울려주는 본보기가 됩니다.

분명한 사실은 우리가 살아 움직이는 이유가 단순히 돈을 벌기 위해서가 아니라 행복하기 위해서라는 것입니다. 행복하기 위해 누군가를 도와주려는 이타심을 가지면 세상이 달라져 보입니다. 부지런히 노력하는 과정을 통해 행복을 만끽하며 동시에 자신의 행복한 삶을 위한 동기부여가 뒤따르는 법입니다.

가장 확실한 노후 대책은 평생 공부에 매진하는 것입니다. 성공보다 성장하기 위해 하는 공부는 인격의 성숙까지 덤으로 가져다줍니다. 타인과의 원만한 인간관계를 유지하기 위해서도 공부는 중요합니다. 매일 조금씩 죽을 때까지 성장하는 사람은 다른 사람에게 좋은 영향력을 전해줄 수 있기 때문입니다. 조급하게 생각하지 말고 느리지만 멈추지 않고 꾸준하게 성장하면 됩니다.

너무 늦은 때란 결코 없습니다.

능력주의의 함정

능력주의(能力主義, meritocracy)란 개인의 능력에 따라 사회적 지위나 권력이 주어지는 사회를 추구하는 정치철학입니다. 현대사회에서 능력주의는 워낙 광범위하게 받아들여지고 있기 때문에 우리는 모두 그것을 당연하게 여기고 있습니다.

하지만 이 개념은 능력을 평가하는 데 있어서 공정성의 문제가 있고 연령과 경험을 경시하게 되므로 심리적 저항감을 불러일으키기도 합니다.

능력주의는 1950년 미국의 '고등교육 능력주의화'로부터 시작되었다고 합니다. 그 이전까지는 미국의 소위 하버드, 예일, 프린스턴 등 빅3 아이비리그 대학을 들어가기 위해서 사립기숙사 졸업 여부, 어느 고등학교를 나왔느냐, 학비를 낼 재력이 되느냐 등의 문제는 중요하지 않았습니다.

하지만 하버드대 총장이며 2차 세계대전 때 원자폭탄을 개발하는 맨해튼 프로젝트에 참여했던 제임스 브라이언트 코넌트(James Bryant Conant)는 명문대를 능력주의적인 기관으로 보고 그 목표는 '가장 재능 있는 학생을 배경 불문하고 훈련시켜 사회지도자가 되도록 하는 것'이라고 주장했습니다.

하버드대 교수 마이클 샌델(Michael J. Sandel)은 그의 저서 『공정하다는 착각』을 통해 무자비한 능력주의의 덫을 해체하면서 과연 능력주의는 공정하게 작동하는지, 능력주의는 모두에게 같은 기회를 제공하는지 대해 강한 의문을 제기했습니다.

우리 사회에도 이 능력주의는 워낙 넓게 확대되어 있어서 어느 누구도 감히 조금의 의심도 갖지 않고 있는 실정입니다.

이렇게 본다면 능력주의 역사도 그리 길지 않으며 디지털 트랜스포메이션(digital transformation)과 최근 불어 닥친 코로나 바이러스 팬데믹의 영향으로 근간이 크게 흔들릴 것으로 예상됩니다.

능력주의는 인간의 기본적인 욕구인 탐욕과도 깊은 연결고리를 가지고 있기 때문에 인류 역사와 함께 계속해서 운명을 같이 할 것으로 보입니다. 다만 능력주의를 지나치게 신봉한 나머지 그것이 공정하고 정의롭다는 착각에 빠져서는 안 됩니다.

인간의 능력이 한 개인이 잘 나서 그렇게 된 것이 아니라 그를 둘러싼 사회의 전반적인 환경이 그의 능력을 개발하고 발전시키는 데 지대한 영향을 주었다는 방향으로 서로가 이해한다면 탐욕의 그늘을 조금이나마 벗어날 수 있다는 뜻입니다.

지금도 열심히 공부하고 있는 학생들의 머릿속에는 부모와 기성세대가 뼛속 깊이 새기고 있는 바로 이 능력주의가 고스란히 자리 잡고 있습니다. 지능지수가 뛰어나고 암기력이 좋으며 건강한 신체를 가진 사람이 자기 자신이 스스로 잘 나서 그렇게 되었다고 생각한다면 큰 착각입니다. 부모와 학교와 사회와 국가의 돌봄으로 그렇게 되었다는 깨달음에 이를 때 먼저 감사하는 마음이 앞서게 됩니다.

미래 사회는 능력주의보다 적응력이 더욱 중요한 시대입니다. 한 치 앞도 예측하기 힘든 변화무쌍한 시대에는 어떤 일이 벌어져도 능히 헤쳐 나갈 수 있는 유연한 사고와 끈기가 요구됩니다. 혼자의 힘으로 안간힘을 쓰기보다 더불어 살아가려는 이타주의 사고방식이 능력주의의 함정을 벗어나게 할 것입니다.

메타버스로 세대의 벽을 넘는다

세대(generation) 간의 벽(gap)이 꽤 높습니다. 과학기술이 발달하면서 구(舊)세대와 신(新)세대 간의 간극이 점점 더 크게 벌어지고 있습니다. 예전에는 한 세대를 대략 30년으로 잡았다지만 최근에는 15년 정도로 간격이 대폭 줄었다고 합니다.

그런데 이 또한 더욱 짧아지고 있습니다. 이렇게 세대 간의 시간 간격이 짧아진다는 의미는 세대 간의 소통의 벽이 점점 높아진다는 의미입니다. 이런 현상은 누군가 인위적으로 만든 게 아니라 자연스럽게 쌓여 온 것입니다. 게다가 메타버스의 등장으로 세대 간의 격차가 더욱 벌어지고 있습니다.

이제 더 이상 메타버스가 무엇인지에 대한 기초적인 질문은 아무런 의미가 없습니다. 이미 우리 곁에 현실로 바짝 다가온 메타버스는 곳곳에서 우리의 동참을 요구하고 있습니다. 메타버스를 여전히 기다리거나 자신과는 상관이 없다고 애써 외면해 봐야 아무 소용이 없습니다.

메타버스는 이미 30년 전에 닐 스티븐슨의 SF소설 〈스노 크래시〉에서 언급이 되었으며, 2009년에는 아바타라는 영화를 통해 우리에게 어느 정도 익숙해졌습니다. 하지만 코로나 바이러스 팬데믹이 본격적으로 비대면 시대를 열면서 최근에 폭발적인 기세로 우리에게 성큼 다가왔습니다.

그렇지만 아직도 메타버스에 대한 반응은 긴가민가 하는 사람이 더 많습니다. 베이비부머들과는 달리 MZ세대에게 메타버스는 아주 친숙한 세상입니다.

디지털 네이티브이면서 어릴 적부터 컴퓨터로 게임을 하고 지금은 스마트폰을 인체의 일부나 되는 것처럼 사용하는 그들에게는 아바타로 디지털 세상에서 친구를 만나고 자신의 월드를 꾸미고 친구를 초대합니다. 단순히 친구와 만나는 정도에 머무르지 않고 비즈니스로 연결하고 커머셜(commercial)까지 이루어지는 그야말로 새로운 세상을 열어가고 있습니다.

이럴 때 메타버스를 이해하고 그 속으로 찾아들어가 새로운 세상을 펼쳐가는 것은 디지털 네이티브인 MZ세대가 아닌 바로 베이비부머들의 과제입니다.

현실에서 여전히 기득권을 행사하고 있는 베이비부머들이 새로운 메타버스 세상을 이해하지 못하고 과거의 방식으로 이미 짜놓은 틀 속으로 집어넣으려고 세상과 시장을 왜곡합니다. 그보다는 오히려 MZ세대가 마음껏 그들의 재능을 펼칠 수 있도록 허용하고 도와주는 역할을 해야 합니다.

디지털 이주민들이 디지털 원주민들을 가르치려 드는 것부터가 뭔가 잘못된 현상입니다. 지금까지 존재하지 않았던 세상을 이해하려니 베이비부머들에게는 무척 힘든 일입니다. 아직도 좌충우돌 시행착오를 겪는 젊은이들을 믿어주기가 미심쩍어 내심 걱정을 합니다. 하지만 새 시대는 새로운 자들의 몫입니다. 아무리 구(舊)세대가 안간힘을 써 봐도 세월은 흐르고 시대는 지나갑니다.

물론 개인이 지금 당장 메타버스에 '올인'하는 것은 바람직하지 않습니다. 하루아침에 세상이 뚝딱 바뀌지도 않을 것입니다.

하지만 지금부터 준비하지 않으면 시대와 세대를 따라잡을 기회를 놓치게 됩니다.

지금 비즈니스 일선에서는 MZ세대들이 중추적인 역할을 하고 있습니다. 기업에서도 그들은 이미 모든 일의 중심에 서 있습니다. 지금이야말로 베이비부머들이 메타버스로 그들에게 다가가 세대의 벽을 허물면서 함께 손잡고 새로운 시대를 열어갈 때가 되었습니다.

거꾸로 그들에게 먼저 손 내밀어 베이비부머들을 이끌어달라고 요구하면 안 됩니다. 왜냐하면 그들은 어떻게 베이비부머들을 이끌어야 할지 모르기 때문입니다. 그냥 그들은 그들 각자의 위치에서 자신의 역할만 잘 감당하면 충분합니다. 나머지는 베이비부머들이 해야 할 일입니다.

메타버스로 세대의 벽을 함께 뛰어넘어보면 어떨까요?

메타버스에 올라타라

메타버스(metaverse)란 가상, 초월을 의미하는 메타(meta)와 세계, 우주를 의미하는 유니버스(universe)를 합성한 신조어인데 웹(web)상에서 아바타를 이용하여 사회, 경제, 문화적 활동을 함으로써 가상세계와 현실세계의 경계가 허물어지는 것을 이르는 말입니다.

이를 조금 더 쉬운 한 문장으로 표현하면 '아바타로 디지털 세상 살아가기' 정도가 될 것입니다. 아바타(avatar)의 어원은 힌두교에서 지상 세계로 강림한 신의 육체적 형태를 뜻하는 산스크리트어 낱말이었는데, 지금은 사용자가 스스로의 모습을 부여한 물체라는 뜻으로 사용됩니다.

결국 메타버스 세상에 발을 들여놓으려면 먼저 아바타가 무엇인지 충분히 이해하고 자신의 아바타를 정해야 합니다. 여기서 이제까지 우리가 알고 있던 아바타에 대한 개념부터 한 번 되짚어봐야 합니다.

지금까지 우리가 이해했던 바에 따르면 아바타는 자신의 모습을 그냥 대신한다는 단순한 형태를 고려해서 무조건 가장 자신과 유사한 모습을 찾아내어 아바타로 정해 왔습니다. 하지만 메타버스에서 구현하고자 하는 아바타는 굳이 자신의 모습을 닮은 아바타를 만들 필요가 없습니다. 그것보다는 자신이 닮고 싶은 사람이

나 자신의 약점을 보완하며 더욱 자신을 드러낼 수 있는 아바타를 만들면 됩니다.

이런 의미를 이해하지 못하고 막상 메타버스 월드에 들어가서 친구 맺기를 시작하면 당황하게 됩니다. 아바타를 만들려면 우선 메타버스 플랫폼에 가입해야 하는데 대표적인 플랫폼으로는 네이버의 제페토(ZEPETO)나 SK텔레콤의 이프랜드(ifland) 또는 로블록스(Roblox) 등이 있습니다. 필자는 벌써 가입자가 2억 명을 훌쩍 넘었다고 하는 네이버 제페토에 가입하고 아바타를 만들었습니다.

최근 페이스북 창업자 마크 저커버그는 회사 사명을 아예 메타(meta)로 바꾸고 이제 더 이상 페이스북은 플랫폼 회사가 아니라 메타버스 회사임을 만천하에 선언했습니다. 페이스북 이외에도 애플, 구글, 마이크로소프트, 아마존 등 모든 글로벌 선도 기업들이 메타버스 시장을 선점하기 위해 혈투를 벌이고 있습니다.

단순히 가상공간에서 아바타들이 그냥 놀기만 하는 게 아니라 좀 더 구체적으로 비즈니스를 시작하고 커머셜까지 동시에 이루어지는 세상을 만들고 있습니다. 메타버스의 핵심 구조는 아바타를 만든 후 메타버스 월드에 들어가 자신의 월드를 꾸민 다음, 친구를 맺고 그 친구들을 초청해서 함께 아바타끼리 소통하는 것입니다. 이런 가상 세계에서 아바타들과 원만한 소통을 이루기 위해서는 지금까지 우리가 가졌던 선입견을 통째로 바꿔야 합니다.

우리는 지금까지 커뮤니티에서 누군가를 만나면 먼저 실명을 요구하고 실물 사진을 보여줘야 하는 것으로 알고 있었지만 메타버스 세상에서는 친구들의 아바타와 익명을 수용해야 합니다. 실명과 사진이 있어야만 서로 신뢰감을 줄 수 있다고 믿지만,

아바타와 익명으로도 얼마든지 소통이 가능하며 경우에 따라서는 오히려 더 편할 수도 있습니다. 특히 지금의 밀레니얼 세대 이후 디지털 원주민들과의 원활한 소통을 위해서는 소통의 방식이 당연히 바뀌어야 합니다.

과거 인터넷이 나왔을 때나 스마트폰이 보급되었을 때도 많은 사람들이 도대체 이건 뭔가 궁금해 하며 경계하고 두려워하며 적응하지 못했습니다. 하지만 메타버스에 대해서는 더 이상 의구심을 가질 필요는 없습니다. 적극적으로 지금 메타버스를 받아들이고 적응하는 편이 훨씬 미래를 지혜롭게 살아가는 데 도움이 될 것입니다.

열심히 하지 마라

열심히 한다는 말은 어떤 일에 온갖 정성을 다하는 것을 의미합니다. 전 세계에서 열심히 하는 걸로는 단연 우리나라 사람들이 최고라고 합니다. 어느 누구도 따라오지 못합니다. 운동선수들에게 인터뷰를 요청하면 모두가 열심히 하겠다고 대답합니다. 직장에서도 상사가 지시하면 열심히 일합니다. 학생들은 학교에서 열심히 공부합니다. 워낙 지능지수도 높고 눈치도 빨라 다른 나라 사람들이 부러워합니다.

하지만 목표가 없거나 목표를 잘못 설정하면 열심히 하는 것이 오히려 좋지 않은 결과를 가져옵니다. 무조건 열심히 하다가 문제가 생기면 되돌아가기가 어렵습니다. 경쟁적으로 열심히 하다가 정작 중요한 것을 놓쳐버리는 경우도 많습니다. 계단을 하나씩 오르면 좋지만 두 계단씩 뛰어오르면 쉽사리 지칩니다. 자칫 넘어져 다칠 수도 있습니다.

방향을 잘못 정하고 열심히 하면 목표 지점으로부터 한없이 멀어집니다. 천천히 걸어갔다면 돌아오기도 쉽습니다.

산업화 시대에는 열심히 하기만 하면 원하는 바를 어느 정도 성취할 수 있었습니다. 왜냐하면 앞선 국가나 사람을 따라잡는 것이 목표였기 때문입니다.

하지만 이제는 빠른 것만이 능사는 아닙니다. 자신이 도대체 어디서 와서 어디로 가는지 알고 움직이면 목표가 명확해집니다. 그것조차 모르고 열심히 달리기만 하면 머지않아 후회하게 됩니다. 직장에서 무엇이든 시켜만 주면 열심히 하겠다는 직원은 회사에 큰 도움이 되지 못합니다. 실상 우리 모두는 하루 중 집중해서 일하는 시간이 그리 많지 않습니다.

무슨 일이든 열심히 하는 대신 제대로 하면 더 큰 성과를 낼 수 있습니다. 결국 열심히 하지 말고 제대로 해야 한다는 말입니다. 성과도 없이 열심히 하는 것은 오히려 방해가 됩니다.

창직을 위해 그룹 코칭을 시작하면 처음에는 모두가 열심히 하겠다고 의욕을 보입니다. 차분하게 자신의 정체성을 찾고 자신만의 평생직업을 찾아내기 위해서는 열심히 하겠다는 의욕이 아니라 끈기를 갖고 차근차근 실행에 옮겨야 합니다.

대부분 의욕을 갖고 열심히 하는 사람들은 머리로 모든 것을 이루려고 합니다. 어려서부터 열심히 외우고 시험을 치른 후 금세 잊어버리는 그런 '열심히 습관'을 무한 반복합니다. 그러다가 막상 몸을 움직여 한 번 실행해 보라고 하면 방향을 찾지 못해 헤매곤 합니다.

성과 없는 '열심히'는 자칫 번 아웃을 경험하게 합니다. 무조건 열심히 하는 사람들은 꾸준하기가 힘듭니다. 진짜 실력과 성과는 인내심을 발휘할 때 나타납니다. 방향을 제대로 정하고 열심히 하는 것은 좋지만 무작정 열심히 하는 것은 곤란합니다. 세상만사

이치를 깨달으면서 서두르기보다 차근차근 일을 해내야 합니다.

인생 여정은 마라톤입니다. 단거리 달리기가 아닙니다. 청소년 시기에 너무 열심히 하다가 막상 대학생이 되면 모든 것을 접어버리는 사람이 많습니다.

나이가 들어갈수록 더욱 꾸준히 노력해야 합니다.

다양한 지식과 경험을 통해 내공을 부지런히 쌓아야 합니다. 다른 사람들이 열심히 하는 것을 보고 부화뇌동하지 말아야 합니다. 속도보다 방향이 우선임을 자주 점검해야 합니다. 혹여 헛발질을 하지 않도록 깨어 있어야 합니다. 수많은 선택의 기로에서 직관을 믿고 과감하게 실행에 옮겨야 합니다.

열심히 하는 것만이 최고가 아닙니다. 제대로 하기 위해 역량을 차곡차곡 쌓아야 합니다. 누가 뭐래도 성과를 내는 사람을 따라잡을 수 없습니다. 나이 들어서도 열심히 공부만 하는 사람이 있습니다. 하나라도 더 알려고 노력하는 것은 좋지만, 그러다가 머리만 큰 가분수가 됩니다. 열심히 하지 말고 제대로 해야 합니다.

위드 코로나 시대, 플랜B가 필요한 이유

낙관주의(樂觀主義, optimism)는 미래에 대한 긍정적인 신념과 태도, 그리고 사고방식을 의미합니다. 비슷한 말로 낙천주의가 있습니다. 매사 앞으로 일이 잘 안 될 것이라고 생각하는 비관주의에 비하면 낙관주의는 거친 세상을 살아가면서 우리 모두가 가져야 할 삶의 덕목임에는 틀림없습니다.

그런데 낙관주의 중에서도 근거 없는 낙관론이 문제가 됩니다. 근거 없다는 말은 지금 직면하고 있는 상황에 대해 아무런 대처도 하지 않은 채 그저 모든 일이 잘 될 것이라고 무작정 믿어버리는 태도를 말합니다. 자신은 아무 노력도 하지 않고 그냥 시간이 지나가면 자연스럽게 모든 일이 제자리로 돌아와 정상화될 것이라고 생각합니다. 이런 사고방식은 매우 위험합니다.

우리 삶을 둘러싼 모든 환경은 톱니바퀴가 한 치의 오차도 없이 맞물려 돌아가듯 그렇게 움직여주지 않습니다. 그보다는 여러 가지 변수에 부딪혀 상황이 달라질 가능성이 훨씬 더 많습니다. 달라지는 정도라면 어떻게 해볼 도리가 있겠지만, 그러다 점점 악화될 가능성도 배제할 수 없다는 말입니다.

이럴 때 필요한 것이 바로 플랜(Plan)B입니다. 플랜B는 원래 외환 통제를 통하여 금리와 환율을 안정화시키려는 처방으로 시작되었습니다. 하지만 이 용어가 이제 일반화되었습니다. 중요한 계획을 세우면서 혹시나 원래 계획했던 대로 진행되지 않을 경우에 어떻게 대처할 것인지에 대한 대안(代案)을 말합니다.

플랜B까지 세우고 나면 혹시 처음 계획에 차질이 생겨도 걱정을 덜 하게 됩니다. 그럴 때를 대비해서 플랜B를 준비해 놓았기 때문입니다.

3년 전 시작된 코로나19는 전국의 교사와 강사들의 발을 꽁꽁 묶어 놓았습니다. 필자는 몇몇 지인들과 함께 줌(zoom)유격대를 결성하고 이들을 돕기 위한 '원 데이 줌 캠프'를 여러 차례 열었습니다. 그런데 사회적 거리두기가 강화되기도 하고 풀리기도 하면서 대면 캠프가 어려워져서 캠프를 열 때마다 장소와 방식에 대한 플랜B를 세워야 했습니다.

J중학교에서 모이기로 했다가 장애인기업종합지원센터로 장소를 옮기기도 하고 나중에는 대면이 어려워 온라인과 오프라인

을 병행하기도 했습니다. 심지어 제주도에 출장 강의를 가기로 했다가 갑자기 비대면 줌으로 변경하기도 했습니다. 줌 유격대는 이런 과정을 반복하면서 점점 더 실력을 쌓게 되고 『줌을 알려줌』과 『줌 활용을 알려줌』이라는 두 권의 책을 공저로 내기도 했습니다.

코로나19가 3년이 지났지만 여전히 우리 주변에 머물고 있습니다. 필자의 눈에는 두 부류가 보입니다. 필요한 준비를 하면서 낙관하는 사람과 아무런 행동도 하지 않은 채 그저 시간만 지나가기를 바라는 사람입니다.

코로나 바이러스 팬데믹이 우리 삶의 많은 부분은 이미 바꿔 놓았지만 근거 없는 낙관주의자들은 변화에 민감하지 못합니다. 코로나19는 하루아침에 갑자기 찾아왔지만 어느 날 홀연히 우리 곁을 떠나지 않을 것입니다. 아니 영원히 떠나지 않고 또 다른 변종 바이러스로 우리를 괴롭힐지도 모릅니다.

적극적인 자세로 코로나19를 이겨내야 합니다. 실천하는 행동을 수반하는 적극적인 자세가 반드시 필요합니다. 플랜B가 필요한 이유입니다.

위드 코로나와 창직

아무튼 거의 3년간 지속된 코로나19의 영향으로 이미 직업 세계에 많은 변화가 생겼고 앞으로도 더 많은 변화가 일어날 것으로 예상됩니다.

2020년 코로나19가 시작된 이후 1년도 채 되지 않아 바이러스 확산이 잠시 주춤해지자 성급한 사람들이 포스트 코로나(Post CORONA)를 대비하기 위한 책을 출간하거나 강연을 하기도 했지만 코로나 바이러스는 쉽게 물러날 기미를 보이지 않았습니다.

수많은 사람들이 코로나19의 영향으로 직접 또는 간접으로 경제적 타격을 입었지만 그 와중에서도 오히려 매출이 늘어나고 수익이 증가된 직업도 있습니다.

코로나19로 인해 대면 접촉을 하지 못하면서 비대면 배송을 원하는 소비자가 급증하면서 생필품과 음식물을 중심으로 배달 서비스 관련 직업이 각광을 받고 있습니다. 또한 해외여행을 하지 못하게 되면서 국내 골프장이 때 아닌 특수를 누리고 있습니다. 학생들을 가르치는 일부 학원가에서도 비대면 강의 솔루션을 통해 학생들의 수요에 부응하고 있습니다. 대면 강의는 크게 줄었지만 상대적으로 비대면 화상 강의는 전반적으로 확대되었습니다.

이번 코로나19를 겪으면서 소비자들과 학생들이 앞으로 비대면 방식으로 무엇을 어떻게 할 수 있는지를 경험을 통해 알게 되었습니다. 그럼에도 불구하고 여전히 코로나19 이전 시대를 동경하며 아직도 변화의 물결에 전혀 적응하지 못하고 있는 사람들도 많이 있습니다. 그저 어서 빨리 코로나19가 지나가기만 기다리는 답답한 상황이 이어지고 있습니다.

지난 해 가친의 장례를 치르면서 필자는 지금까지 우리가 별생각 없이 치러왔던 병원 장례를 얼마든지 간소하고 의미 있게 진행할 수 있겠다는 확신을 갖게 되었습니다. 우선 코로나 상황이기 때문에 조문을 자제해 달라고 요청했더니 많은 분들이 호응해 주셨습니다.

특히 이번 장례를 경험하며 창직에 대한 확신을 갖게 되었습니다. 그 새로운 직업은 바로 엔딩 플래너(ending planner)입니다. 결혼을 위해 웨딩 플래너가 필요하듯이 언젠가는 그리고 누구에게나 어김없이 닥치는 죽음을 맞이하기 위해 엔딩 플래너가 큰 도움이 될 것입니다. 그리고 막상 타계했을 때 유족들이 당황하지 않도록 필요한 준비를 사전에 하자는 것입니다.

필자는 가친의 유품을 조문객들에게 공개했는데 모두 반응이 아주 좋았습니다. 한 번 사용하고 버릴 꽃이나 다른 어떤 것보다 고인을 추억할 수 있는 유품이 더욱 돋보였습니다.

앞으로는 규모가 큰 기업보다 1인 기업이 더욱 활발하게 직업의 세계에서 활동하게 될 것입니다. 1인 기업의 장점은 의사결정이 빠르고 변화에 민첩하게 대응할 수 있다는 것입니다. 1인 기업들끼리 또는 중소기업들과의 상생을 위한 협업에는 1인 기업가들이 더욱 발 빠르게 대응할 수 있습니다.

위드 코로나 시대가 되어도 여전히 모임을 자제하고 대면을 삼가달라는 주문이 이어지고 있습니다. 화상회의나 비대면 방식의 회의와 교육도 계속될 것입니다. 인공지능을 앞세운 4차 산업혁명의 물결이 더욱 거세게 다가올 것입니다. 아무리 몸부림을 쳐도 계속해서 인공지능 로봇이 사람의 일자리를 대체하게 될 전망입니다.

그러기에 인간은 로봇을 조종하는 일이나 로봇이 할 수 없는 일을 찾아내야 합니다. 그래서 창직을 해야 합니다. 이제부터 많은 직업이 사라지고 새로운 직업이 생기게 될 것입니다. 위드 코로나는 이제 시작일 뿐입니다.

일자리 파괴는 계속된다

일자리 파괴가 계속되고 있습니다. 아덴트 파트너스(Ardent Partners)의 보고서에 따르면 이미 미국 내 기업들의 노동력 중 약 50퍼센트 이상이 비정규직 근로자로 채워져 있다고 합니다. 뿐만 아니라 인공지능이 인간을 대체하는 분야가 점점 늘어나서 2030

년에는 현존하는 일자리의 절반이 사라진다고 합니다.

인간보다 훨씬 생산성이 높은 인공지능 로봇이 인간의 일자리를 대체하는 것은 이제 일상화되었다고 봐야 합니다. 핵심은 인간이 이를 어떻게 받아들이고 인류가 어떻게 인공지능과 공존할 것인지에 대한 대책이 절실해졌다는 말입니다. 일자리 파괴는 2016년에 불어 닥친 4차 산업혁명으로 시작되는가 싶더니 어느새, 2020년 코로나19가 이를 훨씬 앞당겨 버렸습니다.

일자리가 줄어들면 자연스럽게 인간이 할 일이 줄어듭니다. 점점 적게 일하거나 아예 일을 하지 않는 인간이 많아집니다. 이런 잉여인간을 위해 무엇이 필요할까요?

먼저 우리 모두가 새로운 일거리를 찾아 나서야 합니다. 왜냐하면 일거리 없는 인간은 행복하지 않기 때문입니다. 일자리와 일거리는 다릅니다. 더랩에이치 김호 대표가 언급했듯이 직장에 다닌다고 직업이 생기지 않음을 명심해야 합니다. 그런데 우리는 지금까지 직장이 곧 직업이라는 착각 속에 빠져 살아왔습니다.

직장은 일자리이며 직업은 일거리라고 쉽게 표현할 수 있습니다. 비록 일자리 파괴는 계속되지만 일거리는 더 많이 생길 수 있습니다. 끊임없이 발달하는 과학기술과 주변 환경의 변화는 인간으로 하여금 결코 지금 위치에 가만히 있도록 내버려두지 않을 것입니다.

필자가 시도하고 있는, 창직을 통한 평생직업 찾기는 바로 새로운 일거리를 찾아내는 활동입니다. 네이버 지식백과를 찾아보면, 창직이란 '창조적인 아이디어를 통해 자기 주도적으로 기존에 없는 직업이나 직종을 새롭게 만들어 내거나 기존의 직업을 재설계하는 활동을 말한다.'고 되어 있습니다.

덧붙여 '아이디어를 가지고 자신의 능력이나 적성 등을 활용하기 때문에 창업과는 다른 개념'이라고 합니다. 창직이란 아직 네이버 사전에서는 찾아볼 수 없는, 여전히 새로운 단어입니다.

비록 인공지능이 인간을 현재의 일자리에서 몰아내고 있지만, 동시에 새로운 일거리도 제공하고 있습니다. 창직의 가능성은 인간이 이런 점을 어떻게 포착하고 새로운 일거리를 만들어내느냐에 달렸다고 볼 수 있지요.

사라져가는 일자리를 보지 말고 새로 생겨나는 일거리를 바라보는 안목을 넓혀야 합니다. 새로 생기는 일거리는 결국 새로운 일자리를 보장해 주기 때문입니다.

필자가 지난 10년 동안 부지런히 창직에 대해 설파하고 강연하고 코칭을 해 왔지만 여전히 많은 사람들은 그저 창직이란 창업의 한 가지라는 정도로 이해의 폭이 넓지 못합니다. 하지만 필자의 코칭과 강연의 영향을 받아 창직의 개념을 제대로 이해하고 실행에 옮기는 분들은 창직의 넓은 바다로 노를 저어 나갑니다. 당장 눈앞에 물고기 떼가 나타나지 않아도 언젠가는 그렇게 되리라는 믿음을 갖고 묵묵히 도전합니다.

일자리 파괴는 어제도 오늘도 계속되었고, 내일도 계속될 것입니다. 파괴는 언제나 다시 새로운 가능성을 만나게 해줍니다. 시대가 변하여 일자리가 파괴될수록 새로운 일거리도 그만큼 생겨난다는 뜻입니다.

직업관이 달라졌다

직업관이 달라졌습니다.

직업관(職業觀, occupational view)이란 직업에 대하여 가지고 있는 일정한 관념을 말합니다. 직업이란 단어를 네이버 사전이나 위키백과에서 찾아보면 생계를 유지하기 위하여 자신의 적성과 능력에 따라 일정한 기간 동안 계속하여 '종사'하는 일이라고 나와 있습니다. 그런데 여기서 말하는 '종사(從事)'는 어떤 사람을 좇아 섬기는 것입니다. 결국 직업이란 생계를 유지하기 위해 어떤 사람을 좇아 섬기면서 일정 기간 동안 자신의 적성과 능력을 발휘하는 것을 의미합니다.

이런 사전적 의미의 직업은 그 유래가 미국의 헨리 포드(Henry Ford)가 창립했던 포드자동차로부터 시작되었습니다. 그 이전에는 지금의 기업들처럼 일정 기간 직원을 채용해서 일을 하도록 하는 개념이 없었습니다. 1903년에 설립된 포드자동차가 바로 지금 우리가 알고 있는 직업의 시작이었던 거죠.

그때로부터 120년이 지난 지금은 이제 직업의 개념이 다시 바뀌었습니다. 우리나라만 해도 과거 산업화 시대에는 종처럼 대기업 오너를 섬기며 일을 해온 사람이 많았다면, 이제는 1인기업도 많이 생기고 생계유지와 상관없는 직업도 얼마든지 가질 수 있게 되었습니다.

1990년대까지만 해도 기업에 한 번 입사하면 오너와 그 회사를 위해 뼈를 묻겠다는 각오를 공공연히 표방한 사람들이 있었습니다. 하지만 지금은 어떤 기업도 기업 내에서 일하는 모든 사람들의 미래를 책임져 주기가 어렵습니다. 비록 직장에 다니고 있더라도 각자도생의 길을 모색해야 합니다.

지난 해 언론에 보도된 바로는 국내 5대 은행에서 희망퇴직을 하는 사람이 4,000명이 넘었다고 합니다. 그 중에는 심지어 40대 희망퇴직자도 있습니다. 그러니까 누구든지 직장에 다니다가 언제든지 퇴직하는 일이 보편화된 셈입니다.

　이렇게 기업에 몸담고 일하기가 어려워지니까 아예 처음부터 개인사업자로 일을 시작하는 사람도 많아졌습니다. 기업에서도 오너에 대한 충성심을 찾아보기 어렵고 오로지 자신의 역량과 연봉을 저울질하며 기업을 옮겨 다니는 사람도 점점 늘어나고 있습니다. 단순한 일은 인공지능이 사람을 대체하기 시작했고 코로나19로 인해 비대면 직장이 늘면서 이에 적응하지 못하는 사람은 어려움을 겪고 있습니다.

　산업화 시대에는 오너 또는 직장 선배를 잘 만나서 충성하면 승진의 혜택도 누릴 수 있었지만, 이제 그런 기대는 접어야 합니다. 오로지 실력으로 가치를 인정받아야 직장 내에서 성공할 수도 있고 직장을 자유롭게 옮겨 다닐 수도 있습니다. 좋은 대학을 나와야 좋은 직장에 취직하고 나중에 임원까지 할 수 있다는 통념은 이제 송두리째 깨진 셈입니다.

　이렇게 달라진 직업관을 깨닫지 못하고 여전히 안타깝게도 남의 일로만 생각하고 있는 사람들이 많습니다. 세상만 바뀐 게 아니라 이렇게 직업관도 달라졌습니다. 안정적인 직업이라고 생각해서 여전히 공무원 직에 목숨을 거는 사람도 많지만, 나중에 막상 공무원을 퇴직하면 다시 직업에 대한 문제에 봉착하게 됩니다.

　미래는 1인 기업 전성시대가 될 겁니다. 1인 기업끼리 콜라보를 하거나 중견기업이나 대기업과 연계하는 1인 기업도 많아질 전망입니다. 어려서부터 직업에 대한 방향을 잘못 수립하면 성인이 되어 후회하게 됩니다.

　자신의 생계를 위해서뿐만 아니라 백세시대 평생직업을 위해서라도 자신의 직업은 자신이 찾아내야 합니다. 당장 눈앞에 보이는 현실만 보지 말고 보이지 않는 미래를 내다볼 수 있는 혜안을 가져야 합니다. 달라진 직업관에 눈을 떠야 합니다.

미래 예측은 스스로 하라

누구나 미래를 예측하고 싶어 합니다.

아직 가보지 않은 미래를 미리보기 할 수 있다면 얼마나 좋을까요? 그래서 점집을 찾아가기도 하고 미래 예측에 관한 책을 읽기도 합니다. 특히 요즈음은 유튜브를 통해 미래를 예측하는 실시간 방송이나 동영상이 인기를 끕니다. 시장이 미래를 예측해 준다고 믿고 매일 열심히 시장에 나가기도 합니다.

하지만 미래 예측은 자신의 몫입니다. 스스로 미래를 예측하고 열어가야 합니다. 사실 시장의 예측은 맞을 가능성보다 틀릴 가능성이 더 많습니다. 지난 과거의 수치로 모든 것을 예측하는 미래학자와 경제학자들의 예측도 그리 믿을 것이 못 됩니다. 다양한 소스를 통해 더 많은 자료를 모으면 미래를 정확하게 예측할 것 같지만 현실은 그렇지 못합니다.

증권회사에 오래 일했다고 주가를 정확하게 예측하고 돈을 많이 벌었다는 이야기를 별로 듣지 못했습니다. 고객을 위해 주가를 예측하고 컨설팅을 하지만 정작 자신의 투자는 그렇게 하지 못하는 경우가 허다합니다.

그렇다면 과연 어떻게 미래를 예측해야 할까요?

그건 바로 지속적인 독서와 글쓰기를 통해 자신의 직관을 담금질하는 것입니다. 지금은 정보의 홍수 시대입니다. 정보가 부족한 것이 아니라 너무 많아 자신의 판단에 장애물이 됩니다. 뉴스도 진짜 뉴스보다 가짜 뉴스가 훨씬 더 많습니다. 미래학자도 경제학자도 기생충학자도 짝퉁이 더 판을 칩니다.

어느 것이 진짜이고 어느 것이 가짜인지 구별하는 혜안을 길러야 합니다. 쉽게 물살에 휩쓸리지 않으면서도 중심을 잃지 않고 판단할 수 있는 능력을 가져야 합니다.

주변에 미래 예측에 도움이 되는 지인들이 있으면 크게 도움이 됩니다. 좌로나 우로나 치우치지 않고 중심을 제대로 잡는 사람들이 간혹 있습니다. 그들의 공통점은 많은 독서량과 글쓰기에 있습니다. 관점을 정확하게 체계화하고 나면 웬만한 주위 환경에 휘둘리지 않습니다.

시장을 이기려고 하면 안 됩니다. 시장의 흐름을 파악하고 자신이 어떻게 대처할 것인가를 생각하고 고민하는 과정을 거쳐야 합니다. 팔랑귀가 되어 남의 말에 쉽게 넘어가서는 안 됩니다. 동시에 마이동풍 식으로 누가 뭐래도 자신의 고집만 고수하는 것도 위험합니다.

다행히 독서와 글쓰기는 이런 균형 감각을 유지하는 데 큰 도움이 됩니다. 가끔 비중 있는 작가들의 미래 예측을 책을 통해 발견하면 희열을 느낍니다.

미래 예측을 하는 사람은 오늘 하루를 허투루 보내지 않습니다. 가만히 앉아서 미래를 예측이나 하고 있지 않습니다. 자신의 미래를 위해 꾸준히 노력하는 가운데 자신뿐 아니라 자신이 속한 사회와 국가 그리고 지구촌의 미래를 예측하고 걱정하며 오늘 한 그루의 사과나무를 심습니다.

미래를 예측하는 사람은 한 가지 일에 조급해하지 않습니다.

조심스럽고 급하지 않게 주변을 관찰하면서 차근차근 미래를 열어가는 동물적 감각을 익히는 거죠.

실상 미래는 멀리 있는 게 아닙니다. 오늘이 지나면 바로 내일이 미래입니다. 내일은 오늘의 연장선상에 있습니다. 미래를 10년 후나 30년 후라고 생각하면 정말 예측이 어렵고 빗나갈 확률이 높습니다.

자신의 미래 예측을 누구에게 맡길까요?

그건 바로 자신의 몫입니다.

인구 감소에 대비하라

현재 전 세계 인구는 대략 80억 명입니다. 20세기 이후 인구는 어마어마하게 증가했습니다. 인류의 시작이 수십만 년 전이라고는 하지만 기록을 남긴 것은 불과 수천 년 전부터입니다.

지금으로부터 200년 전인 1820년에는 세계 인구가 겨우 10억 명이었습니다. 100년 전에는 20억 명이었구요. 그러다가 1960년에 30억 명, 1975년에 40억 명, 1987년에 50억 명, 2000년에 60억 명, 그리고 2010년에 70억 명으로 불어났습니다.

인구 폭발은 의술의 발달과 수질 개선으로 영아사망률이 낮아지면서 급격히 늘어났습니다. 지금 우리나라를 포함한 많은 나라에서 인구 절벽을 경험하고 있습니다. 출생률이 낮아지고 노인 인구는 점차 늘어납니다. 과연 이런 현상을 어떻게 봐야 할까요?

이런 거대한 물결은 자연스러운 것입니다. 무조건 자녀를 낳아 대를 이어가야 한다는 옛날 어른들의 기대에 젊은이들이 도무지 부응할 생각이 없습니다. 행복의 기준이 과거와는 많이 달라졌기 때문입니다.

　자녀를 많이 낳아 행복한 가정을 이루겠다는 사람보다 스스로 행복하게 살려는 젊은이들이 많아졌습니다. 노동력이 부족한 농업 국가에서 자녀를 많이 낳았습니다. 하지만 이제는 급격한 도시화로 농업 인구가 줄어들고 웬만한 농사는 기계의 힘을 빌리고 있습니다.

　특히 여성들이 비즈니스 일선에 뛰어들면서 육아의 무거운 짐을 회피하려는 경향이 두드러지고 있습니다. 지금까지 남성들의 전유물처럼 여겨졌던 비즈니스에도 여성들의 바람이 거세게 불어 닥친 결과입니다.

　그렇다면 이제는 발상의 전환을 해야 합니다. 인구가 감소하면서 새롭게 각광을 받는 직업이 무엇인지 찾아내야 합니다. 인구 감소와 함께 인공지능을 앞세운 4차 산업혁명은 많은 것을 바꾸고 있습니다. 여전히 과거의 방식을 고수한다면 비즈니스에서 당연히 미스매치(mismatch) 현상이 일어납니다.

　인공지능은 사람이 해왔던 많은 일은 자동화 하도록 도와줍니다. 사람이 부족해서 일을 하지 못하는 게 아니라 사람이 하기 어렵거나 위험한 일을 모두 인공지능 로봇에게 맡겨야 합니다. 일을 적게 하고도 생산성을 높일 수 있는 역량을 갖추고 방법을 찾아야 합니다.

　그런 일은 우리 주변을 살펴보면 얼마든지 있습니다. 그저 눈에 보이는 것만 믿고 살아가면 당장 인구 감소가 절벽으로만 느껴집니다.

　결혼을 하지 않는 비혼(非婚)족이 많아지면서 생활 패턴도 크게 바뀌고 있습니다. 도심의 여기저기 생겨나는 반찬 가게는 비혼족들에게 인기입니다. 쿠팡이츠를 비롯한 음식 배달업은 크게 성장하고 있습니다. 불황 속에서도 비혼족들이 자주 찾는 카페나 음식점은 성업 중입니다.

예전에는 밀레니얼 세대에 초점을 맞추었다면 이제는 60대 이상 노년층의 생활 패턴도 주목할 필요가 있습니다. 특히 구매력을 갖춘 6070세대의 영향력은 꽤 파워풀 합니다. 모두가 인구 절벽이라고 두려워하지만 인구 감소는 명실상부 선진국으로 발돋움하는 우리에게도 현실이 되었습니다.

이를 오히려 새로운 기회로 삼고 창직을 통한 평생직업 찾기에 적용해볼 만합니다. 인구 감소에 슬기롭게 대비해야 합니다.

3강
창직 7계명과 창직의 절차

창직 7계명

창직 7계명은 필자가 지난 10년 동안 450명을 창직 코칭하면서 쌓은 경험과 노하우를 담아 적어도 이 정도는 알고 창직을 하면 성공할 수 있겠다고 하는 생각에서 만들었습니다. 여러분에게 크게 참고가 될 것으로 확신합니다.

돈보다 가치를 우선으로

1계명은 돈보다 가치를 우선하라는 말씀을 드리고 싶습니다. '뭐니 뭐니 해도 머니(money)다.'라고 하면서 대부분 직업을 가지면 돈부터 벌어야 한다고 말합니다. 그 말이 틀린 것은 아닙니다. 생계를 위해서라면 돈을 벌어야죠.

그런데 중요한 점은 평생직업을 만드는 창직에 있어서는 돈을 먼저 생각할 때 상대방과의 관계에 문제가 생깁니다.

그게 아니라 가치를 추구하고 보람을 찾는 방법으로 나아가면 처음에는 돈을 벌기가 힘들겠지만 조금 시간이 지나면 상대방이 그 가치를 깨닫게 되고 그때부터 열렬한 나의 팬이 되는 겁니다. 지금은 팬덤(fandom)의 시대입니다.

팬덤이란 여러분이 잘 아시는 BTS ARMY처럼 이해관계보다 가치를 중시하는 후원 그룹이지요. 정치든 경제든 사회든 모든 영역에서 지금은 바야흐로 팬덤의 시대입니다.

팬덤을 확보해야 자신이 만드는 어떤 제품이나 서비스 같은 것들을 많은 사람들에게 공유하게 할 수 있습니다. 그래서 돈보다 가치를 우선 생각해야 합니다.

가치 있는 일이란 무엇일까요? 나 자신만이 아니고 진심으로 누군가를 도와주었을 때 가치가 있는 일이라고 합니다.

자신이 자신을 위해 계획을 세워놓고 그 계획대로 이루어내는 것을 가치 있는 일이라고 하지 않습니다.

그것은 성공일 뿐입니다. 세상을 살아가다 보면 우리는 성공할 때도 있고 실패할 때도 있습니다.

필자의 경우는 1, 2강에서도 잠깐 언급했지만 직장생활 20년을 하고 여러 가지 직업을 전전하다가 2007년 스티브 잡스가 만든 스마트폰이 2009년 말에 우리나라에 들어왔을 때 그것을 보고 세상이 앞으로 크게 변할 것이라고 직감했습니다. 그 이후로 스마트폰과 SNS를 열심히 공부해서 전국을 돌아다니며 수많은 저의 지인들에게 그 내용을 알려주었습니다. "세상이 앞으로 분명히 바뀔 테니 지금부터 스마트폰과 SNS를 잘 활용하면 머지않아 당신에게도 큰 도움이 될 것이다."라고 했습니다.

처음에 필자는 돈을 받지 않고 무료로 알려주었습니다. 그런데 2년 반 정도 지나고 나니 이제는 필자를 찾는 사람은 많은데 필자가 일일이 찾아갈 시간이 부족했습니다.

그래서 맥아더스쿨이라는 창직학교를 만들어 수강료를 받고 코칭을 하기 시작했습니다. 그렇게 가치를 먼저 추구했더니 나중에 돈도 자연스럽게 따라오게 되었습니다. 이것이 바로 저의 소중한 경험이고 지론입니다.

조급하면 핵심을 놓친다.

2계명은 '조급하지 말라.'입니다. 우리는 대체로 마음이 좀 급합니다. 정년퇴직을 했거나 조기 퇴직을 했거나 아니면 아직 직장에 다니거나 상관없이 새로운 직업을 찾는다고 하면 그 직업이 바로 자신의 평생직업이 되리라고 믿고 조급해집니다.

그러면 안 됩니다. 왜냐하면 마음이 조급하면 앞이 잘 보이지 않습니다. 그리고 중요한 의사결정을 할 때 핵심을 놓칠 가능성이 높습니다. 그래서 조급하면 안 됩니다.

그런데 코칭을 하다 보면 말로는 조급하게 생각하지 않는다고 하면서도 실제로는 조급해 하는 분들을 많이 만났습니다.

그분들의 공통점은 자신의 가족을 포함한 가까이 있는 사람들이 이런저런 이야기를 하면 그 말이 자꾸 귀에 들어오니까 조급해지는 겁니다.

"당신 지금 뭐하고 있어? 어디 가서 돈을 벌어야지."

이런 말을 듣는 순간 사람의 마음은 조급해질 수밖에 없습니다. 그런데 조급해지면 창직하기가 어렵습니다. 잘 생각해보면 우리는 중고등학교를 졸업하고 심지어 대학까지 십 수 년을 공부한 후 직장에 취업을 합니다. 그런데 창직은 아무런 공부도 하지 않고 아무 준비도 없이 그냥 시작하기만 하면 모든 것들이 알아서 그냥 척척 해결이 될까요? 그렇지 않습니다.

필자가 1주일 만에 1인창직을 시작할 수 있다고 할 때, 당연히 시작은 1주일 만에 할 수 있지만 차근차근 창직 준비를 해야 합니다. 적어도 필자의 경험으로는 창직 선언을 하고 브랜드를 만들고 자신을 홍보하면서 2년 반 정도 인내심을 가지고 창직 활동을 하면 뭔가 현실화되는 것을 확인하게 될 적입니다.

남을 따라하면 창직이 아니다.

3계명은 남을 따라하지 말라는 것입니다. 남을 따라하면 창직을 할 수 없습니다. 우리는 지금까지 이런 이야기를 많이 들었습니다. 벤치마킹을 하라. 벤치마킹이 뭘까요? 누군가 만들어 놓은 그 자리까지 내가 따라가는 겁니다. 벤치마킹을 하면 그 사람의 수준밖에 미치지 못합니다.

창직은 다른 사람의 수준까지 따라가는 것이 아니고 나 자신이 평생직업을 찾아서 스스로 개척해 나가는 것입니다. 그래서 남을 따라하면 안 됩니다. 남이 가는 길을 따라가지 마십시오. 많은 사람들이 가는 길은 넓고 쉬운 길입니다. 그런데 내가 혼자 가야 하는 길은 좁고 험한 길입니다. 하지만 그런 길을 갈 때 창직의 길이 활짝 열리게 됩니다. 남을 따라하지 마십시오.

독서와 글쓰기는 기본

4계명은 독서와 글쓰기가 기본이라는 것입니다. 독서가 좋은 줄은 알지만 좀체로 실천하지는 않죠. 글쓰기도 어떻게 내가 글을 쓰느냐고 반문합니다. 대부분 그렇게 생각합니다.

직장생활을 오래 하신 분들일수록 독서와 글쓰기를 하지 않습니다. 해야 할 이유를 찾지 못합니다. 필자도 직장생활 20년 할 동안에는 정말 독서하지 않았습니다. 글쓰기는 더더욱 하지 않았습니다. 막상 퇴직을 하고도 독서와 글쓰기에 대해 강조하면 금세 귀에 들어오지 않습니다. 그래서 상당히 머뭇거립니다.

그런데 여러분 잘 생각해 보십시오. 2강에서도 말씀드렸지만 세상이 이렇게 엄청나게 변화하는데 그 변화의 중심에 서서 나 자신을 갈고 닦고 채워가며 성숙해지는 지름길로 가장 확실한 방법이 독서와 글쓰기입니다.

독서는 많은 저자를 통해서 우리에게 다양한 내용을 알려줍니다. 단순히 지식과 정보를 알려주는 데 그치지 않고 독서를 통해 생각이라는 프로세스를 거치면 우리의 머릿속이 다시 정리가 됩니다. 비록 저자는 이렇게 이야기했지만 나는 생각이 다를 수 있습니다. 나만의 생각을 만들고 다듬어 가야 합니다.

그게 바로 창직입니다.

글쓰기는 어떤가요? 어떤 분들에게 글을 써보라고 하면 "글을 어떻게 쓰나요? 도대체 무슨 글을 쓰나요?"라며 의아해 합니다. 그런 말을 들으면 필자는 "닥치는 대로 써보라."고 권유합니다.

몇 년 전에 개미라는 소설을 쓴 베르나르 베르베르가 국내에 와서 강연을 했습니다. 강연이 끝나고 질문 시간에 한 분이 물었습니다. "선생님 어떻게 하면 글을 잘 쓸 수 있을까요?" 하고 말이죠. 그때 베르나르 베르베르가 대답합니다. "닥치고 써보시오."라고. 무슨 말이냐 하면 일단 쓰다 보면 어떤 글을 어떻게 써야 할지 자연스럽게 알게 된다는 것입니다. 제가 바로 증인입니다.

저는 14년 전에 우연히 네이버 블로그를 알게 되었고 글을 쓰기 시작했습니다. 그러다가 문득 내가 글을 쓰는데 이왕이면 칼럼을 써서 그 칼럼을 뉴스레터에 실어서 많은 사람들이 읽을 수 있도록 하면 어떨까 하는 생각을 했습니다. 그래서 맥아더스쿨 주간 뉴스레터를 만들었습니다. 벌써 700호가 나갔습니다.

뉴스레터는 매주 이메일로 3,000명에게 나갑니다. 페이스북과 트위터 등을 포함하면 거의 30,000명에게 매주 저의 글이 발송됩니다. 그렇게 하다 보니 창직에 관한 책도 세 권이나 나왔고 줌(zoom)에 관한 책도 두 권을 쓰게 되었습니다.

독서와 글쓰기, 지금 당장 시작하십시오.

스마트 도구로 무장하라.

5계명은 스마트 도구로 무장하라는 것입니다. 스티브 잡스는 정말 고마운 사람입니다. 1980년대 초에 일반인이 사용하는 컴퓨터가 우리나라에 등장했고, 1990년대 중반에는 인터넷이 나왔습니다. 2007년에 스티브 잡스는 최초로 스마트폰 '아이폰3'를 만들었습니다. 물론 우리나라에는 2009년 말에 들어왔습니다.

그 이후에 세상이 엄청나게 변했습니다. 스마트폰으로 할 수 없는 일이 없을 정도로 세상은 스마트 세상이 되었습니다. 매주 화요일 오후에 서울시 중구 다산동 J중학교에 가서 5년째 자유학년제 수업으로 중학교 1학년 학생들을 지도합니다. 수업 시간에 교재는 스마트폰입니다. 학생들에게 이런 과제를 냈습니다.

"스마트폰으로 할 수 있는 일을 노트에 모두 적어봐라."

이런 주문도 덧붙였습니다.

"단, 40개 이상 적어야 한다."

학생들이 처음에는 고민하다가 모두가 40개 이상을 적었고, 그 중에는 50개 이상 적은 학생도 있습니다.

모두 스마트폰으로 할 수 있는 일이었습니다.

그래서 저는 스마트폰을 스마트컴이라고 부릅니다. 스마트폰뿐 아니라 노트북이나 온갖 스마트 기기들이 우리에게 얼마나 많은 도움을 주고 있습니까? 그러니 이런 스마트 도구를 열심히 배우고 익혀서 나의 무기로 삼을 수 있습니다.

소셜 네트워크를 넓혀라.

　6계명은 소셜 네트워크를 넓히라는 것입니다. 네트워크가 뭔가요? 인적 네트워크는 인간관계를 의미합니다. 소셜 네트워크는 흔히 말하는 모든 SNS를 말합니다. 스마트폰이 나오기 전에는 대부분 서로 만나서 네트워킹을 했습니다. 그런데 이제는 페이스북, 인스타그램, 유튜브 등을 통해 대면(對面)하지 않고도 얼마든지 네트워킹을 할 수 있습니다. 온라인으로 친구 사귀는 것을 두려워하지 마십시오. 그 친구들이 여러분에게 큰 선물을 안겨줄 것입니다.
　장충중학교 김원배 선생님은 진로진학부장입니다. 그는 지금까지 공저를 포함해서 9권의 책을 썼습니다. 그 중에서 지난 3년 동안 단독 저서 두 권을 냈고, 요즘은 강연도 하고 독서모임도 하면서 열심히 글을 쓰고 있습니다. 얼마 전 그를 만나 함께 있을 때 그의 페이스북 메신저로 문자가 왔습니다. 교육 관련 큰 행사가 있는데 그를 강연자로 초청한다는 내용이었습니다. 블로그도 열심히 하고 페이스북도 열심히 하더니 이제는 블로그와 페이스북을 통해 강연 요청도 들어옵니다. 저도 마찬가지입니다.
　온라인 친구는 대면으로 사귀는 오프라인 친구와는 조금 다릅니다. 온라인 친구 사귀기를 너무 어려워하지 마십시오.
　친구를 사귀다가 아니다 싶으면 언제든지 쿨하게 끊으면 됩니다. 고민할 필요가 없습니다. 그것이 바로 소셜 네트워크입니다. 소셜 네트워크를 확장하십시오.
　직장에 다니시는 분들은 가끔 그건 나와는 상관이 없다고 생각하는데 그렇지 않습니다. 지금부터 부지런히 소셜 네트워킹을 하면 나중에 조기 퇴직이나 정년퇴직을 한 후 창직을 할 때 큰 도움이 될 것입니다.

의심하지 말라.

마지막 7계명은 의심하지 말라는 것입니다. 우리 속담에 시작이 반이라는 말이 있습니다. 뭔가 시작을 했다면 의심하지 말고 계속 밀고 나가야 합니다. 그런데 세계에서 가장 지능지수가 높다는 우리나라 사람들은 무슨 일을 시작하자마자 성급하게 그 일을 접어버리는 경우가 많습니다. 인내심을 가지고 꾸준하게 의심하지 않고 나아가면 창직의 길은 분명히 열립니다.

창직 7계명은 창직의 길을 여는 길라잡이입니다.

창업과 다른 창직의 절차

이제는 창직의 절차에 대해 말씀드리겠습니다. 창직 절차는 복잡하지 않습니다. 4강부터 7강까지 차근차근 말씀드리겠습니다.

창직은 창업과 다릅니다. 창업은 자기자본이나 타인자본을 준비해야 합니다. 자격증도 준비하고 필요하면 사람도 채용해야 합니다. 이런 여러 가지 절차가 필요합니다. 그런데 1인창직은 그런 절차가 아무 것도 필요 없습니다.

첫 번째 절차는 창직선언서 작성입니다. 저의 창직선언서는 "(창직)을 통해 (평생직업)을 찾도록 도와주는 (등대지기)"입니다. 제가 창직 7계명 중 1계명에서 말씀드렸죠. 돈보다 가치를 우선으로 생각하면서 창직선언서를 만들 수 있습니다.

두 번째 절차는 자신의 브랜드를 만드는 것입니다. 저의 브랜드는 창직 전문가이면서 맥아더스쿨 교장입니다. 왜 맥아더냐구요? 제가 존경하고 좋아하는 책을 무려 345권이나 지은 고정욱 작가가 저와 대화를 하는 도중에 제게 아이디어를 주었습니다.

1950년 9월 15일 역사적인 인천상륙작전을 했던 더글러스 맥아더 사령관은 그 당시 그의 나이가 70세였습니다. 알고 보니 그의 나이 55세였던 1935년에 군에서 전역해서 미국 아칸소주 고향에 가 있었습니다. 그러다가 제2차 세계대전이 일어나고 1941년에 다시 군복을 입고 군인이 되었습니다.

1945년 일본 천황이 항복문서를 작성할 때 그 앞에 서 있는 사람이 맥아더 사령관이었고 5년 후에 인천상륙작전을 했던 사람입니다. 저는 맥아더를 존경합니다. 그래서 매년 9월 15일 즈음이면 인천 자유공원에 있는 맥아더 형님을 만나러 갑니다. 가서 맥아더스쿨의 정신을 기립니다. 바로 그런 브랜드를 만드는 겁니다.

브랜드를 만들고 나면 그 다음에는 명함을 만들어야 합니다. 제가 지난 10년 동안 창직 코칭하면서 명함을 몇 번 만들었을까요? 서른 번 이상 만들었습니다.

명함 만드는 것을 주저하지 말아야 합니다. 새로 책이 나오면 명함을 만들고 뭔가 좋은 아이디어가 있으면 다시 만듭니다. 명함 만드는 데 비용이 그리 많이 들지도 않습니다.

직장을 퇴직해서 명함이 없다고 하는 분들이 있는데 그렇게 말할 필요가 없습니다. 이름과 브랜드와 이메일 주소와 전화번호만 있으면 누구나 명함을 만들 수 있습니다. 그리고 가능하면 종이 명함을 만들기를 권합니다. 물론 요즘은 '리멤버'라는 모바일 명함도 있습니다. 누구를 만나도 내 명함을 건네주면서 나를 홍보해야 합니다. 명함이야말로 셀프 홍보의 기본이자 첫 걸음입니다.

명함을 만들었으면 이제 홍보를 본격적으로 시작해야 합니다. 세상은 내게 관심이 없습니다. 내가 세상으로 다가가지 않으면 세상은 내게 전혀 관심이 없습니다. 내가 스스로 어떤 일을 하는지 알려야 합니다. 보람 있고 가치 있는 일을 한다는 사실을 상대방에게 알려줘야 그때부터 그분들이 나를 인식하기 시작합니다. 나를 인지하고 나 대신 홍보를 해줄 수도 있습니다.

세상에는 나의 적만 있는 것이 아니라 아군도 많이 있습니다. 소셜 네트워크를 통해 그분들을 홍보해 주면 그분들이 나를 홍보해 줍니다. 그런데 조심해야 할 점은 물건이나 서비스를 팔겠다고 나를 홍보하는 것이 아니라 나 자신을 홍보하라는 것입니다. 물건이나 서비스를 파는 것은 나중에 해도 됩니다.

이제 4강부터 7강까지 이런 홍보 방법을 하나씩 알려드리겠습니다.

창직에 성공하려면

시작이 반이다

　시작이 반이라는 말이 있습니다. 무슨 일이든지 시작하기가 어렵지 일단 시작하면 일을 끝마치기는 그리 어렵지 않다는 뜻으로 쓰입니다. 영어로 굳이 직역하면 'Well begun is half done.'이 되지만 아무래도 시작이 반이라는 말에 담긴 뉘앙스가 제대로 전달되지는 않습니다.
　지겨운 코로나19와 씨름하며 3년을 보낸 후 곧 2023년이 됩니다. 여전히 팬데믹은 우리 곁에 남아 있지만 그래도 자리를 툴툴 털고 일어나 다시 시작할 수 있으니 다행입니다.
　뭔가를 계획하고 그것을 이루려면 시작하면서 초기에 성과를 나타내는 편이 유리합니다.
　올 한 해 동안 하려는 일은 가급적 연초에 어느 정도 성과를 내면 나머지는 여유를 가지고 일할 수 있습니다.
　한 달의 일도 월초에 바짝 당겨 일을 추진하고 일주일의 계획도 주초에 해놓자는 의미입니다.

　변화무쌍한 시대를 살면서 느긋하게 계획하고 천천히 실행에 옮길 수 있지만, 그렇게 하다가는 중간에 어떤 일이 어떻게 전개될지 알 수 없게 됩니다. 복잡하게 많은 생각을 하기보다 단순하게 생각하고 실행에 옮기는 편이 훨씬 좋습니다. 뭔가를 완벽하게 준비해서 한 번에 공개하는 것보다 먼저 시작하고 중간에 수정하고 보완해 가는 방법이 지금 이 시대에 적합합니다. 그 이유는 중간에 변수가 수시로 발생해서 어차피 완벽할 수 없기 때문입니다.

정병길 모바일화가는 2022년 1월 1일에 14번째 개인전을 열었습니다. 그는 10년 전 금융회사를 퇴직하고 스마트폰과 태블릿으로 그림을 그리는 모바일 미술가가 되었습니다. 그가 지도한 모바일 미술 문하생이 필자를 포함해 500여 명에 이릅니다. 그리고 한국모바일아티스트협동조합을 설립해서 열심히 활동하고 있습니다.

정 화백은 지난 2년 동안 비대면 화상회의 솔루션인 줌(zoom)을 활용해 모바일 미술을 더욱 많이 보급했습니다. 줌으로 그에게 지도 받은 사람들이 모두 화가가 되어 열심히 활동하고 있습니다. 서울과 수도권을 비롯한 대전, 부산, 대구, 울산, 광주, 제주 심지어 해외에서까지 많은 분들이 그로부터 배웠습니다.

10년 전 처음 모바일 미술을 시작했을 때는 정 화백도 처음 경험하는 디지털 환경이어서 낯설어했지만 한눈팔지 않고 꾸준히 노력한 결과 지금은 자타가 모두 인정하는 명실상부 국내 최고의 모바일 화가로 자리 잡았습니다.

시작이 반이며 나머지는 시작한 일에 대해 의심을 버려야 합니다. 의심을 버려야 한다는 것은 필자가 만든 창직 7계명 중 맨 마지막에 나오는 계명입니다. 우리나라 사람들은 대체로 지능지수가 높아 머리 회전이 빠릅니다. 머리가 잘 돌아가면 일을 잘하지만 포기도 빠릅니다.

계획에는 평생 계획, 연간 계획, 월간 계획, 주간 계획, 그리고 일일 계획이 있습니다. 이 중에서 필자는 주간 계획을 가장 효과적인 계획으로 꼽고 있습니다. 매주 월요일과 화요일에 어떤 일을 집중해서 추진하는 것이 좋습니다. 수요일쯤 되어서 성과에 대해 리뷰를 해보면 부족한 점이 나타납니다. 그러면 휴일까지는 아직 며칠이 남아 있기 때문에 보충할 수 있습니다.

막연하게 계획을 늘려 잡으면 실패할 확률이 높습니다. 연초, 월초, 주초에 과감하게 일을 추진하면 괄목할 만한 성과를 낼 수 있습니다. 시간은 쏜살같이 빠르게 흘러갑니다.

시작했다 싶으면 어느새 마칠 때가 다가옵니다.

눈 깜짝할 사이에 지나가버리는 세월을 붙잡으려면 시작하는 순간을 놓치지 말아야 합니다. 다른 사람과 비교하지 말고 자신만의 우선순위를 두고 시작을 해야 합니다.

시작하면 이미 절반은 이룬 것입니다.

아는 체하지 말고 배워라

모른다고 말해야 더 배울 수 있습니다. 모르면서 아는 체하면 그냥 지나칠 수 있지만 이런 과정을 반복하면 정작 배워야 할 것과 배워야 할 때를 놓치고 맙니다.

쉽게 알고 있다고 말하는 것은 더 이상 호기심도 없이 그저 세상을 자신의 판단으로만 살아가려는 태도입니다.

세상은 하루도 쉬지 않고 변합니다. 새로운 기술이 쏟아져 나오고 이제까지 몰랐던 지식과 정보가 쉴 새 없이 흘러넘칩니다. 학교 공부가 전부가 아닙니다. 직장에서 직무에 관한 공부도 전부가 아닙니다. 복잡한 세상을 단순하게 살아가려면 깨달음에 이르는 진짜 공부를 해야 합니다.

일찍이 노자는 제자가 준비되어 있을 때 스승이 나타난다고 했습니다. 그리고 제자가 준비되었을 때 스승은 사라진다고 했습니다. 자신이 모르는 것을 인정하고 배우기를 갈구할 때 어디선가 스승이 나타나는 법입니다.

배우고 관찰하기를 즐겨 하는 사람들이 있습니다. 세상의 이치를 깨닫기 위해 사소한 것에도 관심을 갖고 호기심을 보이는 사람들입니다. 독일의 문호 괴테는 무려 80년이라는 세월 동안 독서를 했지만 여전히 독서에 대해 잘 모르겠다고 했습니다. 그는 스스로 잘 모른다고 생각했기 때문에 죽는 날까지 깨어 있어 진짜 공부를 계속했던 겁니다.

어설프게 알면서 마치 모두 아는 것처럼 말하고 행동하는 것이 얼마나 어리석은 일인지 모릅니다. 공부는 하면 할수록 자신이 얼마나 모르는 것이 많은지 알게 됩니다. 거센 강물을 거슬러 올라가는 연어처럼 살아 있으면 깨어 있게 됩니다. 죽은 물고기는 물살에 실려 그냥 떠내려가 버립니다.

다른 사람들이 아는 수준까지 이르기 위해 하는 공부가 아니라 그 정도를 뛰어넘어 새로운 세상을 탐험하는 자세로 배우고 익혀야 합니다.

필자의 경우도 돌이켜보면 지금까지 배움의 연속이었습니다. 비록 암기력이 부족해서 많은 것을 외워 시험을 치르는 것에는 취약했지만 호기심이 생기면 멈추지 않고 그것을 알기 위해 노력했습니다. 바다에 가서 서핑을 하듯 배우고 또 배웠습니다. 스마트폰을 배우고 페이스북을 비롯한 SNS를 배웠습니다.

코로나 팬데믹이 불어 닥치자 비대면 화상회의 시스템인 줌(zoom)을 배웠습니다. 동영상 촬영과 편집을 배워 유튜브 크리에이터가 되었습니다.

이제는 메타버스를 배워 캠프를 열고 강의를 합니다.

앞으로 또 어떤 새로운 것이 나오더라도 즐기며 배울 것입니다. 필자가 배우는 데는 목적이 있습니다. 필자는 코치입니다. 열심히 배워서 그것이 필요한 사람들에게 알려주기 위해서입니다. 배우기에 그치지 않고 부지런히 남에게 알려주다 보니 더 많이 배우게 되었습니다.

최근에는 동영상에 자막을 넣는 방법을 배워서 직접 활용하고 남에게도 알려주고 있습니다. 동영상 자막 넣는 방법은 여러 가지가 있습니다. 필자가 배우는 방식은 복잡하지 않고 쉬운 방법을 찾는 겁니다.

동영상 자막 넣기 위한 방법은 유튜브, 파이널 컷, 프리미엄 프로 등등 아주 많지만 필자는 그중에서 가장 쉬운 브루(Vrew)를 선택했습니다. 브루는 인공지능을 활용한 무료 영상 편집 프로그램으로 아주 쉬운 프로그램입니다.

메타버스도 복잡한 내용을 간단하게 알려주는 방법을 선택했습니다. 아무리 어려운 내용이라도 필자는 그것을 쉽게 풀어내어 다른 사람에게 알려주는 노하우를 터득했습니다. 모르는 것은 모른다고 말해야 더 많이 배울 수 있습니다. 함부로 안다고 말하지 말아야 다른 사람으로부터 한 가지라도 더 배웁니다. 아는 체하지 말고 겸손하게 배워야 합니다.

창의성은 연결에서 나온다

창의성(創意性, creativity)은 새로운 것을 생각해내는 특성을 말합니다. 새로운 것이라고 하지만 아무 것도 없는 상태에서 갑자기 생기지 않습니다. 무(無)에서 유(有)를 창조하는 것은 신의 영역입니다. 새로운 것은 인간과 인간, 사물과 사물 그리고 인간과 사물을 연결할 때 생겨납니다.

스티브 잡스는 대표적인 연결 전문가였습니다. 그는 단순히 사물을 연결하는 데 그치지 않고 사물에 인간의 감성을 접목함으로써 새로운 가치를 창출해 내었습니다. 그는 스탠퍼드대학교 졸업식 축사에서 창의성은 단지 어떤 것을 연결하는 것(Creativity is just connecting things)이라고 말했습니다.

창의성이란 기존의 어떤 것들을 서로 연결하면서 새롭게 탄생한다는 뜻입니다. 억지로 페어 맞추는 것이 아니라 연결하는 과정에서 자연스럽게 생겨나는 것이라고 보면 됩니다.

일을 잘하는 사람은 사람의 마음과 마음을 연결합니다. 최고의 기술은 사람의 마음을 사로잡아 기꺼이 자신의 마음을 다른 사람에게 보여주도록 하는 것입니다.

속담에 열 길 물속은 알아도 한 길 사람 속은 모른다고 했습니다. 그만큼 사람의 마음을 읽어내기가 어렵다는 말입니다.

그런데 사람의 마음을 읽어내고 자의적으로 자신의 마음을 표현하면 새로운 길이 보이기 시작합니다.

생각은 혼자서 깊고 넓게 한 후 다른 사람들과 폭넓게 연결하면 새로운 세상이 조금씩 보이기 시작합니다.

사람을 믿지 못하면 큰일을 이루어내기 어렵습니다. 간혹 사람을 너무 믿다가 낭패를 보기도 하지만 그래도 결국 일을 성사시키기 위해서는 사람을 믿고 사람의 마음을 사야 합니다.

그런 과정을 겪으면서 창의적이지 못한 요소들은 저절로 사라지고 창의적인 결과물만 남게 됩니다.

생각은 판단하고 기억하고 호기심을 갖는 것입니다. 생각과 생각을 연결하면 미처 상상하지 못했던 창의적인 생각이 끊임없이 솟아납니다.

초등학교 6학년과 중학교 1~2학년을 대상으로 생각의 힘 키우기 강의를 했습니다. 두 시간 동안 옹기종기 둘러앉아 생각이 무엇이며 어떻게 생각의 힘을 키울 것인가를 대화식으로 풀었습니다. 강의를 마친 후 학생들은 피드백을 통해 생각이 무엇이며 어떻게 생각의 힘을 키울 것인가에 대해 분명하게 이해했다고 느낌을 말했습니다.

두 시간이 지났다고 했더니 시간이 그렇게 빨리 흘렀는지 몰랐다며 놀라워했습니다.

분명히 생각이 또 다른 생각의 꼬리를 물었던 셈입니다. 혼자만의 생각에서 그치지 않고 다른 사람과 함께 마음과 마음을 연결하면 놀라운 시너지가 나타나게 됩니다. 그것이 결국 창의성입니다.

이렇게 연결이 얼마나 중요한가를 한 번 깨닫고 나면 다른 사람이나 사물과의 연결에 대해 주저하지 않고 관심을 가지게 됩니다. 호기심은 연결을 위한 놀라운 촉진제 역할을 하게 마련입니다. 내 것만을 채우기 위한 욕심이 아니라 모두의 필요를 채울 수 있는 계기가 생깁니다.

놀라운 속도로 발달하는 과학기술을 서로 연결하는 것만으로도 충분히 가치가 있습니다. 혼자서 모든 일을 해내기는 어렵습니다. 연결의 기술을 배우고 익히면 훨씬 효율적이고 효과적인 방법으로 창의성을 살려낼 수 있습니다.

지금 우리는 스마트폰이라는 훌륭한 도구를 손에 들고 있습니다. 스마트폰으로 사람과 사물을 서로 연결할 수 있습니다. 누구나 원한다면 시간과 공간의 제약을 벗어나 하루 24시간, 일주일 7일, 1년 365일 동안 우리는 서로 연결할 수 있습니다.

연결은 이제 우리의 일상입니다.

창의성은 연결에서 나옵니다.

논리적 사고 능력을 길러라

논리적 사고(論理的 思考, logical thinking)란 논리를 기반으로 하는 사고로, 일정한 논리적 형식과 절차에 따라 진행되는 사고 작용을 말합니다. 다시 말하면 어떤 문제에 대해 개념과 논점을 정확하게 파악하고 객관적 타당성을 바탕으로 합리적으로 생각하는 것을 의미합니다.

논리적 사고는 인간이 평생 살아가면서 만나게 되는 수많은 문제를 해결하기 위해 모두가 가져야 하는 최고의 덕목입니다. 그럼에도 불구하고 우리는 어려서부터 논리적 사고에 대해 심각하게 학습하지 못한 결과 나중에 성인이 되어서도 여전히 논리적 사고의 어려움을 겪습니다.

논리적으로 사고하는 방법을 터득했다고 해서 지나치게 논리적인 사람이 되면 다른 사람들과의 관계가 어려워지기 때문에 논리적인 사고를 하되 감성적인 사고를 함께 배우고 익혀야 합니다.

필자는 중학교 자유학년제 교사입니다. 서울 중구 다산동 J중학교에서 지난 5년 동안 중학교 1학년 학생들을 지도했습니다. 학습 목표는 생각의 힘 키우기였습니다. 한 학기에 17회 정도 매주 화요일 오후 2시간씩 수업을 하면서 매주 주제를 정해 질문하고 대답하고 토론하는 형식으로 수업을 진행했습니다.

이제 막 초등학교를 졸업한, 아직 어린 학생들이 처음에는 필자의 수업 방식에 대해 어려워했지만 꽤 빠른 속도로 적응했습니다. 수업

교재는 검색을 위한 스마트폰과 노트, 그리고 연필이 전부였습니다.

주제와 관련한 단어를 검색하고 학생들이 알아야 하는 내용을 필자가 모든 학생들에게 일일이 질문하고 대답을 듣는 방식이었습니다. 학기 초에는 이런 수업 방식에 익숙하지 않았고 생각을 어떻게 해야 하는지도 몰라 당황해했지만 조금씩 논리적 사고의 단계로 접어들었습니다.

수업 시간마다 그날의 수업 내용에 대해 저마다 느낌을 노트에 적어서 말해보라고 하면 떠듬떠듬 각자의 생각을 말하기 시작했습니다. 이런 과정을 거치면서 학생들은 점점 논리적 사고를 하게 되어 학기말이 되면 스스로 생각의 힘이 커졌다고 모두가 좋아했습니다. 아직 시작에 불과하지만 한 학기 동안 생각의 힘을 키우기 위해 애쓴 보람이 서서히 나타나리라 확신합니다.

논리적 사고는 저절로 생겨나지 않습니다. 처음에는 자신조차 무슨 말을 하는지 모르는 상태에서 어렵게 말을 꺼내지만 그런 과정을 통해 조금씩 스스로 깨닫게 되고 생각을 정리한 다음 다른 사람 앞에서 말을 할 수 있게 됩니다. 조리 있게 말하는 방법을 터득하면 자신감이 생기고 자존감도 쑥쑥 커지게 마련입니다. 논리적 사고의 능력은 이렇게 해서 조금씩 축적됩니다.

처음부터 무엇을 어떻게 생각해야 하는지를 가르치면 배우는 입장에서는 그 가르침의 범위를 벗어나기 어렵습니다. 생각은 다양한 방법으로 스스로 키워가는 것이 바람직합니다. 틀에 얽매이지 않고 마음껏 생각하는 과정을 통해 점차 자신만의 방식으로 생각을 정리하고 말을 하고 글을 쓰는 능력이 생깁니다.

그러므로 논리적 사고는 가르치기보다 스스로 깨치기를 유도

하는 방식이 더 바람직합니다.

    논리적 사고가 가져다주는 유익은 아주 많습니다. 논리적 사고는 배우는 과정의 학생들에게는 사물의 이치를 깨닫고 문제해결 능력을 갖추게 합니다. 성인이 되면 다른 사람들과 협업하면서 더불어 살아가는 법과 비즈니스 모델을 찾아내는 능력도 갖게 됩니다. 논리적 사고 능력은 당연하게도 세상을 지혜롭게 살아가는 데 아주 중요한 필살기가 됩니다.

디지털 리터러시, 가르치지 말고 함께 배워라

    리터러시(literacy)란 글을 읽고 쓸 줄 아는 능력입니다. 디지털 리터러시(digital literacy)란 디지털 시대에 필수적으로 요구되는 정보의 이해와 표현 능력을 말하며 디지털 기기를 활용하여 원하는 작업을 실행하고 필요한 정보를 얻을 수 있는 지식과 능력을 뜻합니다.

    지금은 아날로그 세대가 디지털 세대를 교육해야 하는 그런 아이러니한 시대를 맞이했습니다. 물론 2030세대는 컴퓨터를 자유자재로 활용할 줄 아는 세대이긴 하지만 2007년 이후 스마트폰과 함께 디지털 환경도 급속도로 변화해 왔습니다.

    "넌 늙어 봤냐, 난 젊어 봤다."는 노래 가사도 있지만 지금의 어른들은 아이들을 잘 모릅니다. 왜냐하면 요즘 아이들은 어른들과 함께 살지만 전혀 다른 세상을 살고 있기 때문입니다. 이런 시대적 변화를 무시한 채 아이들은 무조건 어른들로부터 배워야 한다는 잘못된 생각을 많은 어른들이 갖고 있습니다.

    유튜브를 예로 들어보겠습니다. 유튜브는 구글에 접속하는 순간부터 우리 각자가 무엇에 관심이 있는지를 철저하게 분석하여 빅데이터를 통한 알고리즘을 활용해서 지금 보고 있는 동영상과 유사하거나 관심을 가질 만한 다른 동영상을 함께 나열해서 보기를 유도합니다. 결국 어른들이 즐겨 보는 동영상과 아이들이 보는 동영상은 전혀 별개의 세상이라는 뜻입니다.

필자의 여섯 살 손자가 보는 유튜브 동영상은 평소 필자가 보는 동영상과는 전혀 다릅니다. 동시에 필자가 즐겨 보는 동영상은 손자에게는 다른 세상일 수밖에 없습니다.

구글 포토가 가끔씩 알려주는 유튜브 동영상을 보면 손자는 벌써 수년 전부터 자신이 원하는 동영상을 찾아보고 광고를 건너뛸 줄 압니다. 이런 아이들에게 디지털 이주민인 어른들이 디지털 리터러시를 가르치려 들면 실패합니다.

학교나 학원의 교사나 강사들은 가르치는 사람들입니다. 자신의 본분이 아이들을 가르치는 것인 만큼 당연히 디지털 리터러시도 가르치려 들지만 제대로 알지 못하고 가르치면 배우는 아이들이 금세 알아챕니다. 가르치는 사람이니 당연히 가르쳐야 한다는 생각을 버리고 함께 배우겠다는 생각으로 아이들을 대하면 됩니다.

실상 아이들은 자신들이 지금 디지털 세상의 어디쯤에 와 있는지를 알지 못합니다. 돌이켜보면 어른들도 다르지 않았습니다. 필자도 1980년 초에 처음 컴퓨터를 접하게 되었는데 그저 신기하고 놀랍다는 정도로 이해했습니다.

그러다가 1990년대 중반 인터넷이 보급되면서 컴퓨터와 컴퓨터가 연결되고 세상이 순식간에 좁아지는 느낌을 받았습니다. 지구 반대편에 있는 사람들과의 소통이 급격히 잦아지면서 지구는 하나의 좁은 세상이 되었습니다.

지금은 모든 사람들의 손에 스마트폰에 있어서 수시로 세상을 들여다볼 수 있게 되었습니다. 이런 역사적인 배경과 지금 우리가 어디에 있는가를 어른들이 아이들에게 알려주고 미래에 펼쳐질 세상에 대한 기대감을 갖도록 하는 것이 어른들이 해야 할 일입니다.

기존의 아날로그에 디지털을 덧붙여 배우려고 하니 어른들이 바쁘고 힘이 들겠지만 그렇게 하지 않으면 아이들에게 디지털 리터러시 교육을 할 수 없습니다. 어른들이 아날로그와 디지털 세상을 오가며 아이들을 가르쳐야 올바른 교육이 될 것입니다.

어른들이 아이들과 함께 디지털 리터러시를 배우지만 결국 목적은 다릅니다. 아이들은 자신들의 미래를 위해 배워야 하고 어른들은 아이들이 제대로 배울 수 있도록 징검다리를 놓아주는 역할을 해야 합니다. 디지털 리터러시를 가르치려 하지 말고 아이들과 함께 배워야 합니다.

사람을 연결하라

꿈이 현실이 되면서 인류는 끊임없이 발전해 왔습니다. 인류의 꿈은 사람을 어떻게 하면 더 편리하고 행복하게 할 것인가에 초점을 맞춥니다. 아무리 놀랄 만한 과학기술이 나와도 그것이 결국 사람에게 이롭지 못하면 조만간 소멸되고 맙니다.

페이스북은 지난해 회사명을 메타(Meta)로 바꿨습니다. 메타의 설립자이며 CEO인 마크 저커버거(Mark Zuckerberg)는 메타가 미래 메타버스 시장을 석권하겠다는 포부를 야심만만하게 만천하에 공표했습니다. 그는 회사명을 페이스북에서 메타로 바꾼 이유를 사람과의 연결을 위해서라고 했습니다. 영어로는 'Connecting People'입니다.

물론 2004년 처음 시작한 페이스북도 기본 정신은 사람과 사람을 연결하기 위한 것이었습니다. 그 결과 18년이 지난 지금 전 세계 30억 명이 페이스북에 가입했습니다. 이 숫자에는 공식적으로 중국이 빠져 있습니다.

세계 인구가 80억 명이라면 거의 40% 인구가 페이스북에 가입했다는 말입니다. 앞으로 마크 저커버그의 공언대로 메타가 야심만만한 행보를 보이게 될지는 두고 볼 일이지만 인류의 미래에 그의 말대로 사람과의 연결이 빠진다면 껍데기에 지나지 않는 플랫폼만 남게 됩니다.

소셜 미디어는 지난 20년 동안 스마트폰의 등장과 함께 실시간으로 사람과 사람을 연결하는 역할을 톡톡히 해왔습니다. 1980년대 초의 컴퓨터, 1990년대 중반의 인터넷, 2000년대 중반의 스마트폰 그리고 지금 본격적으로 등장하는 메타버스까지 모두가 자세히 들여다보면 사람을 연결하기 위한 도구로 발전해 왔습니다.

그렇다면 미래 직업도 사람을 연결하는 여기에 포커스를 맞추어야 합니다. 비즈니스 일선에서 사람을 젖혀두고 단지 돈을 많이 벌겠다는 목표를 앞세운다면 당연히 지속 가능한 비즈니스를 이루어내지 못할 것입니다.

올해 초 라스베가스에서 열린 CES 2022의 화두가 메타버스, 로봇, 헬스 케어, 그리고 NFT(Non-Fungible Token)라고 합니다.

메타버스는 현실과 가상세계를 접목하여 실시간으로 아바타가 디지털 세상을 살아가는 기술입니다. 인공지능 로봇은 사람을 돕기 위해 나온 기술입니다. 요즈음 더 이상 인공지능이라는 용어가 자주 등장하지 않습니다. 그 이유는 인공지능은 이미 우리 손에 들려있는 스마트폰을 위시하여 일상에서 가깝게 접할 수 있기 때문입니다. 헬스 케어는 백세시대에 건강하게 장수하기 위한 인간의 욕망을 실현하기 위한 기술입니다. 마지막으로 NFT는 블록체인 기술을 활용한 대체 불가능한 토큰으로 개인이나 조직의 자산을 든든하게 지키기 위해 나온 기술입니다.

　이 모두는 사람과의 연결을 기본으로 하고 있으며, 결국 그것이 인류의 행복을 위한 수단이 될 것입니다.

　미래 직업이 점점 불투명해지고 있습니다. 앞으로는 영구적으로 지속될 안정적인 직업은 없을 듯합니다. 영구적이지는 못하겠지만 그래도 비교적 안정적인 직업을 찾는다면 사람들과의 연결을 중시하는 직업이 크게 성장하겠지요.

　물건은 돈을 주고 살 수 있지만, 인간관계는 돈만으로는 거래할 수 없는 독특한 자산입니다. 비록 금전적인 자산은 많지 않아도 인적 네트워크가 탄탄한 사람의 미래는 밝습니다.

　단순히 많은 친구가 필요한 게 아니라 언제든지 자신의 제품이나 서비스를 선뜻 구매해 주고 다른 사람에게도 소개할 수 있는 팬덤이 필요합니다.

　이를 위해 부지런히 씨앗을 뿌리고 햇볕을 쬐고 물을 주고 소중하게 가꾸는 지혜가 필요합니다. 사람과 사람을 연결하는 기술은 이성과 감성이 동시에 요구되는 하이테크입니다. 무엇보다 사람을 기술의 중심에 두어야 합니다.

나만의 학습 방법을 찾아라

　평생학습이란 이제 모두에게 매우 익숙한 용어입니다. 장차 어떻게 변화할지 그 누구도 알 수 없는 미래를 슬기롭게 헤쳐가기 위해서는 자신만의 학습 방법을 찾아내어야 합니다. 교과서처럼 정해진 학습 방법은 없습니다. 사람마다 스타일이 다르고 선호도가 다르고 학습 속도마저 다르기 때문에 누구를 흉내 낼 수도 없습니다. 그저 묵묵히 자신만의 학습 방법을 찾아내고 조금씩 업그레이드하는 것이 최상의 길입니다.

개인의 한계를 뛰어넘어 초능력을 발휘할 수 있는 방법을 찾는 길은 지난하고 어렵지만 불가능하지는 않습니다.

누군가가 필자에게 한 가지 소원만 들어준다고 한다면 단연코 필자는 필자에게 꼭 맞는 최고의 학습 방법을 달라고 할 것입니다. 그만큼 간절하다는 뜻입니다.

인간에게 가장 큰 모험은 자신의 잠재력을 최대한 드러내고 실현하고 다른 사람도 그렇게 할 수 있도록 도와주는 것입니다. 우리 안에는 아직 드러나지 않은 무한한 잠재력이 숨어 있습니다. 개발되지 않은 지능과 집중력이 고스란히 남겨져 있습니다. 이런 초능력을 깨워서 발휘하는 것은 모두가 원하는 바입니다.

오로지 우리 모두에게 필요한 것은 선택하는 결단력입니다. 다른 자원들은 대부분 유한하지만 인간의 창의력과 상상력과 학습 능력은 무한에 가깝습니다. 하지만 가장 활용되지 않은 자원이라는 점이 놀랍습니다.

자신이 포기하지만 않는다면 얼마든지 잠재력을 끌어낼 수 있습니다. 자신만의 학습 방법을 개발해야 하는 이유입니다.

나만의 학습 방법으로는 우선 독서와 글쓰기가 기본입니다. 독서 방법은 지구상 인구 숫자만큼 많습니다. 제각기 독서 방법은 다릅니다. 열심히 독서를 하고 있지만 많은 시간을 허비하며 비효율적인 방법으로 독서를 할 수도 있습니다. 우리는 끊임없이 효율적인 독서 방법을 터득하기 위해 노력해야 합니다. 충분히 이해하면서도 속독을 할 수 있다면 효율적인 독서 방법이라고 할 수 있습니다.

글쓰기는 자신만의 학습 방법을 찾는 데 큰 도움을 줍니다. 글을 쓰기 위해서는 생각의 힘을 발휘해야 합니다.

생각하기라는 프로세스를 거치면서 우리는 자신의 정체성을 찾고 메타인지를 깨달아 알게 됩니다.

독서와 글쓰기는 빼놓을 수 없는 최상의 학습 방법입니다.

아날로그 감성에 디지털 기술을 접목하는 방법도 필요합니다. 모바일 기술은 놓쳐서는 안 되는 중요한 미래 기술입니다. 사물과 사물뿐 아니라 사람과 사람을 연결하는 초(超)연결을 끊임없이 시도해야 합니다. 관찰력을 충분히 가동해서 현재와 미래에 과연 어떤 일이 우리 주변에서 일어나고 있는지 확인해야 합니다.

특히 트렌드를 놓치지 않고 관찰하는 습관이 중요합니다. 4차 산업혁명 기술을 개인이 모두 체득하기는 어렵지만 적어도 각각의 기술이 어떤 변화를 가져다줄 것인지 학습하는 과정이 요구됩니다.

위에 열거한 학습 방법은 필자만의 것입니다. 필자의 방법도 계속 진화하고 있습니다. 사람마다 학습 방법이 다르기 때문에 참고를 위해 정리해 보았습니다.

자신만의 학습 방법을 계속해서 찾아야 합니다.

따로 다음 서로

'따로'는 순수한 우리말로 '한데 섞이거나 함께 있지 아니하고 혼자 떨어져서'라는 의미입니다. '서로' 역시 순수 우리말로 '짝을 이루거나 관계를 맺고 있는' 상태를 말합니다. 흔히 우리는 '따로 또 같이'라는 표현에 익숙해 있지만, 우리나라 국어학자 이어령 교수는 이를 한국말을 모르는 사람들이 쓰는 말이라고 합니다.

우리말에는 음양이 같이 있는데 '따로'의 짝패는 '서로'이지 '같이'가 아니라는군요. '따로'와 '서로'는 독립주의와 상호주의가 묻어 있는 말입니다.

바야흐로 지금은 따로 그리고 서로 살아가야 하는 시대입니다. 진정한 윈-윈(win-win) 전략을 위해서는 '따로'와 '서로'의 조화가 잘 이루어져야 합니다. 사람과 사물, 심지어 아날로그와 디지털도 '따로'와 '서로'의 균형이 중요합니다.

여기서 말하는 '따로'는 제각기 살아나갈 방법을 꾀하는 각자도생(各自圖生)의 의미를 담고 있습니다. 바둑에서도 아생연후살타(我生然後殺他), 즉 내가 두 집을 짓고 안전하게 살아난 후에 적을 친다는 뜻을 가진 용어가 있습니다.

먼저 자신의 입지를 어느 정도 세운 후에 다른 사람과 연합하는 방법이 바람직한데 간혹 순서를 바꿔 먼저 연결부터 꾀하다가 실패하는 사례가 많습니다.

사람과의 관계는 '기브 앤 테이크' 방식이 일반적입니다. 자신의 역량을 먼저 보여주면서 상대와의 협업을 시도해야 합니다. 오랫동안 직장에서 일을 했거나 아직 조직 생활을 해보지 않은 분들이 이런 시행착오를 겪는 경우가 많습니다. 과거 산업화 시대에서는 직장에서 개인보다 팀을 우선해야 한다는 사고가 지배적이었습니다.

하지만 지금 우리가 살아가는 이 시대는 팀이나 조직보다 개인이 먼저 자신의 정체성(正體性)을 확립하고 나서 '서로'에게 도움을 줄 수 있는 방법을 찾아야 하는 시대입니다.

예를 들어 여럿이 모여 새로운 일을 시작할 때 먼저 각자의 역할을 분명하게 밝히고 공감대를 형성하면 일의 중복과 누락을 피해 효과적이고 효율적으로 일을 추진할 수 있습니다.

이 부분이 대체로 우리나라 사람들이 간과하는 부분입니다. 대충 이야기를 나누다가 확실하지도 않은 가운데 일단 일을 먼저 시작합니다. 일을 하면서 중간에 조율을 하면 되지 않겠느냐는 막연한 기대감을 가지고 시작합니다.

하지만 막상 어떤 일이든 일을 하다 보면 디테일에서 서로의 갈등이 표출됩니다. 그제서야 역할과 책임을 따져보지만 이미 늦은 경우가 많습니다.

어떤 경우든 갈등 없이 할 수 있는 일은 없습니다. 문제는 크든 작든 그 갈등을 어떻게 슬기롭게 극복하느냐가 가장 중요합니다. 앞서 언급했지만 '따로' 자신의 입지를 확고하게 굳힌 사람은 이럴 때 진가를 발휘합니다.

혼자서 여러 가지 상황에 봉착했을 때 해결책을 찾으려는 좌충우돌 방식의 노력을 통해 갈등을 봉합하고 다음 단계로 넘어가는 자생력을 갖게 됩니다.

'따로'에서 자생력을 갖추면 '서로'가 되어서 문제를 만날 때 거뜬히 해결할 수 있습니다. 어려움을 만날 때 외면하지 않고 정면으로 뚫고 나가려는 의지를 보여줌으로써 '서로'의 신뢰를 쌓게 됩니다. 이런 과정이 축적되면 '따로'보다는 모여서 '서로'가 더 큰 일을 이룰 수 있게 됩니다.

'따로' 다음이 '서로'인 이유입니다.

멀티태스킹을 피하라

멀티태스킹(multitasking)이란 원래 컴퓨터 용어인데 한 사람의 사용자가 한 대의 컴퓨터로 2가지 이상의 작업을 동시에 처리하거나 2가지 이상의 프로그램을 동시에 실행하는 것을 말합니다.

요즈음은 이 말이 한 번에 여러 가지 일을 동시에 수행하는 것으로 일반화되었습니다. 두 가지 이상의 일을 동시에 처리하는 것이 언뜻 보기에는 대단한 능력인 듯이 보이지만 실상 장점보다는 단점이 많습니다. 그래서 여기서는 왜 멀티태스킹을 줄이고 피해야 하는지에 대해 알아보겠습니다.

무엇보다 멀티태스킹은 몰입하는 에너지를 빼앗아 가버립니다. 인터넷이 발달하고 누구나 손에 스마트폰을 가지면서 우리에게 다가온 큰 문제는 우리가 항상 접속 상태에 있어야 한다는 강박관념이 생긴 것입니다.

스마트폰은 배터리가 충전되어 있지 않으면 아무런 쓸모가 없는 물건입니다. 우리는 어느새 스마트폰의 배터리를 항상 충전하고 전화나 메시지를 수시로 확인하는 습관을 갖게 되었습니다.

그다지 중요하지 않은 메시지일지라도 일단 확인해야만 한다는 절박함이 하루 종일 우리를 짓누르고 있습니다.

카카오에서 제공한 통계를 보면 대부분의 사람들이 하루에 수백 번 이상 카카오톡을 확인하는 것으로 나와 있습니다. 항상 접속 상태를 유지하는 것이 심리적 안정감을 제공할지는 몰라도 행복을 안겨주지는 않습니다.

심지어 연인이나 가족들이 함께 식사를 하면서도 대화를 하지 않고 열심히 스마트폰만 들여다보는 풍경은 이제 낯설지 않습니다. 또한 멀티태스킹은 우리의 기억력을 감퇴시킵니다.

인간의 뇌는 바쁜 것보다 게으른 것을 좋아합니다. 행복감은 뇌가 바쁘지 않고 느슨할 때 느껴집니다. 멀티태스킹을 하느라 너무 분주하면 뇌의 기능이 떨어지고 균형감각도 상실하게 됩니다. 우리가 평생 뇌 용량의 20% 이하를 사용한다고 뇌 과학자들이 데이터를 들이대며 말하지만 뇌를 너무 많이 사용해서 과부하가 걸리면 삶의 질이 떨어집니다.

우리의 뇌는 한 번에 한 가지 일밖에 하지 못합니다. 컴퓨터도 마찬가지입니다. 겉으로 보기에는 동시에 여러 가지 일을 하는 것처럼 보이지만 그렇지 않습니다. 사실 필자도 오래전 직장생활을 할 때 멀티태스킹이 대단한 능력인 줄 알았습니다. 직장에서 퇴근하면서 노트북을 가지고 집에 가서도 보란 듯이 일을 했습니다.

지금 와서 생각해 보면 실질적으로 몰입해서 일하는 것보다 효율성이 떨어졌지만 그때는 그래야 뭔가 있어 보인다고 생각했습니다. 멀티태스킹을 계속 반복하면 우리의 뇌가 조금씩 멍청해집니다. 게다가 깊이 생각하기를 멈추기 때문에 생각하는 힘이 점점 줄어듭니다.

직장에 다니면서 멀티태스킹을 즐겨 했던 사람이 갑자기 그 직장에서 퇴직하고 나면 고무줄을 팽팽하게 당겼다가 놓은 것처럼 뇌에 일시적으로 혼란과 정지 현상이 일어납니다.

많은 일을 한꺼번에 처리하는 멀티 플레이어가 각광받던 시대는 지나갔습니다. 지금은 아무리 복잡한 일을 만나도 차분하게 생각을 정리하고 한 가지씩 실행에 옮기는 역량이 더 필요한 때입니다. 멀티태스킹을 줄여야 뇌를 더욱 온전하게 활용하고 행복해집니다.

시간 도둑을 잡아라

우리는 온갖 형태의 도둑이 난무하는 시대를 살고 있습니다. 시간 도둑은 시간을 훔치거나 빼앗는 짓을 말합니다.

그런데 다른 도둑과는 달리 시간 도둑은 남에게서가 아니라 바로 자기 자신에게서 시간을 빼앗습니다. 시간은 누구에게나 공평하게 주어진 것입니다. 부자든 가난한 자든, 지위가 높은 자든 낮은 자든, 학식이 풍부한 자든 무식한 자든 상관없이 모두에게 공평하게 하루 24시간이 주어졌습니다.

하지만 현대인은 스스로 시간을 도둑질하며 살아갑니다. 시간 도둑의 대표적인 사례는 요즘 누구나가 즐기는 온라인 공간에서 머무는 시간입니다.

현대인은 너무 바쁩니다.
오죽하면 아무 생각도 하지 않는다는 소위 '멍 때릴 시간'조차 없다고 아우성입니다. 해마다 여기저기서 멍 때리기 시합도 열립니다. 모두가 바쁜 원인을 자세히 살펴보면 가장 큰 이유가 스마트폰을 들여다보기 때문입니다. 잠시도 스마트폰을 보지 못하게 하면 난리가 납니다. 오죽하면 어린 학생들에게 가하는 최고의 벌이 스마트폰을 빼앗고 보지 못하게 하는 것이라고 합니다.

필자의 경우도 다르지 않습니다. 물론 필자는 2009년 말 우리나라에 들어온 애플의 아이폰3 덕분에 삶이 달라졌습니다. 스마트폰으로 페이스북, 트위터, 브런치, 카카오스토리, 블로그, 인스타그램, 밴드, 포스트, 링크드인, 텀블러, 카페, 핀터레스트, 제페토 등 웬만한 SNS를 모두 사용합니다.

이뿐 아니라 아이클라우드, 원드라이브, 구글 드라이브, 네이버 마이박스, 드롭박스 등 클라우드 서비스를 즐겨 활용합니다. 게다가 지난해부터 코로나19 여파로 시작된 화상회의 솔루션 줌(zoom), 웹엑스, 구글 미트 등까지 합치면 그야말로 디지털 트랜스포메이션(Digital Transformation) 시대에 걸맞은 대부분의 서비스를 모두 활용하고 있습니다.

하지만 그렇게까지 자주 보지 않고도 미리 알림을 설정해 두고 꼭 필요할 때에만 찾아볼 수 있음에도 불구하고 수시로 스마트폰을 꺼내 확인하는 습관이 생겼습니다. 시간 도둑은 독서를 멀리하게 만들고 사색의 시간도 빼앗아 가버립니다. 그래서 이런 습관을 고치기 위한 행동 바꾸기를 본격적으로 시작했습니다.

필자가 생각해 낸 방법은 애플워치(apple watch)를 활용해 긴급한 경우에만 전화를 받거나 카카오톡이나 문자 또는 페이스북 메신저를 확인하고 일정도 체크합니다. 외출할 때 가급적이면 스마트폰을 집에 두고 나갑니다.

필자가 하는 이런 행동이 조금이나마 시간을 효율적으로 관리하기 위한 방법입니다. 어차피 이제 스마트폰 시대가 저물고 사물인터넷(IoT) 시대가 시작되고 있습니다. 이렇게 시간 도둑이라는 칼럼까지 쓰는 이유도 필자가 스스로에게 다짐하기 위해서입니다. 그렇다고 모든 온라인 활동을 끊어버리고 아날로그 세상으로 돌아갈 생각은 전혀 없습니다.

하지만 지금보다는 독서와 글쓰기에 좀 더 많은 시간을 확보하기 위해 필자가 시작한 스마트폰 덜 사용하기 노력이 시간 도둑을 잡는 데 도움이 될 것으로 확신합니다.

지금은 디지털 학습시대

코로나19가 바꿔버린 가장 큰 변화 중 하나는 바로 온라인 학습입니다. 교육의 디지털화는 고등 교육의 많은 불평등을 해소하고 있습니다. 지금까지 인류는 교육이라면 당연시해 오던 오프라인 교육 방식이 온라인 디지털 학습을 하면서 얼마든지 변화할 수 있다는 사실을 깨닫게 되었습니다.

지금의 대학생 정도의 연령까지는 디지털 원주민이라고 할 수 있습니다. 그들은 컴퓨터와 스마트폰에 매우 익숙한 세대입니다. 반면에 학생들을 가르치는 교사와 교수는 디지털 이주민이기 때문에 온라인 교육을 애써 외면하고 지금까지의 오프라인 방식을 고수하려고 노력해 왔습니다.

하지만 사회적 거리두기 강화 여파로 어쩔 수 없이 홈스쿨을 하게 되었습니다. 막상 학교에 가지 않고 가정에서 수업을 받은 학생들과 학부모들이 교사들보다 디지털 학습의 효과를 먼저 알게 됩니다.

동영상을 보면서 하는 일방향의 학습이 아니라 줌이나 구글 미트 등 화상회의 솔루션을 이용한 실시간 디지털 학습이 얼마나 효율적인지 깨닫게 된 것입니다. 멀리 해외까지 가서 유학하려 했던 학생들도 귀국해서 온라인 수업을 들으며 차츰 시대의 변화를 몸으로 직접 체험하는 계기가 되었습니다.

어떻게 하면 디지털 학습을 더 효과적으로 할 수 있을까요? 디지털 문명이 우리에게 가져다 준 혜택을 충분히 잘 활용하는 전략이 필요합니다. 특히 우리나라는 조만간 5G 통신이 상용화될 것이기 때문에 굳이 멀리 가지 않아도 언제든지 자신이 머무는 어떤 지역에서나 디지털 학습이 가능합니다.

최근에는 인공지능을 이용한 통·번역기도 많이 나와 있기 때문에 이런 스마트기기들을 활용하면서 자신이 관심을 가지는 분야에 대한 자료를 찾아 얼마든지 스스로 학습할 수도 있습니다. 전문 분야뿐 아니라 시대의 변화를 이해하고 미래를 스스로 예측하는 혜안도 디지털 학습을 통해 키울 수 있습니다.
고전과 인문학을 통한 인격 도야에도 힘쓰고 리더십을 키워 미래 지향형 인재로 성장할 수 있습니다.
디지털 학습은 학생들에게만 해당되는 게 아닙니다. 변화무쌍한 시대를 슬기롭게 살아가기 위해서 누구나 디지털 학습에 익숙해져야 합니다. 구글을 비롯한 유수한 글로벌 기업들은 이제 더 이상 대학 졸업자를 채용하지 않습니다. 기업들은 생존을 위해 그들이 필요로 하는 디지털 인재를 수시로 채용하기 원합니다.

디지털 학습을 위해서는 모국어를 열심히 공부하고 동시에 인공지능을 활용해서 외국어를 이해할 수 있게 됩니다. 모국어를 강조하는 이유는 외국어를 잘하는 비결이 커뮤니케이션 능력에 달려 있기 때문입니다. 독해력을 갖춰야 다른 나라 언어로도 원하는 자료를 정확하게 찾아낼 수 있습니다.

디지털 학습은 이제와는 사뭇 다른 방식으로 공부해야 합니다. 독서와 글쓰기를 열심히 하면서 동시에 새로운 스마트 도구에 관심을 갖고 부지런히 배우고 익혀야 합니다. 구글과 네이버를 통해 스마트폰으로 많은 지식과 정보를 찾을 수 있는데 여전히 옛날 방식을 고집한다면 얼마나 어리석은 학습 방식이 될까요?

디지털을 이용한 온라인 학습은 이제 주류가 되었습니다. 디지털 학습은 뉴노멀 시대를 열어가는 관문입니다.

지나친 논리주의를 경계하라

논리(論理)란 말이나 글에서 사고나 추리 따위를 이치에 맞게 이끌어 가는 과정이나 원리를 말합니다. 논리적이라는 말은 사고나 추리에 능란한 것을 일컫습니다. 이의 반대말은 비논리적입니다.

인간은 어려서부터 평생토록 논리적인 사고와 추리 능력을 가지려고 부단히 노력합니다. 성인이 되고 직장에 들어가 위로는 상사를 모시고 많은 사람들과 함께 일을 하려면 논리적이어야 합니다.

사회생활을 하면서도 논리적인 사람이 되기 위해 무척 노력합니다. 문제는 매사를 논리적으로 생각하고 행동하는 사람의 곁에는 사람들이 가까이 다가오지 않습니다. 뭔가 특별히 잘못한 게 없지만 그런 사람을 별로 좋아하지 않습니다. 지나치게 논리적인 사람은 다른 사람과의 원만한 인간관계를 유지하기 어렵습니다.

이것은 마치 일을 하면서 사람 중심으로 일을 하느냐, 아니면 목표 중심으로 하느냐의 차이로 볼 수 있습니다. 목표 중심형의 사람은 사람과의 관계보다 일을 목표와 성과에 더 중점을 둡니다. 반면에 사람 중심의 경우는 일도 중요하지만 인간관계를 원만하게 하는 것에 더욱 무게 중심을 둡니다.

논리와 비논리를 조화롭게 만들어가기 어려운 이유는 이것이 맞거나 틀리는 상황이 아니라서 그렇습니다. 완벽주의를 꿈꾸고 그런 성향을 가지고 수십 년 살아온 사람은 직장을 퇴직하거나 나이가 들어도 여전히 완벽주의를 벗어나지 못하고 고수하고 살아갑니다. 당연히 인간은 완벽하지 못하고 그럴 수도 없지만 스스로를 완벽주의라는 올가미에 씌워 헤어나지 못하는 경우가 꽤 많습니다.

논리와 비논리는 이성과 감성으로 치환해서 설명할 수도 있습니다. 인간은 이성적이어야 하지만 다른 사람들과의 관계에서는 감성을 더 우위에 놓아야 합니다.

필자의 경우에도 젊은 날을 되돌아보면 그리 대단하지 않은 논리로 어쭙잖게 자신을 방어하고 남을 공격한 적이 많았습니다. 대화를 이어가는 상황에서도 상대의 빈틈이 보이면 여지없이 파고들어 상대방을 당황케 해야 직성이 풀리는 때가 많았습니다.

하지만 40대 중반에 일찌감치 직장을 퇴직하고 1인 기업가로 활동하면서 논리적인 성향이 필자에게 강점보다는 약점으로 작용하는 것을 깨닫고 그때부터 덜 논리적인 사람이 되려고 무척 노력했습니다. 물론 아직도 논리적이고 이성적인 성향이 남아있긴 하지만 예전에 비하면 많이 변했습니다.

결국 논리와 비논리는 균형을 유지해야 하지만 생각은 논리적으로 하면서도 행동으로 옮길 때는 감성을 우선시하는 자신만의 방법을 터득해야 합니다. 사람들은 겉으로 보기에는 모두 이성적이고 논리적으로 행동하는 것처럼 보여도 실상은 그렇지 않습니다. 감성적이고 비논리적인 경우가 훨씬 많습니다.

세상을 살아가면서 도무지 남으로부터 조금도 손해를 보지 않으려는 마음가짐이 우리를 이성적이고 논리적인 사람으로 만듭니다. 극한 상황이 아니라면 가끔은 일부러 져주고 성과보다는 사람과의 관계를 우선하는 마음을 가질 때 결과적으로는 더 큰 유익을 얻게 됩니다. 먼저 자신이 어떤 성향인지를 파악하고 논리와 비논리의 조화를 이룰 수 있는 방법을 찾아 지나친 논리주의를 경계해야 합니다.

우선순위를 바꿔라

우선순위(priority, 優先順位)란 어떤 것을 먼저 차지하거나 사용할 수 있는 차례나 위치를 말합니다.

우리는 일상에서 각자의 우선순위에 따라 행동합니다.

흔히 우리는 일을 네 가지로 분류합니다. 중요하고 시급한 일, 중요하지 않지만 시급한 일, 시급하지 않지만 중요한 일, 그리고 시급하지도 중요하지도 않은 일입니다.

독서를 우선순위에 두는 사람은 찾아보기 힘듭니다. 왜냐하면 독서는 대부분 시급하지 않은 일로 생각하기 때문입니다.

독서모임을 하다 보면 어떤 생각으로 모임에 참여하는지 쉽게 짐작할 수 있습니다. 현대인은 무척 바쁩니다. 하는 일이 너무 많습니다. 잠시도 가만있지 못하고 무엇인가 하기 위해 허둥지둥합니다. 스마트폰이 나오면서 훨씬 더 바빠졌습니다.

얼핏 보면 매사가 중요한 일로 보입니다. 모든 일이 중요하면 삶이 망가집니다. 중요도를 나누고 간간이 쉬어가며 일을 해야 합니다. 사람마다 어떤 일이 자신에게 중요한지 아닌지가 다릅니다. 성인이 되면 중요도를 대신 정해줄 사람이 없습니다. 오롯이 자신이 중요도를 결정해야 합니다.

아일랜드 최고의 극작가이며 1925년 노벨문학상을 받은 조지 버나드 쇼(George Bernard Shaw)의 묘비명에 '우물쭈물 살다 내 이렇게 끝날 줄 알았지.'라는 글이 있다는 말을 들었을 것입니다. 이건 오역입니다. 'I knew if I stayed around long enough, something like this would happen.' 좀 더 정확한 번역은 '오래 살다 보면 이런 일(죽음)이 생길 줄 내가 알았지.' 정도가 맞을 겁니다.

버나드 쇼는 19세기 중반부터 20세기 중반까지 94년을 살며 극작가, 소설가, 수필가, 비평가, 화가 그리고 웅변가로 왕성한 활동을 했던 사람입니다. 위키백과를 찾아보면 그의 최종 학력은 초등학교 졸업입니다. 그의 성공은 결국 독서와 글쓰기였습니다. 독서를 삶의 우선순위에 두는 자와 그렇지 않은 자의 간극은 눈에 보이지 않을 정도로 조금씩 벌어집니다.

필자도 처음에는 마지못해 시작했던 독서였지만 이제는 삶의 최고의 우선순위가 되었습니다. 독서모임에 참여하기 위해서는 다른 일정을 변경하기도 합니다. 하루에도 독서를 하지 않으면 잠이 오지 않습니다. 아직 독서의 내공이 깊지 못해 이시형 박사처럼 30분 만에 책 한 권을 뚝딱 읽어내지는 못하지만 열심히 노력하고 있습니다. 독서의 내공 쌓기는 최고의 기술입니다.

10년 동안 450여 명을 코칭 하면서 독서를 꾸준히 권했지만, 지속적으로 독서를 우선순위에 두고 노력하는 사람은 그리 많지 않습니다. 독서를 하지 않는 사람들의 대부분은 역시 '너무 바빠서'라는 이유입니다. 특히 직장생활을 하고 있는 젊은이들은 하루에 주어진 일을 감당하느라 독서할 시간을 전혀 내지 못합니다. 시간을 내지 못하는 게 아니라 중요성을 인식하지 못해 그렇습니다.

그럼에도 간혹 독서모임에 나와 열심히 독서하는 젊은이들은 특별해 보입니다. 독서는 해도 되고 하지 않아도 되는 게 아닙니다. 무한경쟁으로 이어지는 미래를 지혜롭게 헤쳐 나가는 힘의 원천이 결국 독서입니다. 하루 종일 바쁜 일상에서도 독서의 끈을 놓지 말아야 합니다. 독서를 삶의 우선순위로 두어야 합니다.

직업을 바꾸는 독서

직업을 선택하는 이유가 사람마다 다르겠지만 독서를 통해 직업이 달라지는 사례가 점차 늘고 있습니다. 장차 어떤 직업을 가져야 할지 계속해서 고민하고 있다면 진중하게 독서를 하면서 길을 찾아보라고 권하고 싶습니다. 그만큼 독서는 우리 삶의 나침판 역할을 톡톡히 하고 있기 때문입니다.

독서를 통해 역사를 배우고 선각자들의 깨달음을 간접 경험으로 축적하면 웬만한 어려움을 만나도 결코 포기하지 않고 이겨낼 수 있습니다. 미래지향적인 인간이 되는 길도 독서에 있습니다. 독서는 우리 발길을 밝혀주는 등불이 되어 주기 때문입니다. 무한경쟁의 시대에 한 치 앞을 내다보기 어려운 캄캄한 어두움을 만나도 희망의 랜턴을 비추며 앞으로 나아갈 힘이 생깁니다.

안계환 작가는 독서로 인해 직업이 바뀐 대표적인 인물입니다. 그는 대학을 졸업한 후 대기업에 들어갔지만 30대 후반에 조기 퇴직을 해서 스타트업 기업을 창업했습니다. 2006년 우여곡절 끝에 벤처기업에서 나온 후 앞으로 무엇을 해야 하나 진지하게 고민하던 중 그때 만났던 어느 작가의 사무실 겸 서재에 있는 3천여 권의 책을 보고 '닥치고 독서'를 시작했습니다.

배우고 읽고 깨닫는 과정을 반복하면서 평소 역사와 지리에 관심이 많았던 자신을 재발견하고 매년 한 권씩 책을 출간해서 지금까지 14권의 책을 써냈습니다. 가장 최근의 책은 『유럽을 알아야 세상이 보인다』, 『세계사를 바꾼 돈』이며 그 외에 『삼국지 생존법』, 『독서경영의 힘』 등의 저서가 있습니다. 그는 지금도 매일 열심히 독서하고 글을 씁니다.

지난해 코로나19로 인해 많은 오프라인 강연이 취소되면서 안 작가는 2020년 7월 화상회의 솔루션 줌(zoom)을 활용한 시리즈 강의를 시작했습니다. 그동안 진행했던 주제는 『곰브리치 세계사』, 『그리스 문명여행』, 『이탈리아 문명여행』, 『그리스도교 역사』, 『사자성어 중국사』, 『이슬람과 중동제국』, 『로마제국 문명여행』, 『대영제국 흥망사』, 『곰브리치 서양미술사』, 『중국역사여행』 등 다양합니다.

필자는 처음부터 그의 줌 시리즈 강의를 듣고 있는데 안 작가의 독서에 대한 열정은 정말 대단합니다. 예를 들어 지난해 4월 처음으로 줌 특별강연 『중동과 이슬람』을 2시간 강의했는데 이를 독서로 보완해서 이번에 총 10시간 강의를 멋지게 마쳤습니다. 참가자들의 반응도 뜨거웠습니다.

필자의 경우도 다르지 않습니다. 10년간 450여 명을 대상으로 일대일 또는 그룹으로 창작 코칭을 하면서 독서하고 글을 쓰지 않았다면 지금의 필자가 이런 자리에 서 있지 못했을 것입니다.

읽고 쓰고 배우고 깨닫는 과정을 반복하면서 과연 독서가 많은 사람들의 직업을 바꾸는 데 큰 역할을 하고 있음을 알게 되었습니다. 필자가 만든 창직 7계명에도 독서와 글쓰기는 기본이라고 명시해 두었습니다.

미래 직업을 위해 무엇을 어떻게 해야 할지 모른다면 독서에 길이 있다고 알려줍니다. 그냥 취미로 하는 독서가 아니라 안 작가처럼 자신만의 길을 찾기 위한 간절함으로 독서를 한다면 반드시 길을 찾게 될 것입니다. 무슨 직업을 가져야 하는지 헤매지 말고 지금 독서에 올인해 보면 어떨까요?

산만하지 않고 집중하기

주의산만(注意散漫)이란 어떤 한 곳이나 일에 관심을 집중하지 못하고 어수선하여 질서나 통일성이 없음을 말합니다. 어떤 일을 할 때 높은 수준의 일을 거뜬히 해내는 사람과 자신의 능력을 발견하지 못하는 사람의 차이점이 무엇일까요?

대부분의 경우 그것은 바로 집중의 문제입니다.

지금까지 세상을 살아오면서 여러분은 어떤 일에 온전히 집중해본 적이 있나요? 싫어하는 일보다 좋아하는 일을 하면서 집중해본 경험은 누구나 있을 겁니다. 하지만 이런 집중력을 계속해서 유지하는 방법을 배운 적은 없습니다.

학교에서도 직장에서도 아무도 집중력을 가르쳐주지 않기 때문입니다. 그리고 집중력을 발휘하는 것이 얼마나 중요한지 깨닫지도 못했기 때문입니다.

성공과 노력의 결과를 가져오는 핵심은 집중력입니다. 집중력은 운동을 하면 할수록 근육이 점점 강해지는 것과 같은 이치입니다. 집중력을 키우려면 특히 관찰력을 단련해야 합니다. 관찰력은 사물이나 현상을 주의하여 자세히 살펴보는 능력입니다.

현대인이 집중력을 갖지 못하도록 하는 최대의 적은 인터넷과 스마트폰입니다. 검색은 하지만 사색이 없는 시대를 우리가 살아가고 있습니다. 집중력은 생각하는 힘에서 나옵니다.

생각하기를 멈추면 집중력이 발달하지 못합니다.

필자는 J중학교 1학년 학생들을 5년째 지도하고 있습니다. 학습 목표가 생각의 힘을 키우는 것입니다. 그런데 학기 초에 대부분의 학생들은 생각하기를 싫어합니다. 해보지도 않고 해 보기도 전에 먼저 생각을 하지 않으려고 아예 작정해 버립니다.

매주 한 가지씩 주제를 정해 생각하고 노트에 정리하게 하면 조금씩 집중력이 커져가는 것이 눈에 보입니다. 누구에게나 스마트폰은 손바닥 안에서 세상을 보여주는 편리한 도구입니다. 궁금한 것은 모두 검색할 수 있습니다. 뉴스도 스포츠도 모두 볼 수 있습니다. 하지만 진정한 사색이 동반되지 않으면 스쳐가는 정보를 얻는 것으로 끝납니다. 한걸음 더 발전하는 계기를 만들 수 없습니다.

스마트폰이나 인터넷과 같은 문명의 편리한 도구를 충분히 활용하면서도 동시에 생각의 힘을 키워가는 노력이 뒤따라야 합니다. 하루 종일 스마트폰을 손에 들고 다니지만 게임을 하거나 메시지를 주고받는 가벼움에 머물면 집중력은 단련하기 어렵습니다. 가끔 과감하게 스마트폰을 내려놓고 집중하는 귀중한 경험이 요구됩니다.

집중력을 높이기 위해서는 주변 환경을 깨끗하게 정리할 필요가 있습니다. 깨진 유리창의 법칙처럼 주변이 지저분하면 주의력이 산만해지고 집중력을 발휘하기 어렵습니다. 어떤 사람을 자주 만나느냐 하는 것도 중요합니다. 그저 경쟁하듯 산만한 사람을 만나면 같이 산만해지기 쉽습니다.

분주한 마음을 가라앉히려면 한 번에 한 가지씩 일을 처리하는 방법이 좋습니다. 심호흡을 하며 생각하는 법을 실천하며 마음을 정리하는 기술이 필요합니다. 스티브 잡스 등 유명인들이 명상을 자주 하는 것은 우연이 아닙니다.

집중력을 높이면 생산성이 덩달아 높아집니다. 또한 배우는 능력도 업그레이드됩니다. 자신의 마음은 자신만이 컨트롤 할 수 있습니다. 산만하지 않고 집중하는 능력을 꾸준히 키워야 합니다.

토론 능력을 갖춰라

정치권에는 주기적으로 토론의 계절이 있습니다. 대선과 총선을 앞두고 후보들은 연일 각종 공약을 쏟아내고 여기저기 인터뷰를 하느라 정신없이 바쁘게 움직입니다. 그리고는 후보들 간의 열띤 토론이 시작됩니다.

토론은 정치가들에게만 필요한 것이 아닙니다. 세상을 살아가면서 우리 모두에게 필요하면서도 매우 중요한 덕목입니다. 어느 조직의 리더가 되거나 사회적으로 리더의 위치에 도달하려면 토론 능력을 갖추어야 합니다.

그런데 선진국에 이미 들어섰다고 자부하는 우리에게는 아직도 성숙한 토론문화가 정착되어 있지 않습니다. 당연히 어릴 적부터 자신도 모르는 사이 받아왔던 주입식 교육과 잘못 전해진 유교문화의 영향으로 지시하고 복종하는 데는 익숙하지만 토론을 통해 자신의 의견을 당당하게 말하고 다른 사람과 타협하는 능력은 부족합니다.

필자는 매주 화요일 오후에 J중학교에서 주제를 달리하여 학생들과 질의응답식 수업을 진행합니다. 언젠가는 토론을 주제로 두고 대립토론을 직접 해보았습니다. 통일을 해야 하는가, 아닌가에 대한 필자의 질문에 절반의 학생들이 통일을 해야 한다고 대답하고 나머지는 통일을 하면 안 된다고 했습니다.

책걸상을 옮겨 마주 앉게 하고는 대립토론을 시작했습니다. 필자가 먼저 대립토론을 할 때 주의사항을 일러주었습니다. 예의를 지키고, 의견을 분명하게 말하고, 상대를 비방하지 말고, 돌아가면서 의견을 말하기 등이었습니다. 1시간가량 대립토론을 했는데 학생들의 반응이 놀라웠습니다.

첫 번째 반응은 토론이 이렇게 즐거운 줄 몰랐다는 겁니다. 다음으로 친구들의 의견을 진지하게 들으며 자신과는 다른 생각을 듣게 되어 좋았다고 합니다. 그리고 이런 토론을 더 자주 했으면 좋겠다고 말했습니다.

리더는 말과 글로 상대의 마음을 사로잡을 줄 알아야 합니다. 역사상 위대한 사람들은 모두 토론에 관한 한 대단한 능력을 가진 사람들이었습니다. 그들은 아주 어려서부터 토론을 즐겼습니다. 토론으로 굳게 다져진 사람들은 모두 위대한 연설가이며 지도자로 우뚝 섰습니다.

필자는 학생들에게 말을 잘하기보다 잘 말하기가 얼마나 중요한가를 알려주었습니다. 토론을 잘하는 사람은 바로 잘 말하는 사람입니다. 많은 말을 하지 않고도 상대의 말을 경청하고 자신의 의견의 핵심을 또렷하게 말하는 것이 토론의 능력을 키우는 데 핵심입니다.

대한민국 대립토론의 선구자 박보영 토론학교 교장은 지난

30년 동안 '토론의 달인이 세상을 이끈다.'라는 슬로건으로 대립토론의 기법을 연구하고 전파해 왔습니다. 그는 대립토론에 관한 책만 벌써 10권을 썼고 초등학교 교장을 퇴직한 지 한참 지났지만 지금도 현역으로 활발하게 활동하고 있습니다.

대립토론은 초등학생부터 성인에 이르기까지 모두에게 꼭 필요한 능력입니다. 우리 정치권의 토론 장면을 가끔씩 접하면서 토론 능력은 하루아침에 생기지 않는다는 사실을 절감하고 있습니다. 아예 초등학교 교과서에 대립토론을 추가해서 가르치면 어떨까 생각해 보았습니다.

J중학교 학생들의 기대를 담아 내년 초에 박보영 박사를 초청해서 강의를 듣거나 J중학교에서 대립토론 배틀을 한 번 시도해볼까 생각하고 있습니다. 토론 능력은 누구에게나 반드시 필요합니다.

대화의 단절을 극복하라

코로나19가 시작된 지 벌써 3년이 되었습니다. 가뜩이나 21세기 들어서면서 개인주의가 팽배해지고 스마트폰까지 등장해서 서로 간의 대화가 급격히 줄어들고 있던 참에 바이러스 팬데믹까지 덮치면서 대화의 단절은 심각한 지경에 도달하고 말았습니다.

이번 코로나 바이러스는 특히 사람 간의 호흡을 통해 전파되는 것으로 알려져 거의 3년 동안 우리 모두는 갑갑한 마스크를 항시 착용하고 일상생활을 해 왔습니다.

이번 코로나 방역지침을 준수하는 우리 국민들의 의식수준은 세계 최고라고 당당하게 자부할 수 있습니다. 마스크 착용을 하지 않으면 승차를 하지 못하거나 페널티를 부과하는 강제 규제와는 상관없이 자신과 서로를 배려하는 시민의식이 돋보이고 있습니다. 다만 이렇게 장기간 마스크를 착용하고 모임을 갖지 못하는 상황이 지속되면서 자신도 모르게 서로 간의 소통이 소원해지고 낯선 사람을 만나면 상대를 의심의 눈초리로 바라보는 습관이 생겼습니다.

얼마 전 필자가 거주하는 아파트에서 외출을 하려고 엘리베이터를 타면서 깜박 잊고 마스크를 착용하지 않았는데 아래층에서 문이 열리며 어느 모녀가 엘리베이터를 타려고 하다가 필자의 모습을 보고 깜짝 놀라더군요. 깜빡 잊었는데 일단 아래층에 내려갔다가 다시 올라가 마스크를 착용하겠다고 했지만 엘리베이터 타기를 냉정하게 거절하는 것이었습니다.

물론 마스크를 착용하지 않은 것은 저의 불찰이지만 이렇게까지 서로를 신뢰하지 못하면서 공동주택에 함께 살아야 하는가 하는 생각이 들었습니다. 필자의 경우는 개인 방역을 준수하면서 코로나19 상황 가운데서도 꾸준히 대면과 비대면 만남을 지속해 왔지만 그렇지 못한 많은 사람들은 거의 3년 동안 두문불출 지내면서 대화가 단절이 되었는지조차 모르고 시나브로 그런 환경에 젖어버렸습니다.

종종 이메일이나 카톡으로 인사를 하면서 코로나가 끝나면 한 번 만나자고 말하는 분들을 보게 됩니다. 필자는 그럴 때 즉시 만날 일정을 서로 교환하고 용감하게 만남을 이어왔습니다. 이번 코로나19 상황을 지내면서 그동안 알고 지냈던 사람들의 성향이 적나라하게 드러났습니다. 굳이 남들에게 나타내 보이고 싶지 않은 성향을 가진 사람들은 코로나19가 도움이 되었다고 자위합니다.

정확한 통계를 가지고 있지 않지만 코로나19로 인해 만남과 대화가 단절되면서 우울증을 호소하는 사람들을 주변에서 이전보다 더 많이 접하게 됩니다. 우울증은 정말 무서운 병입니다. 뚜렷한 이유도 없이 그저 대인 기피증이 생기고 혼자 있을 때만 안전하다고 생각하는 경향을 보이게 됩니다.

　인간은 사회적 동물입니다. 점점 인공지능 로봇에게 일자리를 넘겨주고 나면 인간은 서로서로 이해하고 인정하고 대화하며 더불어 살아야 합니다. 특히 어려움을 겪고 있는 주변 사람들에게 따뜻한 손길을 먼저 내밀어야 합니다. 말 한마디라도 먼저 건네주면서 안부를 묻고 함께 식사를 하고 차를 한잔하는 것만으로도 그들을 어둠 속에서 벗어나게 할 수 있습니다.

　이제까지 별 대수롭게 생각하지 않았다면 이제라도 심각하게 고려해 봐야 합니다. 위드 코로나의 실행과 함께 대화의 단절을 극복하는 일은 우리 모두의 과제입니다.

뽕망치와 창직 코칭

창직선언서는 어떻게 작성하고 브랜드는 어떻게 만들것인가에 대해 알려드리겠습니다. 저의 별명은 뽕망치입니다.

왜냐하면 제가 강의를 할 때 언제나 뽕망치를 들고 다니기 때문입니다. 뽕망치라고 하면 뭐가 생각나시나요? 망치는 망치인데 맞으면 크게 아프지는 않지만 맞았다는 기분은 듭니다.

제가 뽕망치를 들고 다니는 이유가 있습니다. 창직 코칭을 하면서 제가 얻은 경험은 적어도 이 두 가지는 하지 말아야 창직이 되겠다는 것 때문입니다. 혹시 자신도 모르게 이 두 가지 말을 하거나 행동을 할 때 제가 여지없이 뽕망치를 듭니다.

첫째는 부정적인 말을 하지 말아야 합니다. 자신을 낮추기 위해 겸손한 것까지는 좋은데 지나치게 자신을 낮추고 겸손하다 보면 자존감조차 낮아집니다. 그래서 자꾸 부정적인 말을 입에 담고 살아갑니다.

"저는 잘 못해요."
"제가 어떻게 그런 걸 할 수 있겠어요?"

이렇게 말을 하는 것은 좋지 않은 방법입니다. 자존감을 높이기 위해서는 부정적인 말을 하지 말아야 합니다.

둘째는 남과 비교하지 말아야 합니다. 그런데 우리는 어릴 때부터 지금까지 남과 비교하면서 살아왔습니다. 그러다보니 자연스럽게 자꾸만 남과 비교를 하게 됩니다.

"저 사람은 잘하는데 나는 왜 이럴까?"

"저 사람은 노래를 잘 부르는데 나는 왜 이렇게 못할까?"

"저 사람은 그림을 잘 그리는데 나는 왜 못할까?"

그런데 잘 따져보면 누구나 잘하는 게 있고 못하는 게 있습니다. 자꾸 못하는 것을 생각하지 말고 자신이 잘하는 것을 찾아서 하면 됩니다. 그래야 창직도 가능하고 앞으로 세상을 살아가는 데 있어서도 조금은 마음 편하게 살 수 있습니다.

그래서 제가 뿅망치를 드는 이유는 부정적인 말을 하지 않고 비교하는 말을 하지 않으면 이미 창직을 할 수 있는 조건을 갖추었다고 할 수 있기 때문에 뿅망치로 그 사실을 일깨우는 의미를 담고 있는 셈입니다.

초심이 흔들리지 않도록 창직 선언부터

자, 이제부터 창직선언서에 대해 말씀 드리겠습니다.

창업은 자격증도 준비하고 사업자등록증도 준비하고 사람도 준비해야 합니다. 그런데 1인창직은 여러분이 준비할 게 딱 한 가지입니다.

"내가 이러저러한 내용으로 창직하겠다."고 선언을 하면 됩니다. 만천하에 먼저 선언을 하는 겁니다. 창직선언서를 작성하는 이유는 초심(初心)이 흔들리지 않도록 하기 위해서입니다.

저의 창직선언서는 "(창직)을 통해 (평생직업)을 찾도록 도와주는 (등대지기)"입니다. 저는 등대지기입니다. 저는 선장이 아닙니다. 배를 직접 몰지 않습니다. 저는 코치입니다. 배를 직접 모는 사람은 저에게 코칭을 받는 분들입니다. 자신이 직접 배를 몰아야 합니다.

배를 잘 몰아서 암초에 부딪히지 않고 방향을 잘 잡도록 돕는 역할을 제가 하고 있습니다.

많이 들어보신 대로 속도보다는 방향이 중요합니다.

창직선언서는 방향을 제대로 잡도록 도와주는 역할입니다. 그런데 신기하게도 앞에서도 말씀드렸지만 가치를 중요하게 생각하지 않고 먼저 돈을 벌겠다고 창직을 시작한다면 창직선언서 작성부터 잘 안 됩니다.

제가 4년 반 동안 서울시 50플러스에서 1인창직 과정을 지도하면서 절실하게 경험했습니다. 그냥 창직선언서를 작성해보라고 주문했는데 거의 작성을 해내지 못합니다. 그런데 신기하게도 자신이 돈을 벌기 위해서가 아니라 사회에, 이웃에게, 또 누군가에게 진심으로 도움을 주는 가치 있고 보람 있는 일을 하기 위해 창직선언서를 작성해 보라고 하면 100% 작성을 합니다.

내가 아닌 다른 사람, 즉 사회나 이웃을 돕기 위해서 준비하면 여러분도 창직선언서를 작성할 수 있습니다.

저의 창직선언서의 키워드는 세 가지입니다.

(창직)을 통해, 창직이 키워드입니다. (평생직업)을 찾도록, 평생직업이 또 하나의 키워드입니다. 도와주는 (등대지기), 등대지기가 세 번째 키워드입니다. '창직'과 '평생직업'과 '등대지기'가 저의 창직선언서의 키워드입니다.

여러분도 저와 같이 창직을 하려면 세 가지 정도의 키워드를 생각하면서 창직선언서를 작성하면 됩니다.

　잘 생각해보면 여러분도 여러분이 잘할 수 있는 일이나 잘하고 싶은 일을 찾아서 창직할 수 있습니다.

　창직선언서는 한 번만 작성하고 끝나는 것이 아닙니다.
　꾸준히 창직의 과정을 거치면서, 경우에 따라서는 조금씩 보완할 수도 있습니다.
　그런데 처음에 작성하는 것이 중요합니다. 첫 번째로 마음먹고 작성하지 못하기 때문에 창직선언서 작성이 잘 안 되는 겁니다.
　말이 되든 안 되든 스스로 한 번 창직선언서를 작성해 보면 신기하게도 여러분이 원하는 방향으로 창직선언서를 작성할 수 있게 됩니다.
　자, 이제 창직선언서를 작성했다면 그 다음에는 무엇을 해야 할까요? 앞으로 나는 이런저런 일을 할 것이라고 모든 사람들에게 공개했다면 다음 순서는 뭐가 될까요?

창직을 성숙시키는 퍼스널브랜딩

　창직선언서를 작성한 다음에는 자기 자신의 브랜드를 만들어야 합니다. 퍼스널 브랜드를 만드는 퍼스널브랜딩(personal branding)입니다.
　브랜드란 뭘까요?
　브랜드는 그 단어나 키워드만 들으면 '아하 그 사람!'이라고 연상이 되도록 해주는 상징체계가 브랜드입니다. '맥아더스쿨'이라고 하면 대한민국 아니 전 세계에서 '정은상 교장'이라고 모두가 알고 있습니다.

　왜냐하면 제가 그렇게 브랜드를 만들었고, 10년 동안 부지런히 저의 브랜드를 홍보하고 다녔기 때문입니다.

　여러분도 여러분의 창직선언서를 면밀히 살피면서 그 속에서 자신의 브랜드를 만들면 됩니다. 저는 창직 전문가입니다. 저는 창직학교 맥아더스쿨을 만들었습니다. 우연한 기회에 만들었지만 세월이 지나면서 아무리 생각해봐도 그 브랜드가 저의 마음에 들고 너무 좋습니다.
　그래서 혹시 맥아더스쿨이라는 네이밍을 다른 사람이 빼앗아 갈까봐 상표등록도 해두었습니다. 비용도 크게 들지 않더군요. 한번 그렇게 만들어놓으면 괜찮습니다.
　브랜드를 만들 때 여러분이 생각하는 브랜드를 만들어 놓고 네이버에서 검색을 해보면 좋습니다. 그러면 유사한 브랜드 이름이 나옵니다. 동일한 브랜드명이 나오기도 합니다. 그런데 자세히 살펴보면 학원을 운영하거나 개인적으로 뭔가를 하기 위해 만들었는데 아직 활용하지 못하는 경우가 많습니다.
　여러분이 그 브랜드가 마음에 들면 그 브랜드를 여러분의 브랜드로 만들고 열심히 홍보하고 여러분의 것으로 만들어 가면 됩니다.

　저는 브랜드를 만들 때 스쿨 또는 연구소라는 명칭을 권해 드립니다. 왜냐하면 학교라고 하면 기존의 네이밍과 충돌이 일어날 수 있기 때문입니다.
　저는 지난 10년 동안 450명을 코칭하면서 수십 개의 브랜드를 만들었습니다. 그 중에서 몇 가지 브랜드를 소개하겠습니다. 참고하셔서 여러분의 브랜드를 만드는 데 도움이 되었으면 좋겠습니다.

창작의 개척자들

먼저 K1스마트 화가 정병길 씨입니다. K1이라고 하면 무슨 생각이 나시나요? 코리아 원입니다. 대한민국에서 최초 그리고 최고라는 뜻입니다. 스마트 화가는 무엇일까요? 스마트 화가는 갤럭시탭이나 아이패드, 스마트폰 등을 사용해서 그림을 그리는 사람입니다. 모바일 아티스트라고 부르기도 합니다.

이 분은 9년 전에 저에게 코칭을 받고 K1스마트화가로 활동하고 있는데 원래 농협 지점장 출신입니다. 평소에 그림을 열심히 그리다가 저를 만난 후 모바일 아티스트가 되어 지금은 방송에 나오지 않은 곳이 없을 정도로 유명합니다.

저를 포함해서 정병길 K1스마트화가의 문하생이 600명이 넘습니다. 개인전도 14회나 했고요, 그룹전도 10회나 이끌었습니다. 그리고 얼마 전 한국모바일아티스트협동조합을 만들어서 이사장으로 열심히 활동하고 있습니다.

이런 게 바로 브랜드입니다.

또 한 분은 토론학교 교장 박보영 박사입니다. 이 분은 포항과 광양에서 초등학교 교장을 역임하신 분입니다. 일찌감치 30년 전부터 토론이 얼마나 중요한지를 깨닫고 대립토론(debate)의 선구자가 되었습니다. 대립토론에 대한 책도 10권이나 썼습니다.

그리고 은퇴한 이후에도 열심히 대립토론을 전파하기 위해 매주 전국의 학교와 기관을 찾아다니면서 강연도 하고 실습도 하고 대립토론 시합도 직접 열고 있습니다. 참으로 대단한 열정을 갖고 계신 분입니다. 토론을 제대로 해야 학생들이 자기의 주장을 펼칠 수 있고 자기표현을 확실하게 할 수 있습니다.

다음에는 제주도에서 활동하는, 걸어 다니는 인문학 고수향 작가입니다. 지금 유튜브 하르방TV도 운영하고 있는데요. 이분은 2019년 3월 1일 삼일절 기념 제주올레 걷기 대회에서 만났습니다.

올레 8코스 길을 걷다가 필자와 만났습니다. 우연히 만나 서로 대화를 하다가 제가 블로그에 글을 써보라고 권유했는데 그 이후 블로그를 쓰기 시작했습니다.

하르방TV 유튜브 동영상을 지금까지 150개나 올리고 책도 네 권이나 출간했을 정도로 아주 활발하게 활동을 하고 있습니다.

걸어 다니는 인문학 작가 고수향, 얼마나 멋집니까? 이름은 여자 이름이지만 남자이며 해병대 출신입니다. 한라산을 500여 번, 백록담을 300여 번 올랐다고 합니다. 기인입니다.

다음은 페스탈로치스쿨 박성재 교장입니다. 이분은 울산에 계신 분인데요. 고등학교 교사로 정년퇴직을 하고 나서 페스탈로치스쿨이라는 브랜드를 만들어서 열심히 활동하고 있습니다. 신문에 칼럼도 쓰고 많은 사람들을 대상으로 코칭도 합니다. 그리고 울주군 웅촌이라는 곳에 곰돌이 체험학교를 만들어 운영하고 있습니다.

학교 교사로 있을 때 아마 페스탈로치를 존경했던 것 같습니다. 그래서 자신은 페스탈로치스쿨 교장을 하겠다고 해서 브랜드를 만들었습니다. 신문에 칼럼을 쓸 때 자신을 페스탈로치 교장이라고 소개한 것을 보았습니다. 이게 바로 브랜드입니다.

한 분만 더 소개하겠습니다. 진로 재구성 작가 김원배 선생입니다. 그는 지금 서울 중구 다산동 소재 장충중학교에서 진로진학 부장교사로 근무하고 있습니다. 진로진학 담당을 맡은 지가 벌써 9년이 되었는데 열심히 학생들의 진로와 진학을 도와주다가 본격적으로 집필을 시작하여 공저를 포함해서 벌써 책을 9권이나 냈습니다. 그 중 지난 3년 동안 단독으로 책을 두 권이나 썼습니다.

그리고 자신이 자신을 진로 재구성 작가로 브랜딩을 했습니다. 그는 학교나 학원이나 교육청에 가서 강의도 하고 도서관에서도 강의를 합니다. 일반인을 대상으로 진로 재구성에 대한 강의도 합니다.

이렇게 몇 분들의 브랜드 사례를 소개해 드렸습니다. 실제로 브랜드 만들기는 그다지 어렵지 않습니다. 브랜드를 만드는 것이 중요한 게 아니라 만들고 난 후 어떻게 그것을 살려나가고 확대해 나가고 발전시켜 나가느냐가 더 중요합니다.

여러분도 각자의 브랜드를 만들어 보시면 좋겠습니다.

창직선언서와 퍼스널 브랜딩

나를 바꾸면 창의력이 생긴다

세상에서 가장 힘든 일은 자신을 바꾸는 일입니다.

자기 자신을 가장 잘 아는 사람이 바로 자신이라고 하지만 정작 자신도 자기 자신을 잘 모릅니다. 위대한 사람은 남을 바꾸거나 나라를 바꾼 사람이 아닙니다. 평생토록 자기 자신을 바꾸기 위해 꾸준히 노력하는 사람입니다.

자신을 바꾸는 사람은 교만하지 않습니다. 언제나 겸손하게 남으로부터 배우기를 즐겨합니다. 어떤 문제에 부딪혀도 결코 좌절하지 않고 무한 긍정의 자세로 오뚝이처럼 일어섭니다. 그 정도면 누구나 쉽게 포기할 수밖에 없는 상황에서도 새로운 것을 배우는 기회로 삼고 다시 자신을 뒤돌아봅니다.

인간은 어느 누구도 완전하지 못한 존재입니다. 자신을 바꾸는 이유는 불완전한 자신을 완전하게 바꾸려는 도전이 아닙니다. 완전해지기보다 조금이라도 더 성숙한 사람이 되려는 몸부림입니다.

열심히 남을 바꾸려는 사람이 있습니다. 자신은 내버려둔 채 다른 사람을 바꾸려고 합니다. 자신을 바꾸지 않고 남을 바꾸려는 사람은 새로운 도전을 시도하기 어렵습니다. 창의력은 나를 바꾸려는 도전을 하면서 자연스레 생겨납니다.

웅진그룹 윤석금 회장은 창의력이 오늘의 자신을 만들었다고 말합니다. 모든 문제는 자신에게 있으며 그것을 해결하기 위해 자신을 끊임없이 바꾸는 과정에서 창의력이 나왔다고 고백했습니다.

창의력은 새로운 것을 생각하고 시도하는 데서 출발합니다. 좋은 사람을 만나기보다 나쁜 사람을 만나면 창의력을 발휘할 수 있는 기회가 더 많이 생기는 법입니다. 자신을 바꾸려면 습관을 고쳐야 합니다.

겨우 쉰이나 예순의 나이를 넘기고 더 이상 자신의 습관을 바꾸기 어렵다고 포기하는 사람이 많습니다. 습관 바꾸기는 누구나 평생 해야 하는 과제입니다.

생각의 힘을 키우면 마음의 그릇도 커집니다.

마음의 그릇이 커지면 많은 사람을 얻습니다. 사람을 얻으면 천하를 얻는다고 했습니다. 나를 바꾸면 사람도 얻고 천하도 얻습니다. 세상의 모든 일은 사람을 통해 이루어집니다. 사람 덕분에 성공하기도 하고 사람 때문에 실패하기도 합니다. 어차피 혼자 살아갈 수 없는 세상이라면 좋은 사람을 많이 얻어 함께 살아가는 것이 현명한 방법입니다. 다른 사람은 나를 비추는 거울입니다. 다른 사람의 말과 행동을 보면서 자신을 비춰볼 수 있습니다.

책도 거울입니다. 무수히 많은 사람들이 써놓은 책을 읽으면서 자신을 비춰봅니다. 거울에 비추기만 하면 안 됩니다. 거울 속에 보이는 자신의 모습을 보고 화장을 하듯 스스로를 고쳐야 합니다. 부족한 부분은 감추기 위해 고치는 것이 아니라 장점을 살리기 위해 바꾸는 것입니다.

소셜 미디어를 통해서도 자신을 비춰볼 수 있습니다. 그냥 흘러가는 시류에 떠내려가지 말고 어느 순간 자신을 무리 속에서 포착한 후 핀셋으로 끄집어내어 자신을 담금질하는 지혜가 필요합니다.

창의력은 우리가 세상을 살아가는 이유입니다.

행복하려는 인간의 욕구는 바로 창의력이 솟아날 때 극대화됩니다. 그저 하루를 무의미하게 살지 않고 나름대로 의미 있는 삶을 살기 위해서는 끝없이 샘솟는 창의력을 살려야 합니다. 창의력을 살리는 지름길이 바로 자기 자신을 바꾸는 일입니다.

얼핏 보기에는 남을 바꾸는 일이 가장 쉬워 보이지만, 그건 착각 중의 착각입니다. 남을 바꾸는 일은 가장 어려운 일입니다. 특히 배우자를 비롯한 가까운 사람을 바꾸려는 노력은 헛수고가 될 가능성이 높습니다. 그런 노력을 자신을 바꾸는 일에 돌려야 합니다. 먼저 자신을 바꾸는 쪽으로 생각을 바꿔봅시다.

생각이 바뀌면 습관이 바뀝니다. 습관이 바뀌면 창의력이 생깁니다. 창의력이 생기면 조금 더 성숙해집니다.

자기모순을 경계하라

자기모순(自己矛盾, self-contradiction)이란 스스로의 생각이나 주장이 앞뒤가 맞지 않음을 말합니다. 자기모순이 심해지면 자신도 모르게 자기기만에 빠져들게 됩니다. 인류 역사를 둘러보면 인간은 어느 누구도 이런 자기모순으로부터 자유롭지 못합니다. 사람에 따라 심하기도 하고 겉으로 드러나지 않을 정도로 약하기도 합니다.

실상 자기 자신도 자기모순에 빠져들었는지 알지 못하는 경우가 많습니다. 우리는 누구나 자신의 약점을 감추기 위해 화장을 하고 치장을 하며 변장까지 합니다.

당연하게 해야 할 일을 하지 않고도 자기 합리화를 통해 자기모순에 빠지면 떳떳하게 낯을 들고 다닙니다.

또한 하지 말아야 할 일을 하고서도 그저 자기를 두둔하기에만 온갖 힘을 쏟아 붓습니다. 하늘 아래 자신 외에는 아무도 알지 못할 것이라고 생각하는 오만이 결국 자기모순을 더욱 키웁니다.

'누나현상'이라는 조어가 있습니다. 누구나 아는데 나만 모르는 현상입니다. 청소년 때까지는 아직 자아를 발견하지 못하고 좌충우돌하는 질풍노도의 시기여서 그렇다고 칠 수 있습니다.

그런데 성인이 되어서도 여전히 자기모순에서 벗어나지 못하고 있는 사람들이 많습니다.

단정적으로 나는 그렇지 않다고 큰 소리로 말하는 사람은 자기모순에 빠져 있을 가능성이 더 높습니다. 매사 조심하면서 조용히 자기모순에 빠지지 않으려고 애를 쓰는 것이 바람직합니다.

왜냐하면 정말 인간은 자신이 자기 스스로를 비춰보기 어렵게 태어났기 때문입니다.

필자에게도 부끄러운 경험이 있습니다. 직장생활 시작하고 5년을 지나며 국내 기업에서 외국은행으로 이직을 했습니다. 처음에는 컴퓨터 프로그래머로 일을 시작해서 이제 프로젝트 팀장을 맡을 정도로 일에 대한 자신감이 충만한 30대 초반이었습니다.

어느 해 연말이 되어 직장상사가 필자의 업무를 평가하는 시기가 되었습니다. 평가서를 받아보니 일은 열심히 하지만 다른 사람들과의 소통에 문제가 있다는 요지의 내용이었습니다.

그때까지만 해도 실력은 좀 부족하지만 적어도 타인과의 관계는 원만하다고 스스로 자부하고 있었는데 그 평가서를 받고는 얼굴이 화끈 달아올랐습니다.

그래서 평가서를 들고 상사에게 찾아가 다짜고짜 따졌습니다. 필자가 뭘 잘못해서 그런 평가를 내렸는지는 몰라도 필자로서는 받아들일 수 없다고 했습니다. 그 일이 있고 난 후 한동안 그 상사와 서먹서먹한 관계로 지냈습니다.

그런데 몇 년이 흐른 후 그 상사는 캐나다로 이민을 가버렸는데, 이윽고 필자가 부하 직원들을 상대로 평가를 해야 하는 위치가 되었습니다. 그제서야 깨달았습니다. 그때 필자의 생각과 행동이 얼마나 편협했는지 말입니다.

필자에게 의사소통에 문제가 있다는 사실을 필자만 몰랐던 것입니다. 그 상사는 이미 떠나버렸지만 스스로 반성하고 그때부터 일도 중요하지만 원만한 소통을 위해 노력을 했습니다.

지금도 가끔 아내와 자녀들의 말을 들어보면 여전히 필자가 평소 굳게 믿고 있던 소신이 잘못된 경우가 더러 있습니다. 쪽팔림을 무릅쓰고 고백하고 용서를 구하면 될 일을 오기가 발동해서 끝까지 우기는 경우가 아직도 있습니다.

결국 자기모순에 빠지지 않으려면 항상 스스로를 돌아보고 배우자나 가까운 지인들의 의견에 귀를 기울이는 지혜가 필요합니다. 언제나 다른 사람을 나보다 낮게 여기고 내 의견만 관철시키려는 자세를 버려야 합니다.

비판적 사고는 필요하지만 비판적 발언은 삼가야 합니다. 그런 비판적 발언은 부메랑이 되어 언젠가는 자신에게 되돌아옵니다. 자기모순에 빠지지 않도록 끊임없이 노력해야 합니다. 참 어렵습니다.

자신의 삶을 산다는 것

인간은 누구나 이기적인 본성을 가지고 태어나 세상을 살아갑니다. 그러면서도 정작 자신이 원하는 대로 살아가지 못하고 마치 다른 사람의 삶을 사는 것처럼 살아갈 때가 많습니다.

자신의 삶을 살아가야 합니다. 자신의 삶을 산다는 것은 무슨 뜻일까요? 다른 사람에게 끌려 다니지 않고 자신이 생각하는 대로 살아가는 삶을 의미합니다. 자신에게 귀를 기울여 자신의 내면에서 솟아 올라오는 소리를 들을 수 있어야 합니다.

우리는 우리의 외모를 거울을 통해 볼 수 있습니다. 하지만 우리의 내면은 무엇으로 들여다볼 수 있을까요? 만약 자신의 내면을 거울 보듯이 바라볼 수 있다면 자신의 삶을 살아가는 데 큰 도움이 될 것입니다. 자신의 내면을 들여다볼 수 있는 거울이 있습니다. 그 거울은 바로 생각의 힘입니다. 눈에 보이지 않지만 생각이라는 프레임을 통해 우리는 자신의 내면을 들여다볼 수 있습니다.

하르방TV를 운영하는 제주의 고수향 작가가 들려준 말입니다.
"사람들은 한라산에 오른 후 한라산이 참 아름답다고 하지만 정작 한라산에서는 그 산이 보이지 않습니다. 한라산을 제대로 보려면 제주 본섬을 떠나 주변에 있는 비양도, 우도, 마라도, 가파도, 차귀도, 그리고 추자도에 가면 멋진 한라산이 보입니다."

고 작가와 함께 직접 가 보았습니다. 과연 아름다운 한라산은 멀리서 바라보아야 제대로 보였습니다.

우리의 내면도 마찬가지입니다. 자신의 내면을 보기 위해 다른 사람의 안경을 통하면 여과 없이 자신의 내면이 보입니다. 스스로 자신의 내면이 이렇다 혹은 저렇다고 생각해도 다른 사람들의 눈에는 전혀 다르게 보일 수 있습니다.

이럴 때 관점을 바꿔서 자신의 잘못된 허상을 버리고 다른 사람의 관점을 통해 자신의 실상을 바라보도록 노력해야 합니다.

나이 오십이나 육십이 넘고서야 지금까지 왜 이렇게 살았을까 한탄하고 후회하는 사람들이 더러 있습니다. 특히 직장생활을 오래 하면서 누군가를 지극 정성으로 섬기며 살아오다가 어느 날 홀연히 그 직장에서 퇴직을 했을 때 일어나는 현상입니다.

자신이 스스로 만들지 않은 일자리는 언제든지 반납을 해야 한다는 사실을 미처 깨닫지 못한 결과입니다. 물론 지금까지 섬겼던 사람이 충분하게 배려해 주면 좋겠지만 그렇지 못한 것이 현실입니다.

그러므로 착각하지 말아야 합니다. 자신의 삶은 시작부터 끝까지 자신이 책임을 져야 합니다.

이런 현실을 만나지 않으려면 미리부터 준비해야 합니다. 홀로서기를 미리 준비해야 한다는 말입니다. 어린아이가 태어나 어느 정도 자라면 뒤집기를 한 후 차츰 일어설 준비를 합니다. 수없이 많은 시행착오를 하며 끝내 일어섭니다.

이런 준비가 늦으면 늦을수록 스스로 일어서는 힘이 약해집니다. 남의 도움을 많이 얻으면 순탄하게 세상을 살아갈 수 있을 것 같지만 도움이 끊어지고 주변환경이 급변하면 자생력을 잃고 주저앉게 됩니다. 세상 모든 사람들이 나만을 위해 존재한다는 착각에 빠져 있으면 스스로 일어설 능력을 키우지 못합니다. 스스로 생각의 힘을 키워 자기 자신의 내면을 들여다보고 홀로 일어서려는 노력을 할 때 하늘도 돕고 이웃도 도움을 줄 수 있습니다.

자신의 삶을 사는 것은 이타적인 삶과 직결되어 있습니다. 나만의 욕심을 버리고 진정으로 다른 사람을 도우려는 마음이 충만할 때 자신의 삶을 살아가는 길을 찾게 됩니다. 때늦게 왜 지금까지 이렇게 살아왔는지 후회하지 않으려면 남의 삶을 살지 않고 오로지 자신의 삶을 살기 위해 준비하고 실행해야 합니다.

우리의 삶은 단 한 번 주어진 삶이기 때문입니다.

전문성이 부족하면 제너럴리스트가 되라

스페셜리스트(Specialist)는 특정 분야의 전문가를 말하고 제너럴리스트(Generalist)는 다방면에 걸쳐 상당한 지식과 경험을 가진 사람을 가리킵니다.

가끔 자신에게는 전문성이 부족하다며 아쉬워하는 분들을 만납니다. 그럴 필요가 없습니다. 전문가가 아니어도 제너럴리스트로 얼마든지 도전할 수 있습니다. 산업화 시대에는 무조건 특정 분야의 전문가가 되어야 했습니다.

그래서 한 우물을 꾸준히 파야 했죠. 그런데 지금 시대는 한 우물만 팠다가는 자칫 낭패를 볼 수도 있게 되었습니다. 한 우물만 깊이 파는 사람은 다른 우물에 무엇이 있는지는 전혀 생각을 하지 않습니다. 세상이 너무 빨리 바뀌기 때문에 열심히 우물을 파다가도 아니다 싶으면 얼른 생각을 바꿔서 다른 우물을 파야 하는 시대입니다. 바야흐로 제너럴리스트가 더 각광을 받는 시대가 되었습니다.

우리가 잘 아는 이어령 교수는 전공이 없었다고 합니다. 언어기호학자, 언론인, 비평가, 소설가, 시인, 해설가, 연출가, 감독 그리고 크리에이터 등 다양하게 그를 부릅니다. 어릴 적부터 호기심으로 똘똘 뭉친 그는 어느 한 곳에 머물기를 거부했습니다. 새로움에 대한 목마름이 그로 하여금 항상 움직이게 했습니다.

특히 이 교수는 자신을 좌뇌와 우뇌를 모두 쓰는 사람이라고 했는데요. 보통 사람들은 좌뇌형 아니면 우뇌형 어느 한 쪽인데 그런 면에서 이 교수는 좀 특이합니다. 이 교수가 괴테를 롤 모델로 삼았다고 하니 이 교수나 괴테나 시대를 앞서가는 그런 사람들이었던 셈이죠.

최근에 4차 산업혁명의 바람이 부나 했더니 갑자기 불어 닥친 코로나 팬데믹으로 인해 세상이 더욱 어지러웠습니다. 스페셜리스트의 생명은 창의력인데 변화의 거친 파고가 계속 불어 닥치면서 이제는 적응력까지 갖춰야 합니다.

한 우물을 파는 스페셜리스트가 방향을 제대로 잡았으면 문제가 없겠지만 혹시나 시대와 맞지 않는 의사결정을 했다면 얘기가 달라집니다. 대체로 스페셜리스트에게는 민첩함이 부족합니다. 아니다 싶으면 재빨리 접어버리고 다른 우물을 파야 하지만 예전에 팠던 우물에 여전히 미련도 남아 있고 지금까지 모든 에너지를 쏟아 부었기 때문에 포기하고 다시 다른 일을 시작하는 것이 서툴기만 합니다.

반면에 제너럴리스트는 한 가지 일에 깊이는 없는 편이지만 주변을 아우르는 촉(觸)이 발달해서 변화에 민감하게 반응할 줄 압니다. 특히 사람과 사람을 연결하는 인적 네트워킹에 일가견이 있는 분들이 많습니다.

지금 이 시대는 자신이 모든 것을 해낼 수 없기 때문에 이렇게 사람을 서로 연결하는 것이 중요합니다. 새로운 비즈니스도 이런 인적 네트워크를 통해 자연스럽게 이루어지고 있습니다.

조직의 최고 경영자는 전체를 보는 헬리콥터 조망권을 가지고 있어야 합니다. 조직에서도 주니어로 일할 때는 전문 분야에서 일하지만 위로 올라갈수록 자연스럽게 제너럴리스트가 됩니다. 제너럴리스트는 크고 넓게 볼 줄 아는 역량을 가진 사람입니다.

카메라의 줌 렌즈를 밀었다 당겼다 하듯이 모든 일이나 사람과의 관계를 통제할 수 있는 컨트롤 타워가 되어야 합니다. 세상이 아무리 급변하고 바뀌어도 적응력을 충분히 갖춘 제너럴리스트는 능히 견뎌냅니다. 자신의 전문성 부족을 자책하지 말고 꾸준히 자신만의 변화 능력을 키워 가면 됩니다.

확실한 제너럴리스트가 되기 위해서는 독서와 글쓰기로 자신의 정체성과 브랜드를 확고히 만들어야 합니다. 어떤 주변 환경에도 흔들리지 않는 인내와 끈기가 있어야 합니다. 전문성이 부족하다면 역량 있는 제너럴리스트로 승부해 보면 어떨까요?

가업을 잇다

가업(家業)이란 대를 이어 물려받은 집안의 생업을 말합니다. 1950년 한국전쟁으로 아무 것도 남아 있지 않은 제로 포인트(zero point)에서 우리는 기적같이 오늘의 번영을 이루었습니다. 하지만 산업화 시대를 지나면서 청년들은 모두 고향을 떠나 직장에 몸담아 일을 했고 가업을 이어받는 자식들은 가뭄에 콩 나듯 했습니다.

반면에 과거 우리나라를 비롯한 이웃나라들을 침략하고 괴롭혔던 일본은 비록 히로시마와 나가사키에 원자폭탄을 맞았지만 외침을 별로 받지 않은 결과 가업이 200년 또는 300년 이상 이어오는 경우가 많습니다.

21세기 접어들면서 고속성장의 시기가 지나고 수명은 급격히 늘었지만 인공지능 로봇과 4차 산업혁명 그리고 코로나 팬데믹이 겹치면서 직장인의 퇴직 연령이 점점 낮아지고 있습니다. 그 결과

MZ세대 중에는 새삼 가업을 다시 돌아보고 승계하는 사례가 점차 늘어나고 있습니다.

전북 완주군 이서면에 위치한 물고기 마을은 세계 최대의 물고기 테마파크입니다. '유머 1번지' 김재화 작가의 소개로 2016년 물고기 마을을 방문해서 류병덕 회장을 만났습니다. 수백 종에 달하는 어종과 수백만 마리의 물고기를 지난 40년 동안 보살피며 오늘의 물고기 마을을 만들었습니다.

류 회장은 20대에 처음 물고기가 부화하는 장면을 보고 흥분을 감추지 못해 이 일을 시작했는데 40년이 지난 지금도 물고기가 부화하는 장면이 너무나 신비롭고 놀랍다며 마치 아이처럼 좋아합니다.

지난해부터 물고기 마을 부근이 수용된다는 이야기가 나돌면서 류 회장은 정든 그곳을 떠나 수도권 부근으로 이주할 계획을 하고 있습니다. 물고기뿐 아니라 지금까지 쌓아왔던 류 회장의 지식과 경험이 크나큰 자산입니다. 류 회장은 앞으로 물고기 마을을 더욱 성장시켜 국내는 물론 세계로 뻗어 나가기를 꿈꾸고 있습니다.

이토록 엄청난 고생을 하면서도 류 회장에게 큰 보람을 갖게 한 것은 두 아들이 모두 가업을 잇겠다고 나섰다는 사실입니다. 필자가 그곳을 처음 방문했을 때에도 두 아들은 주중에는 완도에 있는 수산대학을 다니고 주말에는 한 주도 빠짐없이 물고기 마을에서 류 회장을 도와 일을 했다고 합니다.

류 회장은 이제 20대 후반인 두 아들이 너무나 감사하고 자랑스럽다고 말합니다. 전국을 동분서주하며 바쁘게 류 회장이 다녀도 두 아들이 물고기 마을을 잘 운영하고 있으니 든든하답니다.

이제는 모바일 시대를 넘어 메타버스 시대가 되었습니다. 디지털 원주민인 두 아들이 류 회장의 가업을 이어 온·오프라인으로 물고기 마을을 더욱 든든하게 세워갈 것입니다. 요즘 젊은이들답지 않게 두 아들은 예의도 바릅니다. 아버지인 류 회장에게 하는 말과 행동은 물론 고객에게도 살갑게 다가가 그들의 친구가 되어 줍니다.

오늘이 있기까지 젊은 두 아들에게 직업에 대한 온갖 사회적인 유혹이 있었을 것으로 쉬이 짐작됩니다. 어릴 적부터 온몸이 부서지도록 고생하는 아버지를 지켜보면서 자신들은 얼마든지 다른 길로 갈 수도 있었을 겁니다.

자세한 내막은 알 수 없지만 결과적으로 두 아들은 가업을 잇기로 일찌감치 작정하고 고등학교와 대학교에서 수산학을 전공했습니다. 이제 이런 두 아들의 뜻을 함께 할 며느릿감을 맞이하고 싶다고 류 회장은 너털웃음을 지었습니다.

필자는 별로 도움을 주지 못했는데도 류 회장은 언제나 감사하다면서 깍듯이 인사를 합니다. 새로 서울 근교에 물고기 마을을 만들면 김 작가와 나의 공간도 꾸며 준다고 합니다. 말만 들어도 흐뭇합니다.

부모들은 자신들의 MZ세대 자녀들이 아직 어리고 뭘 모른다고 생각하지만 그렇지 않습니다. 가업을 잇는 자녀들이 점점 늘어납니다. 그들이 우리의 미래입니다.

강물을 거슬러 올라가는 연어처럼

연어는 회유성(回游性) 어종으로 강에서 태어난 치어가 바다로 나가 성어가 된 다음 다시 강을 거슬러 올라옵니다. 지구상 대부분의 동식물은 기후를 비롯한 주변 환경에 따라 진화하며 살아갑니다.

제레드 다이아몬드(Jared Mason Diamond)는 그의 저서 『대

변동 위기, 선택, 변화』에서 인류가 어떤 지정학적 영향에 따라 지금까지 살아왔는지 자세히 분석해 놓았습니다.

인간을 제외한 모든 동식물은 예외 없이 기후와 환경에 순응하며 생존해 왔습니다. 인간은 그런 환경을 뛰어넘는 역량을 펼치며 모름지기 지구의 주인으로 자리 잡았습니다.

하지만 이번 코로나 바이러스 팬데믹이 보여주듯이 지속적으로 인간에 맞서는 새로운 환경이 쉬지 않고 불어 닥칩니다. 그야말로 산 넘어 산을 만나는 상황이 이어지고 있습니다.

흐르는 강물이 거세면 모든 것이 떠내려갑니다. 한 번 중심을 잃으면 다시 걷잡을 수 없게 됩니다. 홍수가 났을 때를 생각해 보면 됩니다. 홍수는 거침이 없습니다. 모든 것이 순식간에 휩쓸려 내려갑니다. 불이 나면 재는 남지만 홍수가 나면 아무 것도 건질 수 없다고 합니다.

지금 인류에게 불어온 엄청난 홍수는 우리 모두의 직업을 위협하고 있습니다. 직장에 아무리 오래 붙어 있기를 원해도 그럴 수 없는 상황이 전개됩니다. 나이가 아직 젊다고 외쳐봐야 소용이 없습니다. 어느 누구도 다른 사람을 책임져 줄 수 없습니다.

이제 자신의 미래 직업은 자신이 준비하고 스스로 길을 열어가야 합니다. 코로나19가 아니더라도 이미 우리의 직업은 인공지능과 4차 산업혁명의 소용돌이 속에서 길을 잃고 있습니다.

누구나 가는 길로 가서는 안 됩니다. 남들이 가지 않는 길을 가야 합니다. 연어가 강물을 거슬러 올라가는 일은 목숨을 건 일입니다. 거센 물살을 헤치고 거꾸로 올라가려면 비행기가 이륙할 때만큼이나 많은 에너지가 필요합니다. 얕은 강을 지나다가 때로는 갑자기 곰을 만날 수도 있습니다. 그래도 연어는 올라가야 합니다.

지정학적으로 살펴보면 유사 이래 국가들의 흥망성쇠를 엿볼 수 있습니다. 로마를 위시한 러시아 등 제국들의 흥망이 지정학과 무관하지 않습니다. 지난 100년 동안 미국의 번영이 결코 우연이 아닙니다. 중국이 최근 40년 동안 급부상했지만 오늘에 와서 제동이 걸리는 것도 지정학과 관련이 있습니다. 중국의 약점은 해양에서의 패권을 장악하지 못했다는 점입니다.

국가는 물론이고 개인도 다를 바 없습니다. 코로나19 이후 오히려 더욱 힘차게 뻗어가는 개인이나 기업도 있습니다. 다른 사람들이 어려움을 겪는 동안 새로운 기회를 포착합니다. 더욱 경쟁력을 갖춰 시장에서 빛을 발하기 시작합니다.

실패와 난관을 뛰어넘을 것인가 아닌가는 선택의 문제입니다. 가던 길이 막히면 둘러가는 것이 물의 속성입니다. 적응력은 무식하게 한 길만 고수하지 않습니다. 여러 갈래 길이 나타날 때 평소에 자주 길을 선택해 본 사람은 적응력이 있습니다.

인간에게는 자유 의지가 있습니다. 무엇이든 자신이 어떤 선택을 하느냐에 따라 결과가 달라집니다. 힘차게 강물을 거슬러 올라가는 연어를 상상하면서 창직으로 평생직업을 찾기 위한 노력을 꾸준히 해야 합니다.

근자감을 에너지로 바꿔라

'근자감(根自感)'이란 '근거 없는 자신감'의 줄인 말입니다. 주로 부정적인 의미로 사용되는 말이지만, 여기서 근거 없다는 말을 잘 살펴보아야 합니다. 사실 우리가 흔히 자신감을 가지라고 말하지만 그 자신감의 원천이 과연 어디로부터 왔는지를 밝히기는 쉽지 않습니다.

자신의 직관을 믿는 사람은 대체로 자신감이 있다고 보면 맞을 것 같습니다. 긍정적인 생각을 평소에 품고 있는 사람은 '근자감'을 자신의 에너지를 바꾸어 활용하는 능력을 갖춘 사람이라고 할 수 있겠습니다.

반면에 평소 부정적인 생각으로 살아가는 사람은 '근자감'을 긍정의 에너지로 바꾸기가 여간 어렵지 않을 터입니다. 결국 이것도 조금씩 축적하는 과정을 통해 시나브로 만들어져간다는 의미입니다.

무모한 도전을 하지 말아야 한다고 우리는 어릴 적부터 귀에 못이 박히도록 들어왔습니다. 잘 알지도 못하면서 나서서 설치지 말라는 핀잔도 수없이 들어왔습니다. 남들 앞에서 뭔가를 내세우기 위해서는 모두가 인정하는 어떤 지위나 결과를 먼저 보여주어야 한다고 말입니다. 이런 과정이 지속되면 자신감을 표현하는 데 소극적인 사람이 됩니다. 당연히 자신감이 없으면 자존감도 낮아지게 마련입니다.

마케팅이나 영업을 하는 직장인들에게 금쪽같은 조언이 하나 있습니다. 상사나 고객이 뭔가를 지시하거나 요구하면 일단 큰 소리로 자신 있게 할 수 있다고 말하라는 것입니다. 어떻게 할 것인가는 그 다음에 생각해도 늦지 않으니 무조건 일부터 맡고 보라는 말입니다. 그렇지 않으면 그 기회를 날려 버리기 때문입니다.

어떻게 하면 근자감을 에너지로 바꿀 수 있을까요?

적어도 30% 이상의 가능성이 있다고 판단하면 이미 그 일을 시작할 때 성공할 것이라고 자신을 믿는 믿음에서 출발해야 합니다. 주위의 어떤 반응이나 눈치를 보지 말고 최선을 다해 보려는 열정을 스스로 끌어올려야 합니다.

마음속에서 끊임없이 솟아나는 의심을 떨쳐버리고 목표를 향해 나아가다 때로는 쉬어가거나 둘러가는 경우가 있더라도 앞을 향해 나아가려는 의지가 확실해야 합니다. 방해를 받아 낙심하고 주춤하면 그나마 남아 있던 근자감도 사라지고 맙니다. 때로는 거센 파도와 부딪혀 보기도 하고, 때로는 우회해서 둘러가기도 하면서 유연성을 키워야 합니다. 이럴 때는 강한 것보다 유연한 태도가 더욱 요구됩니다.

실패를 해보지 않은 사람은 근자감을 갖기 어렵습니다. 한 번도 시험에 떨어져 본적이 없는 사람은 나중에 시험에 떨어졌을 때 충격이 꽤 큽니다. 하지만 평소에 실패를 자주 한 사람은 그 정도의 충격에는 아랑곳하지 않습니다. 오히려 실패가 디딤돌이 되어 앞으로 나아가는 추진력을 얻게 됩니다.

실패하지 않으려고만 애를 쓰지 말고 실패를 자주 해보려고 노력하면 근자감이 생깁니다. 그렇게 해서 생긴 근자감은 결코 우연히 생겨난 게 아닙니다.

실패는 인간이라면 누구나 피하려는 것이 인지상정입니다. 실패를 정면으로 바라보며 온몸으로 받아들이려고 시도하는 사람은 웬만한 실패에 결코 좌절하지 않습니다. 그 실패를 오히려 근자감을 에너지로 바꾸는 절호의 기회로 삼습니다.

단순화 기술

H는 필자가 오래 전 직장 다닐 때의 상사였습니다. 글로벌 기업에서 마케팅과 파이낸싱 경험을 풍부하게 쌓은 후에 CEO가 되었습니다. 그의 주특기는 아무리 복잡한 사안일지라도 단순화하는 기술이었습니다.

문제가 되는 부분을 잘게 쪼갠 다음 우선순위를 정하고 다시 정리하면 필요 없는 군더더기는 자연스럽게 떨어져 나가고 핵심 내용만 남게 됩니다. 그때 과감한 의사결정을 하는 식이었습니다.

단순화(單純化, simplification)는 복잡하지 않고 간단하게 만드는 것을 말합니다. 단순화는 기술입니다. 기술이라고 단언할 수 있는 이유는 단순화를 제대로 할 수 있기 위해서는 꽤 오랫동안 갈고 닦아야 하기 때문입니다. 단순화 기술은 높은 지능지수나 순발력과는 다릅니다.

대화를 할 때나 강의를 할 때도 어떤 사람은 쉬운 내용을 어렵게 설명합니다. 반대로 아무리 복잡한 내용이라도 아주 쉽게 풀어서 말하는 사람도 있습니다.

어렵게 말하는 사람은 대부분 자신도 잘 몰라서 그런 경우가 많습니다. 충분히 내용을 파악하고 나면 쉽게 설명할 수 있습니다. 거두절미하고 핵심을 찔러서 말하는 사람도 있지만 장황하게 설명을 하느라 무슨 말을 하는지 도대체 알 수 없게 만드는 사람도 있습니다.

그렇다면 어떻게 해야 단순화의 기술을 익힐 수 있을까요?

자신이 잘 모르는 분야에 대해서는 먼저 적절한 질문을 통해 팩트 체크를 해야 합니다. 설령 전문가라고 해도 처음부터 모든 내용을 모두 알지는 못합니다. 적절한 질문은 말하는 사람과 듣는 사람 모두에게 배울 수 있는 기회를 제공합니다.

다음으로 계속 호기심을 가지고 파고들어야 합니다.

우리는 대화나 강의를 통해 서로 배웁니다. 교학상장(教學相長)이란 이를 가리키는 말입니다. 호기심을 보여주면 상대방도 신이 나서 더 많은 정보를 제공합니다.

많은 정보가 때로는 단순화를 방해합니다. 진짜 정보와 가짜 정보를 구분하는 능력을 키워야 합니다. 가짜 정보를 추려내면 어떤 내용이라도 핵심을 파악하는 데 도움이 됩니다. 지금은 너무나 많은 정보로 인해 혼란이 가중되는 시대입니다. 가짜만 잘 가려내도 단순화하는 데 큰 도움이 됩니다. 또한 단순화를 위해서 핵심 키워드를 메모하는 습관은 아주 유용합니다. 아무리 많은 내용을 들어도 그것을 모두 기억할 필요나 이유가 없습니다. 한두 단어로도 얼마든지 단순화 기술을 터득할 수 있습니다.

종종 상대방이 무슨 말을 하는지 모르겠다고 불평하는 사람이 있습니다. 이럴 때 되묻는 습관은 단순화를 위해 좋은 전략입니다. 대충 아는데 그치지 않고 확실히 알 때까지 되묻다보면 핵심 키워드만 남게 됩니다.

단순화를 위해서는 먼저 결론부터 파악하는 방법이 좋습니다. 상대에게 말을 할 때에도 결론부터 말하면 혼란을 줄일 수 있습니다. 너무 자세한 설명을 하느라 장황하게 말하면 오히려 상대에게 정확한 의미를 전달하기 어렵습니다.

단순화는 여러 가지 혜택을 가져다줍니다. 시간을 절약하고 쓸데없는 에너지 낭비를 줄입니다. 동시에 상대에게 신뢰감을 주게 됩니다. 짧지만 간결한 말이나 글로 원하는 내용을 충분하게 전달하게 됩니다.

단순화는 확실한 차별화를 위한 기술입니다.

모방의 기술

모방(模倣)이란 다른 것을 본뜨거나 본받는 것입니다. 플라톤은 인간의 놀이를 미메시스(mimesis)로 설명했는데, 서양철학의 개념인 미메시스는 직역하면 모방입니다. 이것은 무언가를 비슷하게 만들거나 재현하는 것을 의미합니다.

모방은 창의성의 출발입니다. 아무 것도 모르는 상태에서 불현듯 새로운 것이 생겨날 수는 없습니다. 철학자의 깨달음이나 과학자의 발명도 처음에는 모두 모방에서 시작되었습니다.

모방을 잘해서 성공한 예는 너무나 많습니다. 인간은 태어나면서부터 모방을 하며 성장합니다. 어린아이는 부모의 말과 행동을 그대로 따라하며 조금씩 자랍니다. 운동을 처음 시작하는 선수는 자신이 좋아하는 같은 종목 프로 선수를 보며 따라합니다.

얼마 전 미국의 부자(父子) 골프대회 PNC 챔피언십에서 타이거 우즈와 함께 출전한 찰리 우즈(12세)의 경기 모습을 보았습니다. 방송 아나운서는 찰리 우즈가 가장 존경하는 프로 골퍼가 타이거 우즈랍니다. DNA 영향도 있겠지만 찰리는 그의 아버지 타이거 우즈의 모든 것을 모방하며 골프를 하고 있었습니다.

자신을 우상으로 섬기며 따르는 아들에게 타이거가 보인 태도는 정말 각별히 달라 보였습니다. 직업의 세상도 다르지 않습니다. 처음에는 별 생각 없이 따라했지만 차츰 본격적으로 모방하기 시작하면서 어느새 자신만의 노하우를 터득해 갑니다. 모방은 결국 뛰어넘기 위한 방편입니다. 열심히 따라하다 보면 어느 시점에 이르러 뛰어넘을 수 있겠다는 확신이 생겨납니다.

자신만의 평생직업을 찾기 위한 창직도 모방에서 출발하는 것이 좋습니다. 인류에게 어마어마하게 큰 선물을 남긴 스티브 잡스는 남의 아이디어를 모방하거나 훔치는 것을 부끄러워하지 않았다고 전해집니다. 유능한 예술가는 모방하고 위대한 예술가는 훔

친다는 말도 있습니다.

그림을 그리는 화가나 노래를 부르는 가수도 처음에는 모방으로 시작합니다. 남의 목소리를 흉내 내는 모창으로 성공한 사람도 있고 남의 몸짓을 따라하며 이름을 떨친 개그맨도 있습니다.

여기서 필자가 강조하려는 핵심은 모방에 그치지 않고 그것을 뛰어넘자는 것입니다. 글을 잘 쓰기 위해 꾸준히 필사를 하는 사람도 많습니다. 열심히 모방하면 자신도 모르게 어느 정도의 글쓰기 수준에 이르게 됩니다. 그 다음부터 자신만의 길을 개척하면 됩니다.

처음부터 모방을 배척하고 무엇이든 스스로 해결하려다 지쳐 버리는 경우가 많습니다. 모방도 기술입니다. 물론 모방의 부정적인 면도 없지 않지만 긍정적인 면만 잘 활용하면 얼마든지 자신은 물론 다른 사람에게도 도움을 줄 수 있습니다.

모방을 하겠다고 작정하고 둘러보면 여기저기 유익한 정보들이 보이기 시작합니다. 유튜브도 그 중의 한 가지입니다. 요리를 잘 하지 못하는 사람이 유튜브로 따라하면서 훌륭한 요리를 만들어냅니다. 해 보겠다는 의지만 있다면 얼마든지 필요한 정보를 언제 어디서든 찾을 수 있는 편리한 세상을 지금 우리가 살고 있습니다.

모방을 무조건 나쁜 것으로만 치부하지 말고 적극적으로 활용하는 지혜가 요구됩니다. 창작은 모방으로부터 시작됩니다. 모방은 한계를 극복하는 기술입니다.

생각을 행동으로 옮겨라

생각에 대한 명언은 꽤 많습니다.

마하트마 간디는 '인간은 오직 사고의 산물일 뿐이다. 모든 일은 생각하는 대로 되는 법이다.'라고 했고, 벤저민 디즈레일리는 '위대한 생각을 길러라. 우리는 어떤 일이 있어도 생각보다 더 높은 곳으로 오르지 못한다.'고 했습니다. 하지만 조지 버나드 쇼는 '유능한 자는 행동하고 무능한 자는 말만 한다.'고 했습니다. 결국 행동이 없는 생각은 의미가 없음을 강조하고 있습니다. 니콜라스 카는 현대인들을 생각하지 않는 사람들이라고 혹평했습니다.

필자가 보기에는 현대인들이 생각은 하지만 행동하기를 꺼려하는 듯합니다. 너무 많이 생각을 하고 행동하지 않으면 머리통만 큰 가분수가 됩니다. 머리에 든 것은 많지만 좀체 손과 발이 움직여지지 않습니다.

믿음은 생각으로부터 출발합니다. 하지만 행동이 없는 생각은 그 자체가 죽은 것입니다. 생각만으로는 실수를 적게 하지만 행동하면 많은 실수를 유발하게 마련입니다. 행동하고 실수를 반복하면서 배움의 기회를 얻게 됩니다. 생각만 하고 실수가 두려워 행동하지 않으면 사고의 폭이 좁아집니다.

우리 삶은 매순간이 실수와 실수로 이어집니다. 어릴 때는 몰라서 실수를 하고, 나이 들면 알고도 실수를 합니다. 더 나이가 들면 생각과 행동이 제각각 따로 놀기 때문에 더 자주 실수를 합니다.

세상에서 가장 어리석은 사람은 실수하지 않으려고 아무 행동도 하지 않는 사람입니다. 물론 실수를 자주 하면 자신감이 떨어지고 자존감도 낮아집니다. 하지만 그것을 극복하는 과정을 통해 우리는 조금씩 성숙하게 됩니다.

이런 말이 있습니다.

'모든 것은 당신을 위해 일어난다. 너에게 일어나는 게 아니다. Everything is happening for you and not to you.'

우리는 흔히 '왜 이런 일이 나에게 일어났을까?' 하고 불평하지만 그건 그런 상황을 어떻게 받아들이는가에 대한 태도의 문제와 직결됩니다. 행동하면서 일어나는 실수는 자신의 발전을 위해 주어지는 새로운 기회의 문입니다. 실수가 기회의 문을 활짝 열어 준 셈이라고 생각하면 어떨까요?

수백 명을 코칭하면서 필자가 얻은 인사이트는 생각을 너무 많이 하는 사람은 행동하기를 주저한다는 점입니다. 마치 장을 보러 갔는데 사고 싶은 물건이 너무 많으면 고르고 고르다가 끝내 제대로 원하는 것을 사지 못하게 되는 것과 다를 바 없습니다. 선택지가 많으면 당연히 결정이 어렵습니다.

골프를 하면서 무심타법을 배우고 익혔습니다. 초보자들은 예외 없이 골프 기술에 대해 너무 많은 생각을 하게 됩니다. 힘을 빼고 머리를 들지 말아야 하고 등등. 하지만 프로가 되면 수없이 반복했던 연습을 통해 정작 시합을 할 때는 무아지경에서 샷을 한다고 합니다.

프로 선수가 아닌 필자의 경우도 자주 그런 경험을 했습니다. 생각을 줄이면 실수도 적게 나옵니다. 퍼팅 그린 위에서 시간을 너무 지체하며 생각을 많이 하는 프로 골퍼가 멋지게 성공하는 경우가 별로 없습니다.

우리 시조 작품에 '태산이 높다하되 하늘 아래 뫼이로다, 오르고 또 오르면 못 오를리 없건마는 사람이 제 아니 오르고 뫼만 높다 하더라.'고 했습니다. 평소에 비교적 생각을 많이 하는 성향이라면 이제는 생각을 그치고 행동으로 옮겨보면 어떨까요?

생각하는 자에게 기회는 찾아온다

세상을 살아가면서 우리는 늘 기회를 잡으려고 안간힘을 씁니다. 그런데 기회는 손에 잡힐 듯하면서도 좀처럼 손에 잡히지 않습니다. 때로는 기회가 지나간 후에야 놓친 것을 후회하기도 합니다.

잔뜩 벼르고 있다가 기회를 포착하기도 하지만 간혹 전혀 생각지도 않은 상태에서 우연히 기회가 찾아오기도 합니다. 노심초사하며 기회가 오기를 기다리고 있다가 막상 지나쳐 버리면 아쉬워하며 애를 태우게 됩니다.

어리석은 사람은 기회를 포기하고, 평범한 사람은 기회를 기다리며, 지혜로운 사람은 기회를 만든다는 말이 있습니다.

생각하는 사람에게 기회가 찾아온다는 말은 평소에 항상 생각을 하고 있으면 기회가 찾아왔을 때 놓치지 않고 그것은 낚아챈다는 의미입니다. 결국 기회를 잡기 위해서는 어떤 생각을 어떻게 해야 하는가가 중요합니다.

먼저 생각에 대해 정의하자면, 판단하고 기억하고 호기심을 갖는 것입니다. 이 세 가지를 평소에 늘 염두에 두고 살아가면 어느 순간 기회가 지나갈 때 선뜻 손을 내밀어 기회를 잡을 수 있습니다.

지금은 생각을 하지 않는 시대입니다. 특히 우리 손에 스마트폰이 들어온 십 수 년 전부터는 궁금하면 무엇이든 스마트폰으로 검색할 수 있게 되었습니다. 검색은 생각의 세 가지 요소인 판단하고 기억하고 호기심을 가질 수 있도록 해는 도구가 되어 주지만 그것이 곧 결과는 아닙니다.

그런데도 많은 사람들이 착각하면서 살아갑니다. 스마트폰이나 인터넷에서 검색한 내용을 마치 결과인 것처럼 말입니다. 스마트폰은 검색을 용이하게 해줄 뿐입니다.

나머지는 스스로 판단하고 기억하고 호기심을 가지는 생각이라는 프로세스를 거쳐야 합니다. 이런 과정을 간과하면 기회가 바로 눈앞으로 다가와도 알아채지 못합니다.

판단하고 기억하고 호기심을 가져도 그것을 구체화해서 기록으로 옮기지 않으면 곧 허공에 흩어져 버립니다. 글쓰기가 중요한 이유입니다. 깊이 생각하는 사람은 매사 관찰력을 키웁니다.

한 가지도 허투루 지나가지 않고 사물의 이치를 따져보며 호시탐탐 기회를 찾으려고 애를 씁니다.

우리의 전통적인 교육 시스템은 어려서부터 생각이 무엇이며 어떻게 생각의 힘을 키우는지에 대해 가르치지 않습니다. 그저 매번 정답만 찾아내는 암기식 공부가 전부입니다. 그러다가 어느덧 성인이 되어서도 여전히 생각하지 않으려고 합니다.

직장에서도 생각하기보다 상사의 지시에 충실하게 따르는 것이 승진과 높은 연봉을 받는 최고의 가치라고 착각합니다.

물론 산업화 시대에는 이런 방식이 어느 정도 통했지만 이제는 더 이상 생각하지 않고는 살아갈 수 없는 시대가 되었습니다.

생각하려면 관찰력을 키우고 많은 양의 독서를 하고 자신의 생각을 정리하는 기술을 익히기 위해 꾸준하게 글을 써야 합니다. 지혜로운 사람이 기회를 만들어가기 위해서는 부단히 노력을 해야 합니다. 아무 일도 하지 않고 갑자기 기회가 하늘에서 뚝 떨어지는 일은 결코 없습니다.

가난한 사람이 부자가 되기 위해서는 생각을 해야 합니다. 부자가 깊은 생각을 하면 성숙한 사람이 됩니다. 큰 기회든 작은 기회든 찾아오는 기회를 놓치지 않는 연습이 필요합니다. 한꺼번에 대박을 노리며 큰 기회만 기다리는 사람은 기회를 잡기 어렵습니다. 작은 기회를 놓치지 않고 잡는 사람은 큰 기회도 놓치지 않습니다.

기회는 누군가가 대신 잡아주기 어렵습니다. 스스로 기회를 포착하는 습관을 가지면 나중에 큰 기회도 잡게 됩니다. 스쳐가는 기회를 놓치지 않고 잡으려면 판단하고 기억하고 호기심을 불러일으키는 '생각'을 붙들어야 합니다.

인정(認定)욕구를 활용하라

인정욕구(認定欲求)란 타인에게서 자신의 존재가치 따위를 인정받고자 하는 욕구를 말합니다. 자신에 대한 사랑을 의미하는 자기애(自己愛)와 비슷한 뜻을 갖고 있습니다. 인간은 누구나 다른 사람으로부터 자신이 인정받고 싶어 하는 본능이 있습니다. 겉으로 보기에는 이런 욕구가 드러나 보이지 않는 경우가 많습니다. 왜냐하면 대부분의 사람들이 그런 본능을 숨기고 싶어 하기 때문입니다.

하지만 매스 미디어 시대가 저물고 1인 미디어 시대가 도래하면서 적극적으로 자신의 존재가치를 마음껏 표현하는 사람들이 점점 많아지고 있습니다. 자신의 존재가치를 널리 알리는 퍼스널 브랜드(Personal Brand) 시대가 되었기 때문입니다. 그렇다면 이런 인간의 인정욕구를 적극적으로 활용할 필요가 있습니다.

자신의 인정욕구를 나타내고자 한다면 다른 사람도 그런 욕구가 있음을 먼저 인지해야 합니다. 다른 사람의 인정욕구는 무시하면서 자신의 욕구만 드러내고 강요하는 것은 누가 봐도 속보이는 하수의 잔꾀입니다.

자신의 인정욕구보다 먼저 다른 사람의 욕구를 인정하고 받아들일 때 결국 자신의 인정욕구도 환영을 받게 됩니다. 문제는 절제하지 못하고 자신의 인정욕구를 남발할 때 품위가 손상되고 신뢰가 무너지며 관계가 깨집니다.

이런 현상은 젊었을 때 꽤 높은 지위에 올랐던 사람이 나이가 들면서 종종 나타납니다. 주요 모임에 참석했을 때 자신을 반겨주고 헤드테이블(Head Table)에 자리를 마련해 주지 않으면 낯빛부터 변합니다. 다른 사람들의 눈에 자신이 하찮은 존재처럼 받아들여지는 것으로 느껴지기 때문입니다.

가끔 포럼에서 질의응답 시간이 되면 연사의 강연 내용에 적절한 질문을 하지 않고 자신의 존재를 드러내기 위해 질문이 아닌 자기 웅변을 하는 사람들이 있습니다. 사회자가 짧은 질문을 하도록 거듭 요청하지만 막무가내로 청중들의 귀중한 시간을 빼앗습니다. 이런 일이 몇 번 반복되면 강연을 마치고 질의응답 시간이 되면 먼저 자리를 뜨는 사람이 생깁니다.

요즘 한창 유행하는 대부분의 소셜 미디어가 모두 이런 인정욕구에 눈먼 사람들의 행태라고 치부하고 아예 담을 쌓아버리는 사람들이 있습니다. 이는 소셜 미디어를 오해하기 때문에 생기는 해프닝입니다.

이제 바야흐로 1인 미디어가 트렌드로 자리 잡고 있습니다. 다른 사람의 인정욕구를 받아들이면서 자신의 욕구를 펼쳐가는 지혜가 요구됩니다.

인정욕구는 무조건 잘못된 것이라는 편견은 버려야 합니다. 소통은 결국 '기브 앤 테이크(Give & Take)'입니다. 아무 것도 받아들이지 않고 다른 사람에게 자신을 어필할 수는 없습니다. 받는 것이 주는 것입니다.

비록 상대방의 욕구가 그다지 마음에 들지 않더라도 그것을 경청하며 수용하는 태도가 필요합니다. 이런 겸손한 태도는 상대방도 금세 눈치를 채게 마련입니다. 그런 다음 자신의 인정욕구를 나타내면 상대도 적절하게 받아들이게 됩니다.

지나친 인정욕구는 나르시시즘(narcissism)에 빠져버리기도 하지만 지나치지만 않다면 긍정적인 결과를 가져다줍니다. 인정해야 나중에 인정받을 수 있다는 상호 신뢰가 필요합니다. 인정욕구를 잘 활용하면 서로에게 크게 유익합니다.

직관을 믿는 내공을 쌓아라

스키마(schema)란 외부의 환경에 적응하도록 환경을 조작하는 감각적·행동적·인지적인 지식과 기술을 통틀어 이르는 말입니다. 다시 말하면 머릿속에 있는 지식과 정보를 정형화하려는 경향을 의미합니다.

우리가 세상을 살아가면서 어느 정도의 스키마는 필요합니다. 하지만 논리적 사고를 할 때마다 간혹 자신이 스키마의 방해를 받아 진실을 왜곡한다면 큰 문제를 초래할 수도 있습니다.

직관(直觀, intuition)은 사물이나 사태를 순간적으로 지각하는 것을 말합니다. 직관은 현상을 순간적으로 직감하는 것으로, 예를 들어 상대의 표정에서 상대의 감정 상태를 짐작한다든지 장차 상대와의 관계를 헤아리는 경우 등입니다. 직관은 어디까지나 개인적 정신 능력이나 판단에 기초하기 때문에 비합리적인 경우가 많습니다.

여기서 우리가 한 번 생각해봐야 합니다. 우리 인간은 비교적 일상에서 합리적으로 생각하고 판단하며 살아가는 것처럼 보이지만 실상은 비합리적인 경우가 더 많습니다. 주관적인가 객관적인가를 판단하는 잣대조차도 주관적이라고 본다면 너무 비약하는 걸까요?

결국 어느 수준의 스키마와 직관 능력을 키우는 것이 세상을 지혜롭게 살아가는 방편이 됩니다. 얼마 전 성남시 평생학습관에서 줌으로 평생교육 강사 역량강화 강연을 하면서 이런 질문을 받았습니다.

강연 주제가 '당신의 직업을 만들어 드립니다'였는데 "이렇게 할까 저렇게 할까 망설이게 될 때 어떤 선택을 해야 할까요?"라는 질문이었습니다. 필자는 머뭇거리지 않고 "자신의 직관을 믿으세요."라고 대답했습니다.

자신의 직관을 믿으려면 어떻게 해야 할까요?

직관을 믿을 수 있는 내공을 쌓아야 합니다. 우리의 삶은 순간순간 선택하며 사는 일과 맞닥뜨립니다. 작은 일이든 큰일이든 자주 선택을 거듭할수록 직관의 내공이 차곡차곡 쌓입니다.

이러지도 저러지도 못하는 어정쩡한 상태가 이어지면 직관의 내공을 쌓기는 어렵습니다.

잘못 선택해서 실수하는 경우를 두려워하면 안 됩니다. 잘못 생각하고 판단해서 실수하면 거기서 또 한 가지를 배우겠다는 긍정적인 자세로 앞을 향해 나아가야 합니다. 많은 분들을 코칭 하면서 느낀 점은 실수가 두려워 결정하지 못하는 경우가 꽤 많다는 사실입니다.

마케팅을 위해 빅데이터(big-data)를 만들 때 소비자의 성공과 실패의 경험이 모두 녹아들어 있어야 빅데이터로서의 가치가 있습니다.

자신의 직관을 믿으라는 필자의 대답에 많은 분들이 고개를 끄덕였지만, 정작 실행해 보지 않은 분들은 아직 그 참뜻을 이해하지 못할 것입니다. 우리의 직관을 흐트러뜨리는 잘못된 정보와 가짜 뉴스가 판을 치고 있습니다.

정보의 홍수 속에서 휩쓸려 떠내려가지 않으려면 독서와 글쓰기로 내공을 키워 자신만의 직관을 다져야 합니다.

직관의 내공을 가진 사람은 어떤 환경의 변화에도 당황하지 않습니다. 그렇다고 자신의 직관을 믿고 행동으로 옮기는 모든 일에서 성공만 보장되지는 않습니다. 하지만 실수는 또 하나의 내공을 축적할 수 있는 기회가 됩니다.

지나친 스키마 현상에 현혹되어 자신의 직관마저 마비시킨다면 무한경쟁의 시대를 살아가는 데 어려움을 겪게 될 것입니다. 직관을 믿는 내공이 필요합니다.

똑똑함보다 꾸준함이 필요한 때

똑똑한 사람이 큰일을 한다고 합니다. 지식을 많이 가지면 무슨 일이든 척척 알아서 해결할 거라고 믿어 버립니다. 학교 성적이 우수하면 당연히 모든 일을 잘해낼 거라고 간주합니다.

하지만 그럴 수도 있고 그렇지 않을 수도 있습니다. 절대 무지는 인간으로 하여금 어떤 일도 하지 못하게 막습니다.

하지만 지금은 그런 절대 무지의 시대가 아닙니다. 모든 사람의 학력이 높고 똑똑하기만 하면 사회와 나라가 저절로 잘 될까요? 오히려 똑똑하고 잘난 사람이 많으면 배가 산으로 올라갑니다.

법을 만들고 세우는 입법기관에 법을 전공한 똑똑한 사람이 많으면 언제나 시끄럽습니다. 동시에 그들은 법을 많이 알기 때문에 법을 우습게 알고 위법을 일삼는 사례를 우리는 자주 보게 됩니다. 결국 똑똑한 게 전부는 아니라는 말입니다.

지금은 박사가 넘쳐나는 시대입니다. 배운 사람은 많은데 일자리는 줄어듭니다. 인간이 아무리 배워도 단순한 작업을 위해서는 인공지능 로봇과의 경쟁에서 뒤쳐질 수밖에 없습니다.

무조건 많이 배우고 보자는 식은 무모한 방법입니다.

그냥 배우는 것보다 왜 배우는지를 분명히 알아야 하고 배우되 써먹지 않으면 무용지물이 됨을 알아야 합니다.

똑똑한 사람은 편법도 잘 씁니다. 문제가 생기면 빠져나가는 방법도 귀신같이 찾아냅니다.

지금 우리에게 필요한 덕목은 똑똑함보다 꾸준함입니다. 시대의 변화를 조심스럽게 관찰하면서 끈기를 가지고 자신이 해야 할 일을 끝까지 해내는 능력이 필요합니다. 더불어 살아가기 위해 다른 사람까지 배려하면서 솔선수범하는 지혜가 요구되는 시대입니다.

지나치게 잔머리를 많이 굴리는 사람들이 있습니다. 그런 사람은 언젠가 자신의 꾀에 스스로 말려들게 마련입니다.

조금 느려도 조금 모자라도 뚜벅뚜벅 자신이 가야 할 길을 한 걸음씩 걸어가는 소와 같은 걸음이 필요합니다.

머리가 잘 돌아가는 사람은 자신보다 못한 사람을 깔보고 업신여기는 말과 행동을 자주 하게 됩니다. 자신의 생각에만 빠져 남을 전혀 돌아보지 않습니다. 언제나 누군가를 끌어내려야 자신이 그 자리를 차지할 것으로 생각하고 기회만 엿봅니다. 다른 사람이 잘 되면 그저 배가 아파옵니다. 아량과 배려는 남의 일입니다.

벼가 익으면 자연스럽게 고개를 숙입니다. 겸손하지 않은 사람은 제대로 배우지 못한 사람입니다. 학력이 무슨 계급장인 것처럼 우쭐대는 사람은 어리석은 사람입니다.

앞으로 다가올 미래는 학력이 계속 파괴될 것입니다. 이미 기업에서는 그 기업의 현재와 미래에 필요한 능력을 갖춘 사람을 채용합니다. 학력과 학점은 중요하지 않습니다.

늦었지만 이제부터라도 중학교부터 시작해서 자신의 능력을 키워가도록 교과과정을 전면 개편해야 합니다.

대학을 가지 않고도 얼마든지 기업이나 사회가 필요로 하는 지식과 기술을 갖출 수 있습니다. 코로나19로 인해 오프라인 수업을 하지 못해서 모두가 온라인으로 공부를 합니다. 훌륭한 학생을 키우려면 깨어 있는 교사나 교수가 있어야 합니다. 시대의 흐름을 제대로 파악하고 학생들에게 미래를 보여주며 동기부여를 해야 합니다.

인구도 줄어들지만 학력 파괴는 가속도가 붙고 있습니다. 이대로는 안 됩니다. 지금부터 똑똑함보다 꾸준함으로 미래를 준비하는 풍토로 바꿔야 합니다.

나만의 커리어를 만들어라

커리어(career)는 어떤 분야에서 겪어온 일이나 쌓아온 경험을 말합니다. 커리어는 하루아침에 생겨나지 않습니다. 인내하며 꾸준하게 반복하는 과정에서 차곡차곡 쌓입니다. 남들이 보기에는 별로 신통치 않아 보이는 일이지만 자신의 직관을 믿고 끊임없이 갈고닦으면 언젠가 자신만의 커리어가 만들어집니다.

예를 들면 어떤 물건을 구매한 소비자가 처음에는 단순히 소비하는 데 그치지만 그 물건에 매력을 느껴 생산적 소비로 전환합니다. 생산적 소비란 단순한 소비가 아니라 그 물건을 좀 더 가치 있는 존재로 바꾸기 위해 나름대로 변화를 시도하는 것을 말합니다. 그러다가 나중에는 생산자로 탈바꿈합니다.

이런 프로세스를 통해 커리어가 조금씩 쌓입니다.

남의 생각에 자신도 모르게 시중들기만 하거나 남이 해놓은 것에 감탄만 하고 살아간다면 그것은 자신의 커리어와는 무관하게 됩니다. 우리 일상의 주변에서 이런 일은 아주 흔하게 찾아볼 수 있습니다.

커리어는 기록을 하면서 더욱 알차게 영글어갑니다. 아무리 좋은 생각과 경험도 기록을 남기지 않으면 바람처럼 사라져 버립니다. 기록할 때의 기억을 되살려 생각을 확장시키며 실행에 옮길 때 비로소 커리어가 만들어집니다.

아직 청소년 때에는 자신의 하루 일상이나 하는 모든 행동이 별로 중요하지 않다고 가볍게 생각합니다. 하지만 이런 일들이 모이고 모여 자신의 커리어가 만들어진다는 사실을 안다면 우리 모두는 결코 일분일초를 허투루 생각하지 않게 될 것입니다.

타임지가 선정한 영향력 있는 100인에 올라간 일본의 곤도 마리에(Kondo Marie)는 5살 때부터 친구들의 물건을 정리하는 일을 돕다가 10대 후반에 정리 컨설턴트로 용돈을 벌기 시작하면서 나중에는 일본 베스트셀러 작가가 되었습니다.

국내에도 유사한 사례가 있습니다. 최초의 정리기업 베리굿정리컨설팅 윤선현 대표입니다.

현대인은 정리 정돈에 취약합니다. 구매 의욕이 있어서 잔뜩 물건을 구매하면서도 정리를 하지 못해 쩔쩔맵니다.

그런데 우리 주변에는 평소에 정리 정돈을 잘하는 사람들이 더러 있습니다. 성격상 깔끔하게 정리하지 않으면 스스로 참기 힘든 사람들입니다. 곤도나 윤선현은 자신의 이런 성향을 일찌감치 파악하고 정리 정돈을 자신의 커리어로 삼아 직업으로 확장해 나간 사례입니다.

남이 하는 일은 모두 대단해 보이고 내가 하는 일은 하찮아 보인다면 지금이라도 생각을 바꿀 필요가 있습니다. 가만히 살펴보면 나에게 불편한 일이 다른 사람에게도 불편할 수 있습니다. 나만의 커리어를 찾기 위해서는 일단 남들이 귀찮아하거나 별로 관심을 두지 않는 일부터 찾아보는 게 좋습니다.

그런 일을 찾아 거기에다 자신만의 스토리를 입히면 차츰 콘텐츠로 발전하게 됩니다. 콘텐츠가 스토리를 만나면 자신만의 독특한 스토리텔링이 만들어지고 커리어도 더욱 단단해집니다.

곤도 마리에는 설레지 않으면 버리라고 합니다. 무슨 일을 만나든지 먼저 가슴이 뛰는 그런 일을 찾으라는 의미이겠죠. 지금부터 자신만의 커리어를 쌓기 위해 기록부터 시작해 보는 것은 어떨까요.

변화된 세상, 나만의 길 찾기

코로나19의 여파로 대학이 사라지고 있습니다. 인구가 급격히 감소하기 때문이기도 하지만 지난 3년 동안 모든 대학의 강의가 비대면 또는 화상으로 수업을 진행하면서 대학 무용론이 본격화되고 있습니다.

얼마 전 구글이나 마이크로소프트 등 유명 글로벌 기업들은 대학교 졸업생을 채용하지 않고 그 대신 그들이 만든 3~6개월의 기술 과정을 수료해야만 원서를 낼 수 있다고 발표했습니다. 포춘 100대 기업 중 대학 졸업장을 기피하는 기업이 절반이나 된다고 하니 교육 일선에서의 변화가 심각한 수준입니다.

국내 기업도 크게 다르지 않습니다. 삼성전자를 비롯한 많은 기업들이 대학을 졸업한 무경험자를 채용하지 않고 해당 기업에 필요한 경험을 가진 경력자를 선호하고 있습니다.

물론 그동안 너무 많은 대학을 세워 졸업자들이 양산된 이유도 있겠지만, 반드시 대학을 나와야 하고 학교 성적이 우수해야 기업에 들어와서도 일을 잘할 것이라는 막연한 선입견이 사라졌습니다. 기업들이 앞 다투어 재택근무와 원격근무를 해보니 문제점도 있지만 장점도 많이 있음을 알게 되었습니다.

과거 산업화 시대에는 기업에서 몇몇 핵심 경영자와 기술자들이 앞장을 서고 나머지 직원들은 기술과 경험이 풍부한 선배들을 따라가기만 하면 승승장구했지만 이제는 시대가 완전히 달라졌습니다. 그때는 채용을 하면서 선별 기준이 학교 성적만 좋으면 눈치 보며 윗사람을 따라하는 데 적격이라고 판단했지만, 지금은 시대가 달라져서 창의력을 요구합니다.

그렇다면 과연 대학을 가지 않고도 기업이나 사회에서 쓸모 있는 사람이 되기 위해 어떤 준비를 해야 할까요?

우선 시대의 흐름을 정확하게 파악하고 적응력을 길러야 합니다. 그리고 기업에서만 통하는 실력이 아니라 세상을 지혜롭게 살아가는 진짜 공부를 해서 자신만의 필살기를 갈고 닦아야 합니다. 기술, 인성, 스피치, 인간관계 등이 그런 겁니다.

이를 위해서 독서와 글쓰기는 기본으로 해야 합니다. 수학(數學) 한 문제를 더 맞히는 것보다 수학의 원리를 깨닫고 삶의 철학을 세우는 일이 시급합니다. 열심히 외국어를 외워서 공부하기보다 인공지능을 통한 통·번역기를 잘 활용하는 것도 좋은 방법입니다.

경쟁의 물결에 뛰어들어 혼자서만 이기려고 하지 말고 어떻게 하면 더불어 공생할 것인가를 진지하게 고민해야 합니다. 세상을 뺏고 빼앗기는 약육강식의 정글로 만들지 않고 가치와 보람을 중요시하며 남에게 조금이라도 도움을 주려는 이타심을 키워야 합니다.

당연히 교육의 방법이 바뀌어야 하지만, 현재 교육 시스템은 도무지 요지부동입니다. 이럴 때는 시스템이 바뀌기를 기대하지 말고 스스로를 바꾸는 것이 최상의 방법입니다.

그래도 대학은 나와야 하지 않느냐는 달콤한 속삭임에 넘어가지 말고 대학에 가서 쏟아 붓는 시간과 비용을 자기 계발을 위해 적극적으로 투자하는 근본적인 변화가 필요합니다.

이를 위해 부모가 먼저 깨어나야 합니다. 자녀에게 무조건 대학 진학을 강요하는 부모는 자녀의 앞날을 망칠 수 있다는 사실을 기억해야 합니다.

그보다는 자녀가 스스로 앞길을 열어 가도록 도와주는 것이 현명한 뒷바라지입니다. 대학이 점점 사라지는 것을 걱정하기보다 달라진 세상을 똑바로 이해하고 자신만의 길을 찾아 나서도록 도와야 합니다. 세상이 바뀌었습니다.

앞서려 하지 말고 달라지려 하라

인간은 누구나 저 나름대로 개성을 가지고 태어납니다.

심지어 모습이 비슷한 쌍둥이조차 생각이 다르고 취미도 다릅니다. 이렇게 다르게 태어났지만 정규 학교에 입학하면 그때부터 획일화의 트랩에 갇혀 다름은 사라지고 모두가 평준화의 늪에 빠져 버립니다.

어떤 학생은 영어를 잘하고 어떤 학생은 수학을 잘하게 마련입니다. 그럼에도 불구하고 한결같이 모든 과목을 잘하기 위해 부족한 과목을 보충하느라 학원까지 다니며 애를 씁니다. 한창 몸과 마음이 성장하는 청소년기에 이렇게 평균주의와 경쟁의식에 사로

잡혀 지내다보니 성인이 되어도 다름을 받아들이지 못합니다.

　치열하게 공부해서 무조건 남을 앞서야만 한다는 고정관념에 사로잡혀 버립니다. 자신의 삶이나 꿈과 미래가 남들과는 달라야 한다는 엄연한 명제를 받아들이지 못합니다. 특히 성장기의 학생들에게 이런 풍조와 사고는 하나의 족쇄입니다.

　지금은 남을 앞서기보다 남과는 달라야 성공하는 시대입니다. 남들이 걸어가던 길을 그대로 걸어가면 길은 비교적 쉽고 평탄하겠지만 경쟁력을 찾기 어렵습니다. 차별화도 이루기가 쉽지 않습니다. 자신만의 필살기를 갈고 닦아 실력을 발휘할 기회를 상실하고 맙니다.

　워낙 우리는 어릴 적부터 부모와 주변의 어른들로부터 비교당하며 살아왔습니다. 여럿이 모이면 모두가 같은 말과 행동을 하며 그 중에서 튀는 친구가 있으면 여지없이 핀잔을 줍니다. 직장에서 너무 튀면 다른 사람들의 눈총을 받습니다. 묵묵히 위에서 시키는 일을 무난하게 처리하는 사람에게 승진의 기회가 주어집니다.

　이제는 우리가 모두 다르게 태어났고 다르게 살아간다는 사실을 받아들여야 합니다. 모두가 다르다는 사실을 서로 인정해야 합니다.

　다르다는 사실을 틀렸다고 정의하는 것 자체가 잘못되었습니다. 우리가 말을 할 때도 "다릅니다."라고 해야 하는데, "틀립니다."라고 말하는 경우가 많습니다. 필자도 언론학 박사인 친구 김재화의 지적을 받고 나서 이 한 마디를 고치는 데 수년이 걸렸습니다. 워낙 입에 강력한 접착제처럼 붙은 말인지라 고치기가 쉽지 않더군요.

　그래도 고쳐야 합니다. 부모의 영향은 자녀에게 절대적입니다. 부모가 자녀의 독특한 개성을 무시하며 획일화하는 데 앞장서면 자녀는 영문도 모른 채 끌려갑니다. 도대체 무엇이 잘못되었는지 알지도 못하고 성인이 되면 고치기가 더욱 어렵습니다.

늦으면 늦을수록 고치기 어려운 것이 바로 이런 잘못된 사고방식입니다. 어릴 적부터 가정과 학교에서 '다름'과 '틀림'의 차이점을 확실하게 가르쳐야 합니다.

직업의 세계로 들어서면 인식이 더욱 확실해집니다.

남과 다르지 않으면 결코 소비자에게 어필하지 못합니다. 남과 달라서 소비자의 주목을 받는다는 사실이 틀린 것은 아니기 때문입니다. 남의 흉내를 내고 따라가던 시대는 이미 지났습니다.

남들이 하지 않은 직업을 찾아내어 자신의 평생직업으로 삼으면 성공할 수 있습니다.

다르기 위해서는 고정관념을 무너뜨리고 변화의 흐름을 찾아내야 합니다. 익숙한 것들과 헤어지고 낯선 것들과 친해지려고 애써야 합니다. 낯선 사람들과의 교류를 통해 다름을 발견하고 아이디어를 얻어야 합니다.

'그 나물에 그 밥'이라는 속담처럼 어제나 오늘이나 내일이나 아무런 변함이 없다면 급변하는 미래를 살아가기 어렵습니다. 앞을 다투어 경쟁하면 서로 지칩니다. 하지만 앞서려 하지 않고 달라지려고 노력하면 새로운 에너지가 생겨납니다.

언리미팅으로 무장하라

언리미팅(unlimiting)이란 자신의 잠재력에 대한 부정확하고 제한적인 인식을 버리고 올바른 마인드 셋, 동기, 방법으로 한계란 없다는 현실을 수용하는 과정을 말합니다. 우리는 세상을 살아가면서 얼마나 자주 그리고 많이 자신의 한계를 스스로 정하고 살아가는지 모릅니다.

브래들리 쿠퍼(Bradley Cooper)가 주연을 하고 로버트 드 니로가 조연을 했던 영화 리미트리스(Limitless)를 네이버 시리즈온으로 재미있게 봤습니다. 다소 황당한 영화이긴 하지만 찌질하게 살던 작가 에디 모라(브래들리 쿠퍼)가 친구로부터 받은 약을 먹고 갑자기 두뇌가 100% 활성화되면서 겪는 에피소드를 엮은 영화입니다. 영화에 나오듯이 인류는 일생 동안 자기 두뇌의 평균 20%밖에 사용하지 못한다고 합니다.

문제는 학교에서는 무조건 집중하고 열심히 공부하라고 하면서도 정작 메타학습(meta learning)을 가르치지 않습니다. 메타학습은 학습자가 자신의 학습을 인지하고 점차 통제해 나가는 일종의 메타인지 현상으로 스스로 질문하고 문제를 해결하는 자기주도 학습입니다.

짐 퀵(Jim Kwik)은 지식은 힘이며 학습은 초능력이라고 했습니다. 아인슈타인도 문제를 발생시킨 수준의 사고로는 문제의 해결책을 찾을 수 없다고 했습니다.

결국 생각의 힘을 키우지 않으면 우리는 자주 자신의 한계를 스스로 정하고 더 이상 그 한계를 뛰어넘을 시도조차 하지 않게 됩니다. 이런 과정을 반복하면 우리의 뇌는 그 한계를 당연한 것으로 받아들이고 거기 멈추게 됩니다.

얼마 전 J중학교 자유학년제 1학년 학생들과 수업을 하면서 '말을 잘하는 법'과 '잘 말하는 법'의 차이에 대해 토론을 했습니다. 학생들은 학기 초와 달리 이제는 생각할 줄 압니다.

말을 잘하려면 어휘력, 발음, 끊임없는 연습이 필요하지만 잘 말하려면 경청, 긍정 마인드, 설득력, 진심, 겸손하고 질문을 잘해야 한다고 학생들이 생각하며 말했습니다. 이들이 중학생 때부터 이렇게 한계를 넘어서 생각의 힘을 점점 키워간다면 미래가 밝아질 것입니다.

골프라는 운동을 하면서 드라이브 거리가 늘지 않는다고 고심하는 초보자는 대부분 자신의 스윙의 한계를 넘지 못해서 그렇습니다. 어느 순간 그 한계를 넘으면 자신도 알지 못하는 사이에 비거리가 늘어납니다.

LPGA 프로골퍼 중에서도 지난해에 비해 갑자기 드라이브 비거리가 20야드 이상 늘었다는 이야기가 가끔 들려옵니다. 한계는 없습니다. 적어도 우리가 스스로 한계를 지우지 않으면 얼마든지 한계를 뛰어넘을 수 있습니다.

안 된다는 생각을 단 한 번 이겨내고 나면 모든 것이 쉽고 단순해졌다고 짐 퀵은 자신의 경험으로 단언합니다. 특히 어릴 때 측정했던 지능지수(IQ)는 크게 믿을 바가 못 됩니다. 환경도 우리가 뛰어넘을 수 있는 허들 중 하나입니다.

잠재력은 결국 생각의 한계를 뛰어넘어야 밖으로 흘러나옵니다. 청소년들에게 무엇을 물어보면 생각도 하지 않고 "몰라요."라고 외칩니다. 한 마디로 생각하기 싫다는 말입니다. 그렇지만 그런 생각을 고쳐먹는 순간 언리미팅이 현실로 다가옵니다.

직관력을 위한 나만의 고정관념 만들기

고정관념을 없애라고 하는 말은 들어봤지만 만들라고 하는 말은 처음 들었을 것입니다. 고정관념(固定觀念, stereotype)이란 사람들의 행동을 결정하는 잘 변하지 않는 굳은 생각 또는 지나치게 당연한 것처럼 알려진 생각을 말합니다. 그러니까 고정관념 자체가 나쁜 게 아니라 그것을 통해 다른 사람과 사회에 해악을 끼치기 때문에 고정관념을 갖지 말라고 하는 겁니다.

그런데 인간이라면 고정관념을 갖지 않은 사람은 아무도 없습니다. 누구든지 고정관념을 가지고 있지만, 자신에게는 고정관념이 없다고 대부분 생각합니다. 여기서 새삼 고정관념을 만들어야 한다고 주장하는 이유가 있습니다. 우리는 매일 끊임없이 뭔가를 결정해야 하기 때문입니다. 만약 고정관념이 없다면 뭔가를 결정할 때마다 어려움을 겪게 되지 않을까요?

인간은 누구나 직관을 믿고 그에 따라 생각하고 행동합니다. 직관은 깊이 생각하지 않고 행동으로 옮기는 것을 말합니다. 고정관념이 만들어져 있는 사람은 직관에 따라 빠른 판단을 내립니다. 고정관념이 없는 사람은 아무런 생각이 없는 사람과 같습니다.
어려서부터 고정관념을 만들면서 직관력을 키우면 나중에 성인이 되어서도 확고부동한 고정관념을 토대로 직관을 믿고 생각하고 행동할 수 있습니다.
물론 어느 정도 수준의 직관력을 쌓으려면 수없이 많은 시행착오를 거쳐야 합니다. 그러므로 의사결정 결핍증을 가진 사람은 고정관념을 만들기 어렵고 직관력도 키우지 못합니다.
고정관념을 만들지만 유연성도 동시에 키워서 자신의 고정관념이 잘못되었다면 언제든지 고칠 수 있는 역량이 요구됩니다.

독서를 많이 하고 글을 쓰면서 깊은 내공을 쌓은 작가들의 고정관념은 매우 확고합니다. 언제 어떤 상황에 봉착하거나 질문을 받아도 전혀 흔들리거나 주저하지 않습니다. 상대의 의중을 꿰뚫어보며 상황을 직시하고 시의적절한 말을 즉시에 쏟아냅니다. 고정관념이 없다면 그렇게 대응하기 어렵습니다.
청소년 때부터 생각의 힘을 키워 조금씩 자신만의 고정관념을 만들어야 합니다. 눈치를 보지 않고 당당하게 말할 수 있는 능력이 필요합니다. J중학교 1학년 자유학년제 수업을 시작하면서 학생들에게 당부했습니다.

질문에 대답할 때는 모른다고 하지 말고 생각나는 대로 당당하게 말하라고 주문했습니다. 혹시 틀리면 어떻게 하나 걱정하지 말고 즉시 대답하고 거기서 한 걸음 더 나아가 질문도 하라고 했습니다.

우리 모두가 손에서 스마트폰을 놓지 못하고 살아가는 이 시대에는 생각 없는 사람들이 점점 많아지고 있습니다. 고정관념이 없다고 하는 사람들이 많습니다. 자신의 직관을 믿지 못하고 남의 생각에 이끌려 다니는 사람이 많습니다.

특히 청소년들은 어른들이나 뉴스 또는 떠돌아다니는 이야기를 마치 자신의 생각인 것처럼 주저 없이 말합니다.

이런 과정을 수없이 반복하면 그런 고정관념이 서서히 생겨나기 시작합니다. 종종 자신의 고정관념을 가까운 지인들에게 털어놓고 검증하는 방식도 바람직합니다. 아무리 자신은 옳다고 생각해도 객관적이지 못하면 바꿔야 하기 때문입니다.

이제부터 자신만의 고정관념을 만드는 노력이 필요합니다. 결국 직관의 능력을 키우기 위해서 그렇습니다.

뉴노멀이 된 재택근무

코로나19로 인해 흩어지면 살고 뭉치면 죽는다는 말이 생겼습니다. 기업이 앞 다투어 직원들에게 원격근무를 하도록 강요하고 있습니다. 4차 산업혁명이 현실화되면 원격근무와 재택근무가 일상화 되리라고 예상했지만 바이러스 팬데믹은 이를 훨씬 앞당겨 버렸습니다.

트위터의 CEO 잭 도시(Jack Dorsey)는 지난해 초 직원들의 재택근무를 허용한 데 이어 코로나 바이러스가 사라진 이후에도 영구적으로 재택근무를 할 수 있다고 밝혔습니다.

그 이유는 재택근무를 2개월 한 후 직원들에게 물었더니 겨우 20%만 사무실로 돌아오기를 희망했기 때문입니다. 트위터는 이를 계기로 집에서 일하는 방식을 전면 시행하면서 재택근무가 뉴 노멀이 될 것이라고 선포했습니다.

트위터뿐 아니라 포춘 100대 기업 대부분이 지금 재택근무를 시행하고 있습니다. 이처럼 글로벌 기업들만 재택근무를 하는 데 그치지 않고 중소기업들도 동참하고 있습니다. 그 여파로 도심 주요지역 사무실 건물의 공실률은 점점 높아지고 있습니다.

이럴 때 가장 영향을 받지 않는 것이 바로 1인 기업입니다. 필자의 경우도 10년째 1인 기업으로 활동하고 있는데 8년 전 사무실로 사용하던 오피스텔 공간을 정리하고 지금은 집에서 일하고 있습니다. 집에서 일하는 데 익숙해지면 따로 사무실을 구해야 할 필요가 없어집니다.

집에는 일을 하는 데 필요한 모든 것이 갖추어져 있습니다. 더구나 요즈음은 주로 줌(zoom)으로 코칭하고 강의하기 때문에 더욱 편리합니다. 이제는 바야흐로 재택근무의 달인이 되었다고 볼 수 있습니다.

그런데도 여전히 사무실 공간이 필요하다는 분들을 가끔 만납니다. 그 중에는 아직도 사무실이 있어야 폼도 나고 고객을 유치할 수 있다는 고정관념을 가진 분들도 더러 있습니다.

그건 옛말입니다. 이젠 거품을 송두리째 걷어내야 합니다. 진짜 일을 하는 데 필요한 것만 모두 갖추면 됩니다. 필자의 경우 독서와 글쓰기는 주로 집에서 하지만 누군가를 만나기 위해서는 식당이나 카페를 이용합니다.

대한민국 어디를 가나 거기가 사무실입니다. 노트북을 들고 제주도에 가서도 강의나 수업을 합니다. 디지털 유목민입니다. 특히 이제는 클라우드 서비스까지 일반화되어 있어서 어디를 가든지 자료를 들고 다닐 필요가 없습니다. 노트북과 스마트폰 그리고 읽을 책 한두 권이면 족합니다.

세상이 바뀌었다고 한탄할 시간이나 이유가 없습니다. 새로운 변화에 적응하느라 힘들다고 불평할 일도 아닙니다. 정부는 전 국민을 디지털화하겠다고 디지털 포용 기본법을 만들었습니다.

이제 디지털이 일상입니다. 재택근무를 비롯한 원격근무를 할 수 있는 모든 준비가 이미 갖춰졌습니다. 직원이 눈에 보여야 한눈팔지 않고 일을 할 것이라는 망상에서 깨어나야 합니다.

뭐니 뭐니 해도 얼굴을 맞대고 일해야 한다고 주장하는 사람은 이미 꼰대에 해당합니다.

재택근무의 부작용도 없지 않습니다. 하지만 실(失)보다는 득(得)을 먼저 찾아내면 됩니다. 자신만의 일하는 방식을 스스로 찾아내어 발전시켜야 합니다. 남을 따라할 필요는 없습니다. 나의 길은 내가 걸어가면 됩니다.

실패를 소환하라

소환(召喚)이란 원래 법률 용어로 법원이 증인이나 변호인 등에게 일정한 일시에 법원에 나올 것을 명령하는 일입니다. 그런데 요즈음 이 용어가 일반화되어 과거에 있었던 일을 기억하고 재구성하는 데 사용되고 있습니다.

실패를 소환하라는 말은 처참하게 겪었던 실패 경험을 되살려 성공을 위한 디딤돌로 삼으라는 뜻입니다. 성공과 실패를 놓고 보면 수많은 실패를 딛고 나서야 우리는 가끔 성공을 경험하게 됩니다.

어떤 사람은 실패했을 때 그것을 수치스럽게 여기고 잊어버리려고 애를 씁니다. 하지만 현명한 사람은 실패의 축적이 나중에 성공을 가져오는 밑거름이 된다는 사실을 똑바로 인식하고 소중히 다룹니다. 비슷한 실패를 경험하고도 어떻게 생각하고 대처하느냐에 따라 결과는 달라집니다.

연재만화 딜버트(Dilbert)의 작가 스콧 애덤스(Scott Adams)는 실패라는 통 속에 눈만 남기고 자신의 온 몸을 담가야 한다고 말합니다. 우리의 인생에서 원하는 것들이 모두 실패라는 통 속에 담겨 있습니다. 핵심은 거기서 어떤 좋은 것을 건져내느냐에 달려 있다고 그는 주장합니다.

성공은 쉬운 일이 아닙니다. 하지만 실패하기는 아주 쉬우며 우리는 매일 실패하며 삽니다. 우리의 말과 행동을 유심히 살펴보면 하루에도 수없이 우리는 실패합니다.

골프 연습을 위해 드라이빙 레인지에 가서 골프채를 사용해 보면 아마추어는 대부분의 골프 볼이 원하는 곳에 날아가지 않습니다. 어쩌다 한 번씩 원하는 지점에 볼이 떨어지는 것을 보며 우리는 희망을 가지고 다음에 또 다시 연습장에 갑니다.

실패를 통해 배운다고 흔히 말하지만 정작 실패는 우리의 마음을 아프게 합니다. 제발 두 번 다시 실패하지 말았으면 하고 기대합니다. 하지만 우리의 기대와는 전혀 다르게 매일 그리고 수시로 우리는 실패합니다. 성공하려고 애를 쓸수록 더 많이 실패합니다. 그러니 실패와 친하게 지내야 합니다.

실패는 멀리해야 할 상대가 아니라 따뜻하게 가슴 속에 품고 살아가야 하는 동반자입니다. 우리의 삶에 궁극적인 목표는 행복하기 위한 것입니다. 성공과 실패는 행복하기 위한 과정에 불과합니다. 많이 실패해 본 사람이 성공도 많이 합니다. 실패가 두려워 아무 일도 저지르지 않는 사람은 성공과도 거리가 멉니다. 실패와 친하게 지내는 방법을 스스로 찾아내야 합니다.

스콧 애덤스는 실패와 역경을 극복하고 원하는 것을 얻는 길은 자신만의 시스템이 있어야 한다고 역설합니다. 여기서 시스템이란 자신만의 루틴(routine)이라고도 설명할 수 있습니다.

남이 보기에는 사소해 보여도 자신만의 루틴을 가진 사람은 결코 흔들리지 않습니다.

얼마 전 미국에서 열린 LPGA 시합에서 박인비 선수가 21번째 우승컵을 들어 올렸습니다. 포커페이스이면서 자신만의 루틴이 확고한 박인비와 함께 플레이해본 선수들은 모두 혀를 내두릅니다.

고(故) 정주영 회장은 〈시련은 있어도 실패는 없다〉고 했습니다. 말의 뉘앙스는 조금 다르지만 맥락은 동일합니다. 성공을 꿈꾸고 행복을 이루기 위해서는 실패와 친구가 되어야 합니다.

유머의 위력

유머(humor)란 남을 웃기는 말이나 행동을 뜻합니다. 젊은이들의 배우자 선택조건에 '유머러스한 사람'이 들어 있습니다. 유머는 우리 사회를 건강하게 합니다.

리더의 유머는 많은 사람에게 희망과 용기를 줍니다.

영국 수상을 지낸 윈스턴 처칠의 유머는 전쟁과 가난의 어려움 속에서 영국 국민들이 이겨낼 힘을 주었다고 합니다.

노예해방으로 유명한 미국의 링컨 대통령의 유머는 자신의 정적들에게도 영향을 미쳤다고 합니다.

개그맨은 유머에 목숨을 겁니다. '웃겨야 산다!'가 그들의 모토입니다. 비즈니스맨들의 유머는 거대한 계약을 성사시키기도 합니다. 남을 웃기는 사람보다 잘 웃는 사람이 더 행복하다는 말은 사실입니다. 잘 웃어주기가 쉽지 않기 때문입니다.

웃어넘긴다는 말을 씁니다. 기가 막힌 상황에 봉착했을 때 웃으면서 어려운 시기를 훌쩍 넘어간다는 의미입니다. 유머는 사람의 마음을 움직입니다. 특히 사람의 감성을 흔들어놓는 역할을 합니다.

어린아이의 천진난만한 웃음은 어른들에게 행복을 한 아름 안겨줍니다. 세상만사 논리와 이치만 따지면 그 사회는 점점 침울하고 어두워집니다. 시대가 암울할수록 유머는 빛을 발합니다.

코로나19로 인해 사회적 거리 두기가 오래 지속되면서 사람들의 입가에 웃음이 사라지고 있습니다. 코로나 블루의 영향으로 그저 하루하루 노심초사하며 사람이 사람을 무서워하고 경계하는 지경에 이르고 있습니다. 지나친 걱정과 근심은 마음의 병을 가져옵니다. 마음의 병은 코로나 바이러스보다 더 무섭습니다.

아재개그는 세대를 뛰어넘는 폭발력을 갖고 있습니다. 아재개그를 우습게 보는 경향이 있습니다. 누군가 아재개그를 했을 때 외면하지 않고 피식 웃음이라도 지어보는 사람은 지혜로운 사람입니다.

필자는 매주 맥아더스쿨 뉴스레터를 발행하면서 우스갯소리를 꼭 한 가지씩 실어 보냅니다. 칼럼도 함께 보내지만 우스갯소리가 더 재미있다는 피드백을 받습니다. 옛날 코미디나 개그를 보려면 요즈음은 유튜브가 제격입니다. 특히 유튜브는 조회수가 나오기 때문에 조회수가 많은 유튜브 개그를 보면 됩니다.

필자는 십 수 년 전 웃음을 몸소 익히려고 웃음 강연을 하고 웃음 칼럼을 쓴 적이 있습니다. 그만큼 웃음에 목말랐던 시절이었습니다. 한국웃음연구소 이요셉 소장은 필자의 웃음 사부입니다.

웃음을 우습게 여기면 안 됩니다. 웃음의 위력을 과소평가하지 말아야 합니다. 비웃음이나 남에게 해를 끼치는 웃음은 삼가야 합니다. 웃음은 우리의 마음을 가난하게 합니다. 동시에 풍성하게 합니다. 웃음은 여유를 갖게 합니다. 대범하게 합니다.

요즘은 정치가들로부터 웃음을 찾기 어렵습니다. 정치도 웃음을 회복해야 합니다. 남의 허물을 들추어내지 않고 웃음으로 덮어주는 아량이 필요합니다. 넉넉한 웃음은 돌같이 굳어진 마음을 녹입니다.

자신을 높이면 웃음이 달아납니다. 반대로 자신을 낮추고 상대를 높이면 웃음이 되살아납니다. 총칼이나 재물로 상대를 이기려고 하면 적이 많아지지만 웃음으로 상대를 만나면 누구와도 친구가 됩니다. 웃음의 위력은 엄청납니다.

5강
1인 기업과 명함 만들기

1인 기업 창직과 명함의 위력

먼저 1인 기업에 대해 말씀드리자면 말 그대로 기업을 혼자서 하는 경우입니다. 제가 지금 말씀드리는 내용도 1인 기업 창직에 관한 것입니다.

창직은 혼자서 시작하는 것이 여러 모로 유리합니다.

물론 나중에 어느 정도 안정이 되고 사업이 확장되면 직원을 채용해서 규모를 키우면 됩니다. 또는 전략적으로 누군가와 제휴해서 협업을 할 수도 있습니다. 저의 주장은 시작할 때는 1인 기업 형태가 좋다는 뜻입니다.

1인 기업은 여러 가지 장점이 있습니다. 혼자서 의사결정을 하기 때문에 커뮤니케이션 채널, 다시 말씀드려서 두 사람이나 세 사람 이상일 경우 서로 대화하는 과정에서 생각이 다르고 목표가 다르고 행동이 다를 때 서로 절충할 필요가 없습니다. 혼자서 직관을 믿고 무슨 일이든지 추진해 나갈 수 있습니다.

1인 기업 창직은 미리미리 계획해야

직장생활을 20년 이상 오래 하신 분들은 막상 퇴직을 하면 자신에게 소속이 없다는 사실에 대해 굉장히 불안해합니다. 어딘가에 소속되어서 그 조직에서 오랫동안 일을 했기 때문에 혼자서 무엇인가를 하게 될 때 불안을 느낍니다. 과연 내가 하는 일이 옳은 일인가? 방향은 제대로 잡은 것인가? 이런 생각 때문에 불안해합니다.

그래서 퇴직한 분들에게 1인 기업에 대해 권하면 선뜻 내키지 않아 하는 느낌을 받습니다. 상당히 주저하는 모습을 보게 됩니다. 여러분, 잘 생각해 보십시오. 어차피 나중에 나이가 더 들면 사실 어딘가 소속되어서 일하기가 어렵습니다.

기업들은 대부분 나이가 차면 퇴직하도록 규정을 만들어 놓고 있습니다. 나이가 많아지면 아무래도 젊은 사람들과 함께 일하기가 어렵습니다.

그러니까 젊을 때부터 언제든지 자신도 1인 기업을 할 수 있다는 생각을 가지고 준비하고 시도해 보기를 권합니다.

1인 기업은 자기선언이 창직

그러면 1인 기업은 어떻게 시작해야 할까요?

자신이 계획을 세우고, 자신이 실천하다가 혹시 방향이 잘못되었다고 판단할 때는 언제든지 방향을 수정하면 됩니다. 개인 사업을 해보신 분들은 알겠지만, 그렇지 않은 분들은 1인 기업 하라고 하면 사업자등록증을 준비해야 하나, 자격증이 필요할까 여러 가지 생각을 합니다. 그런데 전혀 그럴 필요가 없습니다. 1인 기업은 자신이 그냥 선언하고 시작하면 됩니다.

앞에서 말씀드린 대로 보람 있고 가치 있는 일을 하기 위해 창직선언서를 만들었고 자신의 퍼스널 브랜드까지 만들었다면 언제든지 1인 기업을 시작할 수 있습니다. 요즘은 1인 기업에 대한 책도 나와 있고 유튜브 동영상도 있어서 여러분이 궁금하게 여기는 내용을 찾아보고 공부하면 됩니다. 복잡하지 않습니다. 여러 사람이 협의하지 않고 혼자서 모든 일을 할 수 있기 때문입니다.

문제는 '내가 과연 1인 기업을 할 수 있을까?' 하는 막연한 의구심을 떨쳐버리는 일입니다. 언제든지 1인창직을 하는 것은 1인 기업을 시작하는 것이라 생각하고 1인 기업에 도전해 보시기 바랍니다.

사업자등록증 같은 것들은 나중에 필요할 때 구청이나 시청 또는 세무서에 가면 30분도 걸리지 않아 만들어줍니다. 그건 여러분이 하는 일에 부수적으로 필요한 일이지 그런 게 없어서 1인창직이나 1인 기업을 시작하지 못한다고 할 수는 없습니다.

창직 선언했으면 명함부터 만들어야

자 이제 1인 기업을 하겠다고 마음먹었다면 가장 먼저 할 일이 명함을 만드는 것입니다. 명함에는 종이 명함도 있고 모바일 명함도 있습니다. 명함을 만드는 것이 왜 중요하냐고 하면 자신이 무언가를 하겠다고 선언한 것을 가시적으로 보여주는 일이기 때문입니다.

직장생활을 오래 하신 분들은 퇴직하고 나면 명함이 없습니다. 자신의 명함이 없다는 사실 때문에 상당히 곤란을 느끼기도 합니다. 여러 사람이 모인 장소에 갔을 때 서로 명함을 교환하고 인사를 하는데 "저는 명함이 없어요."라고 말해야 하니까요.

여러분, 명함은 대단한 게 아닙니다.

여러분의 이름, 휴대전화 번호, 퍼스널 브랜드명, 이메일 주소 그리고 창직선언서가 있으면 그게 바로 명함입니다. 전혀 어렵지 않은데 자꾸 어렵다고 생각하는 것이 문제라면 문제입니다.

자, 그러면 명함을 한 번 만들어 볼까요?

종이 명함은 여러분이 직접 명함 만드는 곳에 가서 만들면 됩니다. 종이 명함이 아니라 스마트폰에 모바일 명함을 만들려면 '리멤버'와 '라인카메라'라는 무료 앱을 먼저 설치합니다.

먼저 라인카메라에서 명함을 만듭니다. 위에 말씀드린 대로 이름, 휴대전화 번호, 이메일 주소, 브랜드명으로 앞장을 만듭니다. 뒷장에는 창직선언서를 넣어서 명함을 완성합니다. 그런 다음 리멤버 앱을 사용해서 자신의 명함을 앞뒤 포함해서 만듭니다. 이렇게 만든 명함을 다른 사람에게 문자나 카카오톡으로 전달할 수 있습니다.

리멤버는 자신의 명함 외에도 다른 사람의 명함을 받아서 리멤버에 등록해두면 편리합니다. 리멤버 카메라로 찍기만 하면 일일이 타이핑하지 않아도 모든 정보가 정확하게 리멤버에 등록이 됩니다. 아주 편리합니다.

창직 선언, 퍼스널브랜딩,
명함으로 무장한 1인 기업가

디딤돌과 걸림돌

　디딤돌은 디디고 다닐 수 있게 드문드문 놓은 평평한 돌을 말합니다. 어떤 문제를 해결하는 데 바탕이 되는 것을 비유하여 이르는 말로 쓰입니다. 세상을 살아가면서 우리는 온갖 어려움을 만납니다. 생로병사라는 라이프 사이클은 인간이라면 누구도 피해 갈 수 없는 과정입니다. 역경을 만날 때 그것을 디딤돌로 삼을 것인가, 아니면 걸림돌이 되어 넘어질 것인가는 오롯이 자신의 선택에 달려 있습니다.

　아무 걱정과 근심도 없이 그저 평탄하게 인생을 살아간다면 성숙한 단계로 나아가기 어렵습니다. 장애물을 만나면 절망하지 않고 오히려 그것을 절호의 기회로 만들어 오뚝이처럼 다시 일어서는 용기가 필요합니다.

　이런 사례는 우리 주변에 얼마든지 찾아볼 수 있습니다. 문제는 장애물을 극복하고 오뚝이처럼 일어서는 사례들이 눈에 들어오는가, 아니면 좌절하고 포기하는 사람만 보이는가에 달려 있습니다.

　20세기 최고의 클래식 음악 지휘자로 평가받고 있는 이탈리아 출신의 아르투로 토스카니니(Arturo Toscanini)는 자신의 고난을 디딤돌로 삼은 대표적인 인물입니다. 순회 가극단의 첼리스트로 연주 커리어를 시작한 그는 1886년 로시 오페라단 및 오케스트라 소속으로 브라질 리우데자네이루 가극장에 연주를 하러 갔는데 우연한 기회에 지휘봉을 잡게 되었습니다.

지휘자 레오폴드 미게츠가 극단과 마찰을 일으켜 〈아이다〉 공연의 막을 올리기 직전에 지휘봉을 던져버렸고 부지휘자와 합창단 지휘자가 대신 지휘봉을 잡았지만 청중의 야유에 밀려 물러나고 말았습니다. 단원들은 평소 지휘에 대해 뜨거운 열정을 가졌던 약관 19세의 첼리스트 토스카니니에게 즉석에서 지휘봉을 맡겼고, 그는 대곡 〈아이다〉를 완벽하게 지휘했습니다. 청중은 공연이 끝난 후 기립 박수로 새로운 마에스트로의 탄생을 축하했습니다.

이런 토스카니니는 어릴 때부터 시력이 나빠 보면대(譜面臺) 위의 악보를 제대로 보지 못해 악보를 통째로 외워 자신의 약점을 덮었다고 합니다. 그러면서도 89세에 타계했으니 무려 70년 동안 지휘자로 맹활약을 했습니다. 토스카니니와 같은 사례는 얼마든지 있습니다. 동서고금을 통해 위대한 사람들은 모두가 역경을 디딤돌로 삼았다고 해도 지나친 말이 아닙니다.

필자의 경우도 직장생활 20년을 마치고 40대 후반에 일찌감치 퇴직을 하고 10년을 여러 가지 직업을 거치며 동분서주했습니다. 그러다가 스티브 잡스가 만든 스마트폰을 만난 후 창직 전문가로 거듭나 오늘에 이르게 되었습니다.

회상해 보건대 평탄하게 정년이 될 때까지 직장생활을 지속했다면 지금 과연 무슨 일을 하고 있을까요? 아마 다른 사람들처럼 재취업을 하거나 그저 소일거리를 찾는 사람이 되었겠지요.

지금 자신의 상황이 힘들고 어렵다면 그건 걸림돌이 아니라 디딤돌이 눈앞에 나타난 것으로 생각하면 됩니다. 지금 자신에게 아무런 문제가 없다면 혹시 매너리즘에 빠져 자신이 편안한 길만 찾는 게 아닌지 고민해 봐야 합니다.

도전이 없으면 현실에 안주하게 되고 새로운 세상을 보는 안목이 흐려집니다. 우리는 모두 한정된 시간과 자원을 가지고 세상을 살아갑니다. 모든 것이 넉넉하게 주어진다면 굳이 힘들게 노력할 필요조차 없습니다. 결핍을 스스로 발전할 수 있는 에너지로 간주하고 생각을 바꾸면 언제든지 디딤돌이 눈앞에 보이기 시작합니다.

지난 3년 동안 코로나 팬데믹으로 인해 우리는 모두 어려운 시기를 지나왔습니다. 아직 코로나 바이러스가 완전히 사라지지 않았지만 우리는 여기 주저앉아 있을 수 없습니다. 분연히 털고 일어나 앞으로 나아가야 합니다. 고난의 디딤돌을 건너면 조금 더 성숙해집니다.

카오스를 뛰어 넘어라

카오스(Chaos)는 그리스어인데 우주가 발생하기 이전의 원시적인 혼돈이나 무질서 상태를 말합니다. 카오스 이론은 무질서하게 보이는 혼돈 상태에도 논리적 법칙이 존재한다는 이론이죠.

인간은 누구나 무질서보다 질서를 원합니다. 정치, 경제, 사회 등 모든 분야에서 안정적인 상태를 추구하려고 애를 씁니다. 하지만 세상은 우리가 바라는 대로 그렇게 흘러가지 않습니다.

지금 인류가 모두 함께 겪고 있는 코로나 팬데믹은 일종의 카오스입니다. 80억 명에 달하는 인구가 지구상에 흩어져 살고 있지만 코로나 바이러스의 습격에 모두가 마스크를 쓰고 사회적 거리두기를 하느라 어쩔 줄 모르며 어려움을 겪고 있습니다.

지구가 큰 줄 알았는데 이토록 작은 행성이었나 하고 새삼 놀랍니다. 코로나 바이러스가 발생한 지 무려 3년이 되었지만 여전히 인류는 카오스 속에서 신음하고 있습니다.

진정한 질서를 유지하려면 먼저 카오스를 적극적으로 경험하고 뛰어넘어야 합니다. 지혜의 언덕을 오르기 위해 수많은 시간 동안 독서와 글쓰기를 하고 온갖 경험을 겪어야 하듯이 말입니다.

인간의 두뇌도 이런 카오스를 경험하고 나서야 이윽고 통섭의 경지에 오를 수 있습니다. 카오스를 두려워하면 한 발짝도 앞으로 나아가기 어렵습니다. 인류 앞에 놓인 모든 카오스는 그저 기다리기만 한다고 스쳐 지나가지 않습니다. 높은 산을 오르는 등산가들은 온갖 어려움을 무릅쓰고 정상을 오릅니다. 그 이후에는 더 높은 산의 정상을 오르기 위해 다시 거친 훈련을 시작합니다.

학문의 길에도 카오스가 있습니다. 한 분야의 학문을 섭렵했다고 모두 이룰 수는 없습니다. 그래서 다시 다른 분야에 도전합니다. 과학기술이 발달하면서 인류에게는 새로운 과제가 끊임없이 주어지고 있습니다.

창의력은 카오스에서 생겨납니다.

질서 속에서는 도전정신이 싹트지 않습니다. 평소 정리정돈을 잘하는 사람들은 카오스를 싫어합니다. 최근에 화두로 떠오른 메타버스(Metaverse)를 여러 가지로 정의합니다. 그 중에서 필자는 '내가 모르면 없는 세상'이 바로 메타버스라는 정의에 눈길이 갑니다. 메타버스 세상은 한 마디로 카오스입니다.

아날로그 시대를 지나 디지털 시대를 경험한 후 우리는 이제 아날로그와 디지털을 아우르는 메타버스 시대로 접어들었습니다. 일대일 코칭을 하면서 지금 자신의 주변을 정리해서 완전히 과거를 뿌리째 뽑아버리고 새롭게 시작하려는 분들을 종종 만납니다.

소위 정리 결벽증이 있는 사람들입니다. 물론 매 순간 주변이 잘 정리되어 있으면 마음이 편하죠. 하지만 시시각각 우리에게 다가오는 카오스는 지금까지 애써 정리하고 정돈해 놓은 것들을 일순간에 흩트려 버립니다.

카오스 속에서도 중요한 부분을 찾아내어 자신의 것으로 만드는 기술이 요구됩니다. 과거의 것을 정리하기보다 미래의 것을 적극 받아들이며 새로운 기회로 만들어가는 것이 오히려 현명한 방법입니다. 산더미처럼 쌓인 카오스 속에서 미래를 여는 열쇠를 하나씩 만들어가는 것이 중요합니다.

지구상에서 최고의 카오스 지역으로 인도를 꼽습니다. 필자는 인도에 가보지는 못했지만 방글라데시 수도 다카에 가 보았습니다. 다카는 한 마디로 카오스입니다.

다카를 다녀오는 길에 홍콩을 경유해서 반나절 돌아보았는데 다카에 비하면 비교적 잘 정리된 도시국가이지만 머릿속에 남은 건 다카보다 별로 없었습니다.

질서만 고집하지 말고 카오스를 만나 당당하게 도전하는 정신이 반드시 필요합니다. 그저 편안한 것만이 우리 삶에 도움이 되지는 않는다는 점은 확실합니다. 카오스를 두려워하지 말고 뛰어넘어야 합니다.

티칭에서 코칭으로

학습 방법이 달라지고 있습니다.
학교 교육이나 가정교육, 평생학습을 위한 사회 교육이 모두 해당됩니다. 지금까지의 교육(敎育)은 지식과 기술 따위를 가르치며 인격을 길러주는 것이 목적이었습니다.

우리나라 현대 교육은 일본의 교육 시스템에서 출발하고 해방과 한국전쟁 이후 미국의 도움을 받아 만들어진 체계입니다. 그때나 지금이나 교육은 교육을 하는 사람들의 기준에 맞춰 모든 것이 이루어져 왔다고 보면 됩니다. 얼마 전 교육청 조직 구조를 우연히 알게 됐는데 교육청은 주로 교육 행정을 하는 사람들로 이루어져 있고 실제 교육은 현장 학교를 중심으로 실행된다고 합니다.

문제는 교육을 위한 모든 예산이 교육 행정가에 의해 배정되기 때문에 교육의 향방도 그 행정가들의 손에 달려있다는 사실입니다. 결국 행정가들의 사고가 바뀌지 않으면 곤란하다는 뜻입니다.

지금까지 우리나라 교육이 여기까지 발전하게 된 것은 일선 교사들의 노력과 함께 교육열에 불탄 학부모들의 뜨거운 성원 덕분입니다. 전쟁의 폐허 속에서 먹고살기도 힘들었겠지만, 우리 조부모님들과 부모님들은 어려운 환경 속에서도 오로지 배워야 한다며 자녀들을 학교로 보냈습니다.

21세기에 접어들면서 인공지능을 앞세운 4차 산업혁명의 거센 바람이 불어오고 지난 3년 동안 신종 코로나바이러스 감염증 팬데믹의 영향으로 비대면 수업이 진행되면서 우리는 교육의 커다란 전환점을 맞이하고 있습니다.

그것은 바로 교육자 중심에서 학습자 중심으로 패러다임이 완전히 바뀐 것입니다. 정규 학교에서 가르치는 것만으로는 변화하는 세상을 슬기롭게 살아가기가 어렵습니다. 학습자는 이제 교육자가 가르쳐 주는 내용에만 머물지 않고 새로운 것을 찾아 스스로 학습해야 하는 자기주도형 성장이 반드시 필요한 시대입니다.

부모가 자녀의 진로와 진학을 결정하려고 시도하는 것 자체가 위험천만한 일입니다. 부모가 알고 겪었던 세상을 자녀가 그대로 겪으며 앞으로 살아가지는 않을 겁니다. 그런 세상은 이미 지나갔고 전혀 미리 내다볼 수 없는 새로운 세상이 열리게 됩니다. 그래서 부모든 교사든 사회의 리더이든 누구든지 티칭(teaching)을 하지 말고 코칭(coaching)을 해야 합니다.

필자는 이런 변화를 미리 감지하고 10년 전부터 코칭에 전념하고 있습니다. 코치는 자기 지식을 전달하지 않고 학습자의 눈높이에 맞춰 학습자가 스스로 자신만의 답을 찾도록 유도하고 질문을 던지는 사람입니다.

물이 낮은 곳으로 흐르듯 사람은 철저하게 쉽고 편한 방법으로 세상을 살아가려고 합니다. 자신이 알고 있는 지식을 가르치는 것은 쉽습니다. 하지만 단순히 가르치지 않고 적절한 질문을 찾아내어 코칭을 하려면 훨씬 더 많은 노력을 해야 합니다.

필자는 5년째 서울 중구 J중학교 자유학기제 1학년을 코칭하고 있습니다. 벌써 1학기 말이 되었습니다.

수업 목표는 생각의 힘 키우기입니다. 마지막 수업 시간에는 한 학기 17회 동안 학생들이 스스로 자신의 생각의 힘이 얼마나 커졌는가를 측정해 보게 됩니다. 학생들이 스스로 생각의 힘 키우기를 할 수 있는 역량을 갖춘다면 그들의 진로와 진학에 큰 도움이 될 것입니다.

거듭 강조하지만 부모나 교사나 강사들이 생각을 바꿔야 합니다. 가르치려 들지 말고 어떻게 질문할 것인가를 계속 연구하고 노력해야 합니다. 아인슈타인은 '만약 어떤 문제를 한 시간 내에 풀어보라고 할 때 55분 동안 올바른 질문을 찾기만 하면 정답을 찾는 데는 5분이면 충분하다.'고 말했습니다.

지금까지 티칭을 주로 했던 가르치는 사람은 이제 모두 코칭으로 방법을 바꿔야 합니다.

공부를 멈추지 말아야 할 이유

지금까지 우리는 주로 시험을 쳐서 상급 학교에 진학하거나 자격증을 획득하거나 취직을 위해 공부를 했습니다. 초등학교 시절부터 공부라고 하면 당연히 그런 줄로만 알았습니다.

하지만 이제는 그런 공부는 그만하고 우리의 삶을 행복하게 하는 진짜 공부를 해야 합니다.

시험공부는 실컷 놀다가 한꺼번에 몰아서 할 수 있지만 지금 우리가 하는 공부는 꾸준히 해야 하는 공부입니다. 남에게 보여주기가 아니라 자신을 위한 그런 공부를 말합니다. 우리 모두는 어느 단계의 공부를 마치면 더 이상 공부할 필요가 없다고 단정해 버립니다. 하지만 세상이 지금처럼 정신없이 변해가고 인공지능을 앞세운 4차 산업혁명이 우리 앞에 닥쳐왔기 때문에 이제는 더 이상 그럴 수 없습니다.

공부는 학문이나 기술을 배우고 익히는 것입니다. 그런데 우리는 배우는 데는 열중하지만 익히는 데는 게을리 합니다. 빨리 암기하고 시험 문제를 잘 푸느냐를 따지는 방식에는 잘 적응하지만 인내하며 그것을 익혀 자신의 것으로 만드는 방식에는 그야말로 젬병입니다.

이제부터 진짜 공부를 해야 하는 이유는 미래를 어느 누구도 예측하기 어렵기 때문입니다. 지금 우리 앞에 전개되는 세상은 도무지 우리가 생각하는 대로 흘러가지 않고 전혀 예상하지 못한 방향으로 굴러갑니다.

　예로부터 선각자들이 활자를 통해 우리에게 많은 것을 전수해 주었지만 그것을 충분히 소화해서 우리의 것으로 만들지 못하면 아무런 의미가 없습니다. 그야말로 소 귀에 경 읽기입니다.

　진짜 공부는 살아있는 공부입니다.

　프로페셔널 스튜던트(professional student)라는 용어가 있습니다. 공부를 하다가 사회에 적응하지 못하고 평생 계속해서 공부만 열심히 하는 사람을 가리킵니다. 이렇게 공부와 삶을 분리하는 사람이 꽤 많습니다. 그저 열심히 공부하는 것에만 정신이 팔려 왜 공부해야 하는지도 잊고 삽니다.

　물론 공부는 해야 합니다. 하지만 막연한 공부는 시간만 허비합니다. 쓸모없이 버리는 시간이 많으면 그런 공부는 유익하지 않습니다. 공부의 결과는 자신과 다른 사람에게 유익해야 합니다. 남을 딛고 올라서려는 경쟁심에서 하는 공부는 한계가 있습니다. 사람마다 공부하는 방식은 다릅니다.

　다짜고짜 남을 따라 하는 공부는 그만하고 자신만의 방식으로 공부하는 것이 중요합니다.

　필자가 요즘 가장 부러워하는 사람은 공부의 내공을 가진 사람입니다. 한 눈 팔지 않고 묵묵히 자신의 길을 찾아 열심히 공부하는 사람입니다.

　단순히 배워서 아는 지식에 머무르지 않고 그것을 자신의 삶과 목표에 비추어 지혜의 단계로 업그레이드하는 사람입니다.

　반면에 뭔가를 배우는 일은 아예 시도조차 하지 않는 사람도 있습니다. 조금만 복잡한 내용이 나오면 신경을 끄고 쳐다보지도 않습니다. 쉬운 일만 골라 합니다. 그렇게 시간을 흘려보내면 자신도 모르게 조금씩 두뇌가 퇴화합니다. 안타까운 일입니다.

공부를 하려고만 작정하면 우리 주변에 얼마든지 여건이 갖춰져 있습니다. 가까운 곳에 도서관이 있고, 지인들을 통해 대면이나 비대면 방식의 모임도 많이 있습니다. 독서 모임은 배움을 위한 좋은 기회를 제공합니다.

독서를 하고 글을 쓰는 공부는 먼저 자신을 돌아보게 합니다. 자신을 돌아볼 줄 모르는 공부는 가짜입니다. 눈속임입니다. 자신을 속이는 것이며 나아가 다른 사람을 속이는 것입니다.

세상을 크게 보면 매일매일 공부할 것이 얼마나 많은지 알게 됩니다. 가끔 독서를 하면서 네이버 사전을 찾아보면 한글에도 이렇게 필자가 몰랐던 단어가 많이 있었나 하며 새삼 깜짝 놀라게 됩니다. 첨단 기술에 익숙한 젊은이들을 보면서 참으로 우리나라의 미래가 밝을 것이라는 희망을 가져 봅니다.

필자가 공부를 멈추지 않는 이유는 다른 사람에게 조금이나마 도움을 주기 위해서입니다. 하는 일이 코칭이라서 그렇습니다. 코치가 공부하지 않으면 다른 사람에게 도움을 줄 수 없기 때문입니다. 이제 공부도 평생 공부입니다.

누군가를 만날 때 창의력이 높아진다

창의력을 높이기 위한 다양한 방법이 있습니다.

오늘은 누군가를 만날 때 창의력이 가장 높아진다는 사실을 소개하고 싶습니다.

그런 면에서 사실 지난해에 이어 올해까지 계속해서 이어진 코로나19는 우리의 창의력을 높이는 데 걸림돌이 되고 있습니다.

누군가를 만난다는 의미는 단순한 만남을 넘어서 서로의 생각을 공유하고 다양한 관점에서 서로 이야기를 주고받는 상호작용을 의미합니다. 필자의 경험에 비추어 봐도 다양한 주제로 불특정 다수의 청중 앞에서 자주 강연을 하면서 점점 내용이 풍성해지고 강연의 주제도 더욱 다변화되었습니다.

특히 필자의 강연 방식은 일방적이 아니라 대체로 상호 소통하는 방식이기 때문에 강연을 마치면 청중보다 강연자인 필자가 더 많이 배우는 경험을 하게 된 거죠.

중학교 1학년 자유학년제 교사로 학생들과 수업을 하면서 옛날 그리스의 철학자 소크라테스가 하던 질의응답 방식을 고수해 왔는데 이 과정에서 과연 이 시대의 틴에이저(teen-ager)들이 어떤 생각을 가지고 있는지를 엿볼 수 있었습니다.

팬데믹의 영향으로 어쩔 수 없이 비(非)대면으로 수업과 강의를 해왔지만, 인간은 기본적으로 대면(對面)해서 이야기하는 방식을 선호합니다. 대면하면 전달하려는 텍스트나 이미지뿐 아니라 서로의 표정을 읽을 수 있고 동일한 공간 내의 분위기도 파악할 수 있기 때문입니다.

필자도 참여하여 비대면 화상회의 줌(zoom)에 대한 활용법 책을 두 권이나 썼지만, 여전히 대면과 비대면의 갭(gap)은 큽니다. 꽤 오랫동안 사회적 거리두기 강화로 인해 여러 명이 모이지 못했지만, 그래도 필자는 꾸준히 많은 분들을 만났습니다.

대면해서 이야기하는 방식을 선호하는 이유는 우리의 뇌가 그것을 더 좋아하기 때문이라고 합니다. 미팅을 하면서 새로운 인사이트와 아이디어를 얻은 경험을 누구나 가지고 있습니다.

서울혁신센터장이며 춘천마임축제 총감독을 맡고 있는 황인선 씨는 그의 신간 『저부터 MCN이 될래요』를 통해 생각이 있어야 글을 쓰는 게 아니라 글을 쓰면 생각이 나온다고 했습니다. 또한 아이디어가 있어서 회의를 하는 게 아니라 회의를 하면 아이디어가 나온다고 강조했습니다.

사람을 만나면 다양한 주제로 서로 대화를 하게 됩니다. 필자는 요즘 젊고 세련되고 현실감이 있는 분들을 만나 수시로 업데이트하기를 즐깁니다. 그들과 대화하면 시간이 어떻게 가는 줄도 모릅니다.

사람을 만나도 별로 할 말이 없다는 분들이 종종 있습니다. 알고 있는 지식과 정보를 그냥 나누는 정도면 대화의 주제가 금방 고갈되고 맙니다. 그런 분들은 대화를 질문하는 방식으로 바꿔보면 달라집니다. 질문을 하면서 겸손하게 배우는 겁니다.

지금은 참 배울 게 많은 시대입니다. 잠시만 우리가 한눈을 팔아도 세상이 워낙 빠른 속도로 지나가 버리기 때문에 계속해서 배워야 합니다. 물론 독서와 글쓰기로 내공을 다져야 하지만 다른 사람과의 만남을 통해 자신의 부족함을 메우고 다른 사람에게도 업데이트를 할 수 있는 기회를 제공한다면 서로에게 유익합니다.

일방적으로 가르치거나 배우려고만 하면 말문이 막힙니다. 만나는 한 사람 한 사람이 모두 보석입니다. 누군가를 만나면 창의력이 높아집니다.

당당하게 자신을 표현하라

시대는 빠르게 흘러갑니다. 세상은 정신없이 돌아갑니다. 사람은 사회적 동물입니다. 혼자 살아가기 쉽지 않은 세상을 우리가 지금 살아가고 있습니다. 인간은 누구나 관계를 맺고 살아갑니다. 태어나고 성장하고 결혼하고 자식을 낳고 나중에 죽을 때까지 우리는 모두 인간관계라는 틀 속을 벗어나지 못합니다.

사회생활뿐 아니라 비즈니스 세상에서도 인간관계만큼 중요한 것은 없습니다. 오늘 내가 여기 존재하는 이유는 많은 사람들의 관계와 관계 속에 얽혀 있기 때문입니다. 어느 누구도 갑자기 하늘에서 뚝 떨어진 사람은 없습니다.

그런데 우리는 착각하고 삽니다. 무엇인가 조금 배우고 나면 자기 혼자 똑똑해서 이렇게 된 줄로 생각합니다. 그렇지 않습니다. 서로서로 도움을 받고 도움을 주며, 상처를 받고 상처를 주는 과정을 수없이 반복하는 것이 우리의 삶입니다. 여기서 크게 벗어날 수 없습니다.

누가 더 잘났는지 그리고 누가 더 똑똑한지 비교하는 것은 성숙하지 않은 아이일 때나 하는 행동입니다. 비교하는 감정이 남아 있으면 자신을 똑바로 표현하기 어렵습니다. 자신을 올바르게 표현하는 것은 무슨 일을 할 때 가장 먼저 해야 할 일입니다.

자신이 누구인지를 남에게 나타내지 못하면 어떤 비즈니스를 해도 성공하기 어렵습니다. 물건이나 서비스를 팔려고 하면 먼저 자신을 가치 있는 사람으로 표현할 수 있어야 합니다.

인간관계에서 신뢰는 그 사람의 말과 행동을 보면 알게 됩니다. 물건이나 서비스가 아무리 좋아도 사람을 믿지 못하면 지속적인 구매가 이루어지지 않습니다. 그리고 자연스러운 입소문도 만들어지지 않습니다. 먼저 사람을 믿으면 비즈니스가 이루어집니다. 알고 보면 간단한 원리이지만 많은 사람들이 이를 가볍게 생각하고 지냅니다.

종종 자신은 나타내지 않고 물건이나 서비스를 많이 팔고 싶다는 분들을 만납니다. 물론 아주 특별한 경우에는 그럴 수도 있습니다. 하지만 그런 경우는 드뭅니다. 지금까지 없었던 새로운 직업을 만들거나 찾아내는 창직의 세계에서는 먼저 자신을 충분히 표현해야 합니다.

지금까지 어떻게 살아왔든지 상관없이 도대체 자신이 어떤 사람이며 지금 무엇을 하고 미래에 무엇을 추구하려고 하는지는 명확하게 밝혀야 합니다. 특히 소셜 네트워크(SNS) 상에서 먼저 물건이나 서비스부터 팔겠다고 서두르면 실패하기 쉽습니다. 그런 의도를 보이기 전에 먼저 자신을 당당하게 표현하면서 온·오프라인 친구를 사귀는 것이 먼저입니다.

모든 문제는 인간관계에서 시작됩니다. 모든 인간사의 문제에 대한 해결책도 인간관계를 개선하면서 나옵니다. 인간관계에 대한 성찰과 개선이 없으면 또 다른 새로운 문제를 야기하게 됩니다.

일이 우선인가 아니면 인간관계가 우선인가를 따질 때 일이 우선인 경우가 있었습니다. 산업화 시대에는 결과가 과정을 모두 덮었습니다. 인간관계에 전혀 신경을 쓰지 않아도 결과만 좋으면 인정받았습니다. 하지만 지금은 그런 시대가 아닙니다.

당연히 결과도 좋아야 하지만 과정에서 인간관계가 깨어지면 회복하기 어렵습니다.

평생직업을 찾으려고 많은 분들이 애를 씁니다. 평생직업을 가지려면 인간관계에 더욱 신경을 써야 합니다. 인간관계를 잘못하면 일을 망치기 일쑤입니다. 한 번 망가진 인간관계를 회복하려면 꽤 오랜 시간과 노력이 필요합니다. 왜냐하면 도와주기는 어렵지만 방해하기는 비교적 쉽기 때문입니다.

인공지능을 앞세운 4차 산업혁명이 우리의 직업을 위협하고 있습니다. 슬기로운 창직을 통해 자신만의 평생직업을 찾으려면 당당하게 자신을 표현하는 능력부터 갖추어야 합니다.

손정의의 매직 넘버 7

소프트뱅크 손정의가 만든 제곱 법칙이 있습니다.

손자의 병법과 손정의가 만든 문자의 조합으로 구성되어 있습니다. 10문자는 손자의 시계 편에서 그리고 4문자는 손자의 군쟁 편에서 가져왔습니다. 거기에다 손정의가 만든 11문자를 합해서 합계 25문자를 만든 것입니다. 이 중에서 두 번째 단에 나오는 정정략칠투(頂情略七鬪)를 자세히 들여다보겠습니다.

수많은 M&A를 통해 오늘의 소프트뱅크를 일궈낸 손정의를 흔히 투자의 귀재라고 합니다. 그런데 그에게는 그가 만든 바로 이 매직 넘버 7이 있었던 거죠. 7은 70퍼센트의 승률을 의미합니다. 50퍼센트 정도로는 투자하기에 미흡하고 90퍼센트라면 누구나 쉽게 결정을 내릴 수 있기 때문에 70퍼센트의 승률로 투자를 결정한다고 합니다.

앞으로 어떻게 전개될지 도무지 알 수 없는 미래를 내다보면서 승률이 몇 퍼센트라고 단정하기는 쉽지 않습니다. 30퍼센트의 승률로도 성공할 수 있는가 하면 80퍼센트라도 실패할 수 있습니다. 어차피 미래 예측은 스스로 해야 합니다.

승률도 마찬가지라고 볼 수 있죠. 다만 지금까지 한 번도 하지 않았던 결정을 내리면서 '묻지 마' 투자는 곤란하지만, 그렇다고 처음부터 끝까지 완벽한 분석 자료를 기대할 수도 없다는 게 딜레마입니다.

창업이 아닌 새로운 일거리를 찾아야 하는 창직의 경우에는 승률보다 자기 확신이 더 중요합니다. 어차피 승률을 정하는 것도 자기 확신의 일부라고 봐야 하지 않을까요.

묻지도 따져보지도 않는 섣부른 의사결정도 문제가 되지만 우유부단한 결정 장애는 더욱 문제가 됩니다.

창직을 위해 많은 분들을 코칭 하면서 자주 듣는 하소연은 가장 가까운 배우자나 가족 또는 친구들의 반대로 힘들다는 겁니다. 그건 어찌 보면 당연합니다. 그들은 창직이 무엇이며 어떻게 하는지도 전혀 모르고 직접 해본 적도 없기 때문에 그렇습니다. 그래서 창직을 하기 위해 뛰어넘어야 할 첫 번째 관문이 바로 가까운 가족과 친지들입니다. 그들을 설득할 수 없으면 나중에 고객을 설득하기는 더욱 어렵습니다.

손정의의 매직 넘버 7이 아니어도 좋습니다. 비록 승률이 50퍼센트 이하라 할지라도 창직은 성공할 수 있습니다. 자기 확신이 있다면 도전해 볼 가치가 충분히 있다는 뜻입니다. 혹시 창직의 방향을 잘못 잡은 경우라도 얼마든지 수정 보완할 수 있기 때문입니다. 중단 없이 창직 경험을 차곡차곡 쌓아가야 합니다.

다시 강조하지만 창직은 누구나 시도할 수 있지만 궁극적으로 얼마나 많은 시간이 걸려 목표에 도달할지 아무도 모릅니다.

창직은 평생 할 수 있는 직업을 찾아내는 것입니다.

몇 번 해보고 나서 할지 말지 결정하는 게 아니라 100세 시대에 적어도 80세까지는 꾸준히 일을 할 수 있다면 얼마든지 도전할 가치가 있습니다.

손정의는 좀 특별한 사람입니다. 그는 20대에 벌써 30대부터

10년 단위로 60대까지의 목표를 정하고 이루어낸 인물입니다. 그를 굳이 흉내 낼 필요는 없습니다.

다만 그의 제곱 법칙을 꼼꼼히 연구해서 그 중 일부라도 차용하고 활용하면 창직하는 데 도움이 될 것입니다.

손정의 같은 기업가 정신을 가진 사람이 되려고 노력해야 합니다. 기업가 정신은 창직을 위해 반드시 필요한 덕목입니다.

수평적 사고

수평적 사고(Lateral Thinking)는 이미 확립된 패턴에 따라 논리적으로 접근하는 것이 아니라 통찰력이나 창의성을 발휘하여 기발한 해결책을 찾는 사고 방법을 말합니다. 이와 반대로 수직적 사고(Logical Thinking)란 어떤 사실로부터 의심할 여지가 없는 결론을 도출하는 사고법을 말합니다.

시대가 달라졌습니다. 매사 정답만 찾는 방식은 더 이상 통하지 않습니다. 과거 산업화 시대에는 비즈니스 오너와 최고 경영자를 제외하고는 수평적 사고를 해야 할 필요조차 없었습니다. 위에서 먼저 정의를 내리면 나머지는 모두 주어진 매뉴얼에 따라 실행하기만 하면 무엇이든 이루어지는 시대였습니다. 군대식으로 상명하달이 기업에도 깊이 뿌리 내렸습니다. 조직 내에서 튀면 죽는 그런 시대였습니다.

지금은 논리를 앞세우거나 지시에 복종하기만을 바라는 기업이나 개인은 어딜 가나 환영받지 못합니다. 일사불란하게 지휘 통솔하는 사람을 리더십이 있다고 말하지 않습니다. 오히려 융통성이 없는 것으로 받아들입니다.

십여 년 전 안산에 소재한 반월공단에서 전문경영을 할 때의 일입니다. 매주 팀장들을 불러놓고 회의를 하면 아무도 말을 하지 않았습니다. 일방적인 지시로는 동기부여가 되지 않기 때문에 그들의 입을 열게 하려고 무척 노력했지만 번번이 실패했습니다. 고민 끝에 팀장을 한 사람씩 따로 불러 얘기를 들어보았습니다. 그제서야 입을 열며 그저 명령만 내려주면 열심히 하겠다고 했습니다. 지금까지 그런 방식에 익숙해져 있어서 자신의 생각을 다른 사람 앞에서 말하기가 자신이 없다고 했습니다.

중학교에서 1학년 자유학년제 창직 반의 한 학기 학습목표는 생각의 힘을 키우는 것입니다. 교재는 따로 없고 스마트폰을 도구로 사용해서 매주 새로운 주제로 자신의 생각을 말하고 다른 사람의 생각을 들어보는 방식입니다. 이제 갓 중학생이 된 만 13세의 어린 학생들이 처음에는 발표하기를 낯설어하지만 조금 시간이 지나가면 발표가 자연스러워집니다.

처음 듣는 용어가 나오면 얼른 네이버와 위키백과에서 찾아보게 합니다. 다른 학생들이 말을 할 때는 경청하는 법을 배웁니다. 자신의 생각을 노트에 글로 적고 나중에 오픈 채팅방에 남기도록 유도합니다. 학기 초에는 서먹서먹하지만 이내 익숙해지면 수업 시간이 즐거워집니다.

교사가 가르치고 학생은 배우는 수업 방식이 아닙니다.

필자도 중학생들을 지도하면서 많이 배웁니다. 이들이 소위 Z세대입니다. 그들이 어떤 생각을 가지고 있는지 수업을 진행하면서 저절로 알게 됩니다.

수평적 사고라는 어려운 단어는 몰라도 읽고 생각하고 말하고 쓰는 과정을 통해 조금씩 생각의 힘이 커집니다. 학기 초 노트에 자신의 생각의 크기를 한 번 그려보라고 하면 조그마한 동그라미를 그립니다. 나중에 학기를 마칠 때쯤 다시 그려보라고 하면 노트에 가득한 큰 원을 그립니다.

지금의 50대 이후는 대부분 수직적 사고에 푹 젖어 살았습니다. 그러다가 이제는 수평적 사고를 해보라고 권하면 무척 어려워합니다. 하지만 수평적 사고를 받아들이고 행동으로 옮기지 않으면 스스로 아웃사이더가 됩니다.

수평적 사고가 몸에 배야 합니다.

정중(鄭重)하라

'정중(鄭重, civility)하다'는 말은 태도나 분위기가 점잖고 엄숙하다는 뜻입니다. 정중함의 반대말은 무례(無禮)함입니다. 태도나 말에 예의가 없는 경우입니다. 지금 우리는 막말 사회에서 살고 있습니다. 겉으로는 전혀 그럴 것 같지 않지만 실상 속으로는 무례함과 막말이 넘쳐나고 있습니다.

유사 이래 그 어느 때보다 개인주의가 팽배하고 자신의 욕망을 실현하고자 다른 사람을 무자비하게 짓밟는 시대를 살고 있습니다. 조지타운대학교 맥도너 경영대학원 크리스틴 포래스(Christine Porath) 교수는 『정중함을 마스트하라(mastering civility)』라는 저서에서 정중하지 않을 때 지불해야 하는 엄청난 비용을 조목조목 나열하고 있습니다. 이 책 제목의 우리말 번역은 『무례함의 비용』입니다. 잘 붙인 제목으로 보입니다.

남에게 인정받기 원하면 매너부터 챙겨야 합니다. 무례함에 시달린 사람들은 쓸데없는 걱정을 하느라 시간을 허비하고 의욕이 떨어지고 마음속에 항상 품고 다니는 화로 인해 건강까지 해치는 결과를 초래합니다. 많이 나아졌다고는 하지만 기업이라는 조직 내에서의 무례함은 말로 표현하기에 부족합니다.

필자는 직장생활을 20년 했는데 그 중 5년은 국내 기업에서, 나머지 15년은 글로벌 은행이었습니다. 국내 기업이든 글로벌 기업이든 조직 내에서는 하루도 빠짐없이 승진과 성과급을 위한 사투가 벌어집니다. 욕망을 이루기 위해서는 상급자의 무례함을 참아내야 하는 고통이 고스란히 숨어 있습니다. 그렇게 승진한 후에는 똑같은 무례함으로 부하 직원을 다룹니다.

필자와 같은 1인 기업가에게는 모두가 고객입니다. 가족도 지인도 모두 고객입니다. 고객은 철저하게 자신의 이익을 위해 무례함으로 똘똘 뭉쳐 있습니다. 상대방의 무례함을 인내하고 정중함으로 화답하는 것이 성숙한 인격을 가진 자의 능력입니다.

무례함을 무례함으로 맞받아치는 상황에서는 협상과 실적이 나올 수 없습니다. 예의를 지키면서 할 말을 다하는 스킬을 터득해야 합니다. 정중하게 대한다고 해서 할 말을 전혀 하지 못하는 것은 곤란합니다. 품위를 지키면서도 얼마든지 자신의 의사를 표현할 수 있습니다.

직장에서 높은 지위를 남용하여 무례하게 다른 사람을 대했던 사람은 나중에 퇴직을 하고 나면 아무도 거들떠보지 않습니다. 한마디로 외톨이가 됩니다.

정중하고 무례하지 않으려는 변화는 스스로 시작해야 합니다. 가족이나 가까운 지인에게 자신이 무례한지 아닌지 피드백을 들어보는 것도 지혜로운 방법입니다.

무례함은 뿌리가 깊습니다. 어릴 적부터 몸에 철저하게 배어

버리기 때문에 여간해서 고치기 힘듭니다.

하지만 무례함을 인식하고 정중함으로 바꾸지 않으면 우리의 삶도 비즈니스도 점점 어려워집니다.

정중함은 단순히 겸손함에 머물지 않고 당당함을 동반합니다. 무례함은 교만에서 출발합니다. 다른 사람을 존중하는 마음이 있으면 정중함이 생깁니다. 특히 무례함은 말로 시작됩니다. 그래서 입술에 파수꾼을 세워야 합니다. 말이 정중해지면 태도도 덩달아 무례함을 벗어날 수 있습니다.

당신은 과연 정중한가요?

정체성, 찾지 말고 만들어라

정체성(正體性, identity)이란 변하지 않는 존재의 본질을 깨닫는 성질 또는 그 성질을 가진 독립적 존재를 말합니다. 인생이란 끝없이 자신을 찾는 것이라고 하지만 실상 자신을 만들어가는 과정이라고도 볼 수 있습니다.

흔히 당신의 정체성이 무엇인지 말해보라고 하면 무척 당황해합니다. 무엇이 자신의 정체성인지 헷갈리기도 합니다. 자신의 존재의 본질이 도대체 무엇인지 깨닫기 쉽지 않습니다. 그래서 자신이 좋아하는 일이나 잘하는 것을 자신의 정체성이라고 믿기도 합니다. 이렇게 정체성을 묻는 질문에 대답하기가 어렵습니다.

필자가 10년 동안 450여 명을 코칭하면서 자신만의 평생직업을 찾기 위해 먼저 정체성을 함께 찾아보자고 권하지만 소수만이 자신의 정체성을 찾아냅니다. 많은 분들이 정체성 찾기를 어려워합니다.

평생직업을 찾아내기 위한 퍼스널 브랜딩은 자신의 정체성을 알게 되면 비교적 쉬워집니다. 이렇게 어려운 정체성 찾기를 그만두고 정체성을 만들어가는 편은 어떨까요? 찾기가 어려우면 만들어가는 방법도 있다는 뜻입니다.

그렇다면 어떻게 자신의 정체성을 만들 수 있을까요? 인생의 의미를 만들겠다고 먼저 선언부터 하는 것이 좋습니다. 의미를 만들지 않으면 나만의 방식으로 내 삶을 살아가는 기회를 낭비하게 될지도 모릅니다.

여기서 무슨 대단한 의미를 말하자는 게 아닙니다. 아주 간단하게 내가 세상에서 살아가는, 가치 있는 이유를 찾자는 것입니다. 그냥 자신의 욕망을 이루기 위해 지금까지 살아 왔다면 이제는 한 번 다른 사람들과 사회를 위해 살아보자는 말입니다.

의미와 가치를 찾아내는 결정권은 오로지 자신에게만 있습니다. 지금까지 결정권을 다른 사람이 가졌다면 이제부터는 자신이 그 결정권을 행사해 보는 것입니다. 정체성을 만들기 위해서는 자신의 열정을 쏟아 부을 수 있는 일을 찾아내야 합니다.

과연 무슨 일을 할 때 자신이 가장 열정적이었나를 곰곰이 생각해 보면 실마리를 찾아낼 수 있습니다. 열정은 에너지를 소비하지만 최고의 열정은 에너지를 다시 충전해서 채워줍니다. 물론 번아웃(burn-out)이 되지 않도록 주의해야 합니다.

또한 스스로 자신의 정체성을 찾기 어려우면 주변의 도움을 받는 것이 좋습니다. 자신을 가장 잘 아는 사람이 자신이라고 믿지만 그렇지 않을 수도 있습니다. 주변 사람들에게 보여지는 모습이 자신의 진정한 모습일 수도 있습니다.

직장생활을 오랫동안 했던 사람들의 공통점은 자신의 정체성이 무엇인지 모른다는 것입니다. 자신이 속했던 조직에 모든 것을 걸고 오로지 앞만 보고 달려왔지만 막상 퇴직을 하고 나면 공허감에 사로잡힙니다. 지금까지 자신이 도대체 무엇을 위해 살아왔던가 하고 후회하기도 합니다.

그러니 직장에 들어갈 때부터 자신의 정체성을 만들어가는 지혜가 필요합니다. 군중심리에 이끌려 우왕좌왕 하며 살아왔다면 이제는 자신만의 길을 정해 꿋꿋이 그 길로 나아가야 합니다.

누가 뭐래도 이제부터 나는 이런 사람으로 살아가겠다는 선언을 한 뒤에 변함없이 그 길로 나아가는 것이 바로 정체성을 만들어가는 방법입니다. 어렵게 생각하면 한없이 어렵지만 단순하게 생각하면 그다지 어렵지 않습니다.

피보팅을 활용하라

피벗(pivot)이란 본래 스포츠 용어로 몸의 중심축을 한 쪽 발에서 다른 쪽 발로 이동시키는 것을 말합니다. 농구나 핸드볼에서 주로 사용합니다. 그런데 이제는 피보팅(pivoting)이란 말이 자연스럽게 비즈니스 현장에서도 사용되고 있습니다.

이것은 트렌드나 바이러스 등 급속도로 변하는 외부 환경에 따라 기존 사업 아이템을 바탕으로 사업의 방향을 다른 쪽으로 전환하는 경우를 말합니다.

우리 모두가 잘 아는 페이스북은 처음에 하버드대 기숙사에서 누가 가장 예쁜 여학생인가를 찾아내는 재미로 시작한 놀이였는데 이제는 누구나 가입해서 친구들과 즐기는 플랫폼으로 확장되었습니다. 유튜브도 처음에는 남녀가 서로 만나는 데이팅으로 시작했는데 지금은 모두가 열광하는 최고의 동영상 플랫폼이 되었습니다. 아마존도 다르지 않습니다. 처음에는 단순히 책을 배달하는 작은 회사로 시작했지만 지금은 세계 굴지의 물류 회사가 되어 엄청난 규모의 기업으로 성장했습니다.

이렇게 규모가 큰 회사만 피보팅이 필요한 건 아닙니다. 1인 기업도 빠르게 변화하는 주변 환경과 고객의 요구에 부응하기 위해 피보팅을 해야 합니다.

지금까지 없었던 새로운 직업을 찾아내어 자신만의 평생직업으로 삼는 창직에서도 피보팅은 반드시 필요합니다.

자신이 지금까지 해왔던 일을 중심으로 피보팅을 할 수도 있고 전혀 해보지 않은 새로운 일을 시작하면서 끊임없이 피보팅을 염두에 두고 비즈니스 모델을 유연하게 조정하는 작업을 할 수도 있습니다. 남을 무작정 따라 하지 않고 피보팅으로 새로운 직업을 찾아내는 겁니다.

방식을 바꾸거나 순서를 변경하는 것만으로도 피보팅이 가능합니다. 창직의 아이콘인 스마트 잡스도 무에서 유를 창조한 사람이 아니었습니다. 남의 것을 훔치거나 베낀 후 피보팅을 통해 전혀 다른 새로운 것을 만들어내는 탁월한 능력이 그에게 있었습니다. 코로나19로 인해 사람을 태우지 못하는 비행기를 개조해서 화물을 실어 나르기도 하고 PC방에서 음식을 만들어 배달하는 방식으로 피보팅을 하는 사례도 있습니다.

과학기술이 발전하고 인공지능 로봇이 나오는 판국에 무슨 수로 새로운 직업을 찾느냐며 일찌감치 포기하는 사람도 있습니다. 그렇지 않습니다. 많은 직업이 사라지고 있지만 동시에 많은 새로운 직업이 생겨나고 있습니다. 왜냐하면 피보팅으로 파생 직업이 많아지고 있기 때문입니다.

피보팅 활용 능력은 얼마나 머리가 좋은가 하는 것과는 아무런 상관이 없습니다. 투자를 많이 해야 하는 것과도 무관합니다. 독서와 글쓰기를 통해 다양한 아이디어를 실행력으로 옮길 때 본격적인 피보팅이 시작됩니다. 다양한 경험을 새로운 아이디어와 접목하면 피보팅 활용 능력이 살아납니다.

무엇이든 포기하면 아무 것도 이룰 수 없습니다. 끈기를 가지고 도전할 때 피보팅 능력도 점차 커집니다. 나이 들어 새삼 무슨 새로운 일을 할 것인가 두려워하지 말고 두 팔 걷어붙이고 피보팅으로 한 번 도전해 보면 어떨까요?

물론 처음부터 갑자기 피보팅 능력이 나타나지는 않겠지만, 꾸준히 노력하면 조금씩 자신감이 생깁니다.

돈을 투자하는 것부터 생각하지 말고 생각의 힘과 무자본으로 시작하는 피보팅을 적극 권합니다.

두려움을 에너지로 바꾼다

두려워하는 것은 뭔가 꺼려하거나 무서워하는 마음을 갖는 것입니다. 유의어로는 겁내다, 염려하다, 전전긍긍하다 등이 있습니다. 우리는 세상을 살아가면서 온갖 두려움을 끌어안고 삽니다. 무엇을 먹을까, 무엇을 입을까, 어디서 살까, 어떤 친구를 사귈까, 공부를 잘 할 수 있을까, 장차 어떤 직업을 갖게 될까 등등입니다.

두려움을 다른 말로 긴장감이라고도 표현할 수 있습니다. 긴장감은 스트레스와도 직접 관련이 있습니다. 하루에도 우리는 여러 번 이런 긴장감 속에서 살아갑니다. 그런데 이런 어느 정도의 긴장감은 우리가 발전하는 데 디딤돌이 됩니다. 하루 종일 바깥에서 생활하다가 집에 들어와서 스마트폰을 전원에 연결하듯이 적당한 긴장감은 에너지로 충전이 됩니다.

절대 빈곤은 지능지수(IQ)를 낮춘다는 통계를 본 적이 있습니다. 아프리카 어느 지역의 빈곤층의 지능지수를 측정한 후 나중에 절대 빈곤을 벗어난 후 다시 측정해 보니 무려 평균 14포인트가 올랐다고 합니다.

지나친 두려움은 우리의 정신력을 무디게 하고 의욕을 잃게 합니다. 하지만 어느 정도의 두려움은 동기를 부여하기 위해 필요합니다. 특히 주변에 경쟁자가 있을 때 우리는 더욱 긴장하고 노력하게 됩니다.

마라톤에서 최고의 기록을 내는 경우는 2위 주자와의 거리가 아주 가까울 때입니다. 2위 주자와의 거리가 너무 멀어지면 신기록이 나오기 어렵습니다. 멀리서 미꾸라지를 운송하면서 메기를 함께 넣는 방식도 이와 같은 이치입니다. 메기가 무서워 미꾸라지들이 정신없이 움직이기 때문이라고 합니다.

좋은 학교에 진학하기 위해 학생들은 공부하느라 혼신의 힘을 쏟아 붓습니다. 친구들과의 경쟁심은 실력을 향상하는 데 도움이 됩니다. 두려움을 에너지로 바꾸느냐 아니냐는 선택의 문제입니다. 두려워서 긴장하면 인간의 뇌는 조금씩 굳어 버립니다. 반면에 두려움을 극복하기 위해 돌파구를 찾으려 애를 쓰기 시작하면 닫혔던 문이 서서히 열리면서 새로운 길로 나타납니다.

대단한 업적을 이룬 사람들의 지난날을 자세히 살펴보면 대부분 두려움을 이기고 자신만의 길을 뚜벅뚜벅 걸어온 사람들입니다. 평범한 사람과 비범한 사람의 격차는 두려움을 어떻게 극복했느냐에 달렸습니다.

큰일을 이루기 위해서는 작은 일부터 차근차근 해내야 합니다. 어느 날 갑자기 큰일을 이루어내지는 못합니다.

지금 왠지 불안하고 긴장감이 든다면 바로 그때가 성숙하고 발전하기 시작할 때입니다. 약간의 긴장감을 즐기는 경지에까지 오른다면 두려움도 별 것 아니라는 생각이 들게 마련입니다. 두려움이 찾아올 때 그때마다 회피하려고만 한다면 크게 도약하는 데 걸림돌이 됩니다.

남들이 가지 않은 길을 가야 하는 경우 두려움이 당연히 찾아옵니다. 평소에 긴장감을 이겨본 사람은 자신을 믿고 묵묵히 앞으로 나아갑니다. 혹여 도중에 장애물을 만나도 포기하지 않고 끝까지 길을 갑니다.

우리 삶 자체가 그렇다고 생각하면 어떤 두려움도 이길 수 있습니다. 나에게만 닥친 어려움이 아니라고 생각하는 평소의 습관이 필요합니다. 생로병사(生老病死)로부터 벗어날 길이 없는 모든 인간이 가는 길이기 때문입니다. 작정하면 두려움을 에너지로 바꿀 수 있습니다.

리더의 말

리더는 말로 승부합니다. 리더의 말은 역사가 됩니다. 말의 힘이 얼마나 강력한지는 유사 이래 리더들이 남긴 명언에서 찾아볼 수 있습니다. 말은 표현력의 결정체입니다.

철학자 소크라테스의 '너 자신을 알라', 톨스토이의 '자기희생을 동반하지 않는 자비는 거짓 자비다', 루소의 '자연으로 돌아가라', 셰익스피어의 '사느냐 죽느냐 이것이 문제로다'. 정치가 처칠의 '철의 장막', 드골의 '핵무기 없는 나라는 독립되었다고 할 수 없다', 김영삼의 '닭의 목을 비틀어도 새벽은 온다'. 기업가 스티브 잡스의 '항상 배고프고, 항상 갈망하라', 정주영의 '길이 없으면 길을 찾아라', 김우중의 '세상은 넓고 할 일은 많다'…이 외에도 수많은 리더들의 명언이 있습니다.

이들처럼 리더가 되기 위해서는 말의 힘을 키워야 합니다. 말의 힘은 결코 하루아침에 생기지 않습니다. 선천적으로 말을 잘하는 사람이 더러 있긴 하지만 극히 드뭅니다. 말을 잘하는 것과 잘 말하는 것은 전혀 다릅니다. 달변이라고 해서 잘 말한다고 할 수는 없습니다.

말의 파괴력은 때와 장소와 인물이라는 세 박자가 딱 맞아떨어져야 합니다. 남의 말을 잘 흉내 내는 것 정도로는 부족합니다. 진정한 리더는 말의 힘을 발휘하되 자신만의 스타일을 나타냅니다. 말은 습관입니다.

동서고금을 통해 훌륭한 리더가 말을 잘하지 못하는 사람은 없었습니다. 그들의 공통점은 독서와 글쓰기도 결코 게을리 하지 않았다는 사실입니다. 읽고 생각하고 쓰고 말하는 과정을 반복하면서 리더의 반열에 오른 것입니다.

책을 345권이나 낸 고정욱 작가는 말을 잘합니다.

물론 어릴 적부터 말을 잘했다고 하지만 그의 이야기를 들어보면 소아마비 장애를 극복하기 위해 아주 어려서부터 책에 코를 박고 살았답니다. 학교에 가면 친구들을 불러놓고 이야기보따리를 풀었다고 합니다. 겨우 여섯 권의 책을 출간해본 필자의 미천한 경험으로도 정말 책을 쓰기가 힘이 드는데 고 작가는 매월 책 한 권씩을 쓴다고 하니 기가 막힙니다. 그래서 그의 별명이 '월간 고정욱'입니다.

가끔 필자와 함께 줌으로 미팅을 하면서 그는 원고 교정을 동시에 합니다. 잘은 몰라도 책을 345권이나 썼다면 지금까지 1,000권 이상의 원고를 썼을 겁니다. 결국 말의 힘도 읽고 쓰고 말하고 고치는 과정을 부단히 해온 결과라고 할 수 있겠습니다. 우연은 없습니다.

성인이 되어 참다운 리더가 되려면 어려서부터 부지런히 말하기를 갈고 닦아야 합니다. 1953년 윈스턴 처칠은 노벨문학상을 받았습니다. 그때 당시 가장 유력한 후보는 우리가 잘 아는 헤밍웨이였다고 합니다. 처칠이 노벨평화상도 아닌 노벨문학상을 받은 것입니다.

노벨상을 결정하는 스웨덴 한림원의 선정 이유는 "역사적이고 전기적인 글에서 보인 탁월한 묘사와, 고양된 인간의 가치를 옹호하는 빼어난 웅변술 덕분이다."라고 했습니다. 유머까지 겸비한 처칠의 말의 힘 덕분이었습니다.

누구나 말의 힘을 갖기를 원합니다. 그러면서도 노력하는 데는 게으릅니다. 이 세상에 공짜는 절대 없습니다. 하루하루 쌓아온 노력이 나중에 결실을 이룹니다. 말의 힘이 리더를 완성합니다.

교육의 방법이 바뀌어야 하지만 현재 교육 시스템은 도무지 요지부동입니다. 이럴 때는 시스템이 바뀌기를 기대하지 말고 스스로를 바꾸는 것이 최상입니다.

그래도 대학은 나와야 하지 않느냐는 달콤한 속삭임에 넘어가지 말고 대학에 가서 쏟아 붓는 시간과 비용을 자기계발을 위해 적극 투자하는 근본적인 변화가 필요할 때입니다.

컬처 코드를 읽어라

컬처(文化, culture)는 자연 상태에서 벗어나 일정한 목적 또는 생활 이상을 실현하고자 사회 구성원에 의하여 습득, 공유, 전달되는 행동 양식이나 생활양식의 과정과 그 과정에서 이룩해낸 물질적·정신적 소득을 통틀어 이르는 말인데 의식주를 비롯하여 언어, 풍습, 종교, 학문, 예술, 제도 따위를 모두 포함합니다.

지금 우리가 살아가는 세상이 우리의 눈에 보이는 대로 돌아가지 않거나 다른 사람들이 서로 다르게 생각하며 행동하는 것은 바로 컬처 코드(culture code)가 다르기 때문입니다.

어려서부터 컬처 코드를 몸으로 익혀두면 세상 이치를 제대로 이해하게 되고 다른 사람의 행동에 대해 관찰력을 키울 수 있습니다. 세상의 모든 인간과 비즈니스를 여는 열쇠가 바로 컬처 코드에 내장되어 있습니다.

오래전 디즈니(Disney)가 파리에 유로 디즈니를 개장했을 때 프랑스인들은 디즈니가 다른 나라 디즈니 공원과 마찬가지로 애완동물과 흡연, 음주를 금하는 규칙을 세웠다고 집단으로 거부했습니다. 결국 디즈니는 방문객들이 할증료를 내고 특별 입장권을 구입하면 일정한 구역에 애완동물을 데려오고 흡연과 음주를 가능하도록 허락했다고 합니다.

인간이라면 누구나 음식을 먹어야 하지만, 미국문화는 패스트푸드를 만들었고 프랑스문화는 슬로우 푸드를 만들어냈습니다. 미국인들이 축구가 아닌 야구에 더 열광하는 이유는 미국문화 때문입니다. 가정을 의미하는 홈으로 들어와야만 점수를 올릴 수 있는 야구는 가정에 대한 미국인들의 컬처 코드와 너무나 부합하는 스포츠이기 때문입니다.

일본어에는 친밀함을 뜻하는 단어가 없습니다. 왜냐하면 비좁은 공간에서 서로 모여 생활하면 굳이 친밀함을 표현할 필요가 없기 때문입니다. 이에 비하여 아랍 유목민들은 언제나 이동하며 살아가지만 가정에 대한 애착이 강해서 화려하고 복잡하게 설계된 천막에 그들의 전통문화를 모두 갖추고 있다고 합니다.

중국인들의 저녁식사는 오로지 음식을 먹는 행위일 뿐입니다. 식사를 하는 동안 대화를 하지 않고 음식에만 몰두하며 중요한 거래를 하면서도 음식이 들어오면 대화를 중단한 채 음식을 즐긴다고 합니다.

　나라와 민족도 컬처 코드가 다르지만, 세대 간에도 컬처 코드가 다릅니다. 1990년대에 태어난 세대의 컬처 코드는 기성세대와 사뭇 다릅니다. 기성세대는 다름을 틀림으로 인정하고 살았던 세대입니다. 그 이유는 획일화가 너무나 몸에 배어 자유분방함을 견디지 못해서 그렇습니다. 이에 비해 1990년대에 태어난 세대는 획일화를 거부하고 자유를 만끽하기를 원합니다.

　세상은 참으로 다양하고 복잡하게 변해갑니다. 소년이 나이 들어 청년이 되고 장년이 되면 컬처가 달라집니다. 자신과는 다른 세대와 외국인들의 컬처 코드를 관찰하고 이해하면 자신의 성장에도 큰 도움을 얻습니다.

　비즈니스도 마찬가지입니다. 상대의 컬처 코드를 이해하고 준비하면 훨씬 친밀감을 갖고 협상에 임할 수 있습니다. 다름을 인정하고 다양성을 존중하면서 차별화를 이루는 오묘한 지혜가 필요합니다.

　4차 산업혁명과 함께 갑자기 불어 닥친 코로나바이러스 팬데믹의 영향을 최소화하기 위해서도 컬처 코드를 적극적으로 공부해야 합니다. 대면이든 비대면이든 컬처 코드를 충분히 받아들이고 활용하는 적극적인 자세가 요구됩니다.

탐험가의 자세로 미래를 바라보라

　과거는 역사, 현재는 선물, 그리고 미래는 비밀이라는 말이 있습니다. 미래를 예측한다는 사람들이 많이 있습니다. 예측은 미리 헤아려 짐작하는 것을 말합니다. 경제나 날씨나 주가를 예측하는 전문가가 많지만, 맞을 확률은 그다지 높지 않습니다.

미래를 연구하는 학자들도 코로나19가 갑자기 닥쳐올 줄 몰랐다고 합니다. 그렇다면 미래는 예측하지 말고 탐험해야 합니다. 탐험(探險, exploration)은 위험을 무릅쓰고 찾아가서 살펴보고 조사하는 것입니다.

우리에게 너무나 낯익은 마이크로소프트(MS)의 인터넷 탐색기가 익스플로러(explorer)입니다. 탐험가라는 뜻이죠. 인간은 누구나 앞날을 미리 내다보고 싶어 합니다. 그래서 점(占)집을 찾고 예언자들의 말에 귀가 솔깃해집니다.

미래는 우리 모두에게 전혀 새로운 모습으로 다가옵니다. 특히 개인에게 펼쳐질 미래는 제각기 다릅니다. 아직 배움의 길에 있는 청소년들에게 미래는 그야말로 안개 속과 같습니다.

세상은 자신이 원하는 방식대로 돌아가지 않습니다. 극히 특별한 경우를 제외하고는 자신의 인생 설계대로 세상이 받아주지도 않습니다. 설계 도면에 따라 집을 짓다가 설계 변경이 생기는 것처럼 인생행로에는 수시로 이런 설계 변경이 일어납니다. 자신이 계획한 대로 세상이 수용하지 않는다고 애태우거나 짜증 낼 일이 아닙니다. 어찌 보면 계획에 따라 이루어지지 않는 세상이기 때문에 더욱 살만합니다.

문제는 태도와 적응력입니다. 자신의 뜻대로 되지 않을 때 과연 어떤 태도를 보이는가가 중요합니다.

적응력이 요구되는 이유는 계획이 틀어졌을 때 그것을 어떻게 받아들이고 더 많이 고민하고 뛰어넘을 수 있느냐가 관건입니다. 성인이 되어도 청소년 시절에 이런 태도와 적응력을 갖추지 못하면 당황하고 헛다리를 짚을 가능성이 높습니다. 청소년 때에는 혹시 길을 잘못 들었더라도 얼른 제자리로 돌아오기 쉽지만 성인이 되면 되돌리기가 점점 어려워집니다.

위에서 언급했지만 탐험은 위험을 무릅쓰고 앞으로 나아가는 것입니다. 계획대로 되지 않는다고 포기하면 위험을 감수할 수 없습니다. 언제든지 자신의 계획대로 되지 않을 가능성이 매우 높다고 생각하면 돌파구가 눈에 조금씩 보이기 시작합니다. 현미경만 쳐다보지 말고 망원경을 종종 들여다봐야 합니다.

자신의 미래가 어떻게 될지 우리는 모두 궁금해 하며 불안해합니다. 생각을 바꾸어 미래는 예측하는 것이 아니라 탐험하는 것이라는 태도를 가지면 훨씬 마음이 편안해집니다. 자신이 미래를 탐험하는 탐험가가 되어보자는 겁니다.

탐험가는 수시로 위험에 노출되지만 흔들리지 않고 자신의 목표를 향해 힘차게 나아갑니다.

비록 일시적으로 어려움에 처하는 경우가 있어도 궁극적으로 원하는 목적지에 이윽고 닿을 것입니다.

틀리는 것을 두려워하지 말라

인간이라면 누구나 자신이 정답을 맞히기를 원합니다. 특히 청소년의 경우에는 더욱 그렇습니다. 아직 자아가 제대로 형성되지 않은 시기에 다른 사람을 지나치게 의식해서 누군가 질문을 던졌을 때 혹시 틀리면 어떻게 하나 하고 크게 두려워합니다.

필자는 매주 J중학교 1학년 자유학년제 교사로 학생들을 지도하고 있습니다. 한 학기에 총 17회, 매주 화요일 2시간씩 수업을 합니다. 필자의 수업방식은 소크라테스 대화식 수업입니다. 처음부터 끝까지 질문을 하고 답을 하면서 대화하는 방식으로 수업을 진행합니다.

K군은 덩치는 크지만 성격이 조금 소심한 편입니다. 필자가 무엇인가 질문을 하면 표정이 갑자기 어두워지면서 머뭇거리고 대답하기를 주저합니다. 필자의 질문에는 정답이 없기 때문에 두려워하지 말고 대답해 보라고 독려하지만 여전히 걱정스러운 표정이 남아 있습니다.

어느 날의 학습 주제가 '맞춤법'이었습니다. 필자가 에세이를 쓰기 위한 제목을 두 개 냈습니다. '가을'과 '비' 중에서 골라 각자 노트에 열 줄 정도 글을 쓰라고 했습니다. 그러고 나서 구글 번역 앱으로 노트에 적은 글을 찍고 번역기를 실행하면 노트에 적힌 텍스트가 스마트폰 인공지능을 통해 문자로 나타납니다. 그것을 복사해서 카카오톡에 올린 후 번역기가 제대로 인식하지 못한 부분을 수정해서 저장합니다.

다음으로 카카오톡 '#맞춤법검사'를 이용해서 검사를 합니다. 이런 과정을 K군이 혹시 따라오지 못할까 걱정했는데 옆에서 지켜보니 필자의 지도를 따라 꼬박꼬박 검사를 마치고 결과를 보여주었습니다. 그때 K군의 편안한 표정이 무척 인상적이었습니다. 필자도 K군에게 아주 잘했다며 격려해 주었습니다. 앞으로 자신감 있게 잘해내리라 확신합니다.

이런 과제를 냈을 때 대부분의 학생들은 맞춤법 검사 결과에 더 관심을 두었습니다. 혹시 검사 결과 틀린 글이 많으면 어떻게 하나 고민했습니다. 필자는 학생들에게 여러 번 강조했습니다. 필자도 자주 검사 결과를 보면 틀린 글이 나온다고.

처음부터 틀리지 않으려고 하지 말고 많이 틀리겠다고 작정하면 매번 검사기를 돌리면서 많은 것을 배우고 점점 맞춤법도 틀리지 않게 된다고 했습니다.

항상 새로운 것을 찾고 관찰하고 소통하고 주장하고 믿고 시험해 보려면 틀리도록 노력해야 합니다. 틀리지 않으려고 노력하지 않고 틀리는 것을 두려워하지 않으면 더 많은 것을 배웁니다. 물론 그렇다고 항상 틀리지는 않습니다. 필자도 매주 칼럼을 쓰면서 글을 완성하기 직전에 맞춤법 검사를 합니다. 가끔 틀린 게 없으면 기분이 좋지만 혹시 틀린 게 나와도 부끄럽지 않습니다.

청소년뿐 아니라 성인도 틀림을 두려워하는 것은 마찬가지입니다. 한 번도 글을 써보지 않은 분들에게 블로그 글을 써서 공개해 보라고 하면 두려워합니다. 글을 써놓고도 나만 보기를 해두는 경우도 많습니다.

두려움을 떨쳐버리면 새로운 세상이 보이기 시작합니다. 평소 성격이 소심하거나 완벽주의 기질을 가진 사람들이 공통적으로 두려움을 갖습니다. 하지만 제가 코칭 했던 분들 중에는 과감하게 이런 두려움을 떨쳐버리고 글을 쓰고 책을 출간하고 강연을 하는 분들이 있습니다.

우연한 기회에 두려움을 떨쳐버리고 새로운 삶을 시작한 사람들입니다. 이런 두려움을 떨쳐버리기에는 청소년 시기가 좋습니다. 아직 고정관념에 사로잡혀 있지 않고 무엇이든 배우는 시기이기 때문입니다. 두려움을 버리면 자존감이 살아납니다. 자존감이 살아나면 자신감도 덩달아 생깁니다. 이것이 비결입니다.

관계를 복원하려면

코로나19로 인해 사회적 거리두기 강화와 완화가 반복되면서

관계의 단절이 심각한 지경에 이르고 있습니다. 급기야 주변에서 우울증을 호소하는 사람들이 점점 늘어나고 있습니다. 그저 안일한 생각으로 설마 조금만 지나면 옛날로 돌아갈 수 있겠거니 생각했는데 벌써 거의 3년 가까운 시간이 흘러갑니다.

인간은 어김없이 관계 속에서 태어나고 살아갑니다. 혼자서는 도무지 살아갈 수 없습니다. 과학기술이 발달하면 발달할수록 군중 속에서 고독을 삼키는 사람도 점점 늘어만 갑니다. 우울증은 도둑처럼 조용히 찾아옵니다. 설마 나는 괜찮겠지 하는 안일한 생각에 사로잡혀 정작 현실을 직시하지 못하면 어느 날 우울증이 슬그머니 찾아듭니다. 우리가 모두 다른 사람과의 관계를 돈독히 해야 하는 이유입니다.

그저 혼자서도 꿋꿋이 잘 살아가고 있다고 겉으로 말을 하지만 실상은 그렇지 않습니다. "코로나19가 잠잠해지면 만납시다."라든가 "그때가 되면 뭔가 해봅시다." 하는 말을 종종 듣습니다. 아닙니다. 지금 당장 만나야 하고 시작해야 합니다.

지금까지의 코로나19가 우리에게 미친 영향력으로 보면 쉽게 우리 곁을 떠나지 않을 것으로 보입니다.

그렇다면 우리가 평생을 감기와 함께 살아가듯 코로나19와도 더불어 살아가야 할지도 모릅니다.

필자는 2020년 코로나19가 시작된 이후에도 지금까지 꾸준히 만남을 이어왔습니다. 물론 개인 방역을 철저히 하면서도 만나야 할 사람은 미루지 않고 만났습니다.

한꺼번에 많은 사람을 만나지 못하면 화상회의 줌(zoom)을 통해 강의하고 회의하고 코칭을 했습니다.

여러 번 줌으로 만난 다음 대면(對面)해서 만났더니 마치 서로가 여러 번 만난 듯 친밀했습니다.

필자에게 코로나19가 끝나면 만나자고 누군가 말하면 당장 스마트폰 캘린더를 꺼내 조만간 만날 날을 정합니다.

코로나19로 인해 돌아다니지 못할 경우에는 부지런히 독서와 글쓰기에 매진했습니다. 책을 읽다 훌륭한 저자를 만나면 페이스북 메신저를 통해 만남을 가졌습니다. 저자와 독자의 만남은 언제나 새로운 시너지를 가져다줍니다.

아직도 만남을 주저하고 있다면 오늘부터 바꿔 보시기를 권합니다. 코로나19로 인해 단절된 관계가 복원되기까지는 꽤 긴 시간이 필요합니다.

우선 생각부터 바꿔야 합니다. 자신이 만나는 모든 사람과의 관계 회복을 위해 꾸준히 노력해야 합니다. 우리 삶은 모두 사람들과의 관계로 이루어져 있습니다. 대면이든 비대면이든 꾸준한 만남을 통해 새로운 일을 만들어갑니다. 특히 책을 쓴 저자와의 만남은 뉴노멀 시대를 슬기롭게 살아가는 단초를 제공합니다.

용기가 필요합니다. 의지가 요구됩니다. 만남의 단절이 지속되면 조금씩 매너리즘에 빠져들고 이윽고 기력을 잃게 됩니다. 사회적 거리두기가 우리의 만남과 관계 복원을 결코 막지는 못합니다.

배우려면 만나라

배움의 길은 끝이 없습니다. 겸손한 자는 어디서 누구에게나 배웁니다. 교만한 자는 배우기보다 자만심에 빠져 남을 나보다 낫게 생각하지 않습니다. 사람을 만나고 책을 통해 선각자들을 만나고 젊은이들을 만나면서 자신을 담금질하는 사람은 지혜로운 사람입니다.

코로나19로 어려움을 호소하는 사람들이 부쩍 늘었습니다. 제대로 말도 하지 못하고 두문불출하는 사람도 많을 것입니다.

괴테는 자기보다 한참 어린 요한 페터 에커만(Johann Peter Eckermann)과 천 번 이상 만났다고 합니다. 괴테는 에커만을 만나면서 자신과 먼저 만나고 이어서 에커만과 가슴으로 소통하는 것을 즐겼습니다.

배움이란 한 사람이 다른 한 사람과 뜨겁게 만나는 과정을 통해 이루어집니다. 괴테의 만남은 가르침을 위한 만남이 아니라 배움의 만남이었습니다. 이는 에커만이 지은 『괴테와의 대화』 1, 2권에 잘 드러납니다.

괴테와 에커만은 서로에게 겸손한 태도를 유지하고 말이 아닌 가슴으로 진정한 소통을 했습니다. 에커만은 자신의 부족을 너무나 잘 알고 있었고, 괴테는 가르치지 않고 함께 배운다는 마음으로 에커만에게 진심 어린 조언을 했습니다. 지적 수준을 나타내기보다 진심으로 아끼고 사랑하는 멘토와 멘티의 관계였죠.

필자는 지난 10년 동안 450명을 코칭 했습니다. 그 중 250명은 일대일로 코칭을 했고 나머지 200여 명은 그룹으로 코칭을 했습니다. 코칭의 내용은 백세 시대에 어떤 직업을 찾아 평생직업으로 삼을 것인가 하는 내용이었습니다.

놀라운 사실은 코칭을 했던 필자가 그들로부터 훨씬 더 많이 배웠다는 겁니다. 정말 다양한 직업을 가진 사람들과 만났습니다. 다양한 성격의 소유자들을 많이 만났습니다. 코칭을 한다고 했지만 실은 그들의 말을 진지하게 들어주었습니다.

코치는 말로 그들을 설득해서 코치가 원하는 방향으로 이끄는 것이 아니라 그들이 스스로 자기 길을 찾도록 도와주는 길잡이 (path-breaker) 역할이기 때문입니다. 이제 와서 생각해 보니 필자의 성격과 딱 들어맞는 스타일이었습니다.

2020년 코로나19가 시작된 이후 필자는 매주 더 많은 사람들과 교류했습니다. 단체로 만나기가 어려워 일대일 또는 소그룹으로 만났습니다. 또한 거의 매주 줌(zoom)으로 전국 또는 전 세계에 흩어져 있는 사람들과 만났습니다.

2021년에는 줌바세(줌으로 바꾸는 세상)이라는 프리미엄 강연 프로그램을 시작했습니다. 격주 간격으로 저자들을 모셔서 강연을 듣고 질의응답을 하는 방식입니다. 참가자들은 강연을 듣고 저자의 책이나 커피 쿠폰을 선물로 받기도 합니다.

겹치지 않는 격주 토요일에는 글로벌 장애인 포럼에 참가합니다. 장애인과 비장애인들이 함께 줌으로 모여 격의 없이 강의를 듣고 서로 대화하는 모임입니다. 미래는 배우는 자의 몫입니다. 배우려면 대면이든 비대면이든 부지런히 만나야 합니다.

안다는 것

안다는 것은 무엇일까요?
이해한다는 것은 어떤 의미일까요?
'알다'라는 단어는 교육이나 경험, 사고 행위를 통하여 사물이나 상황에 대한 정보나 지식을 갖추는 것을 말합니다. 어떤 사실이나 존재 또는 상태에 대해 의식이나 감각으로 깨닫거나 느끼는 것을 안다고 표현합니다.

하지만 알면 알수록 함부로 안다고 말하기가 겁이 납니다. 인간이 알면 얼마나 안다고 제발 아는 체하지 말라고 충고하지만, 실상 우리는 모두 자신만은 그렇지 않다고 착각하며 살아갑니다.

자신만이 제일 잘 알고 있다고 생각하며 삽니다.

심지어 자기 자신도 제대로 모르면서 남을 안다고 허풍을 떨기도 합니다. 세상에 가장 가르치기 힘든 사람이 안다고 하는 사람이랍니다. 모른다고 하면 가르칠 수 있겠지만 안다고 하면 말문이 막힙니다.

이해한다는 말은 안다는 말과 비슷하지만 어감이 조금은 다릅니다. 어학사전에 나오는 설명으로는 비슷합니다. 이해한다는 말은 안다는 말보다 더 깊이 깨달아 안다는 의미를 내포합니다.

하지만 이것도 나라마다 다릅니다. 꽤 오래 전 직장생활을 할 때 일본으로 출장을 가서 일본 사람들과 대화를 하던 중 그들이 수시로 허리를 굽히며 '와까리마시다'라는 말을 되풀이할 때 우리는 그들이 우리의 제안에 동의했다는 뜻으로 받아들였는데 나중에 알고 보니 그게 아니라 우리가 하는 말의 의미를 그저 알았다는 뜻이었습니다.

아무튼 우리가 세상을 살아가면서 알아야 할 것이 정말 많지만, 다른 사람 앞에서 습관적으로 '안다'고 하는 말은 가급적 하지 말아야겠습니다.

우리는 끊임없이 새로운 것을 배우며 살아가야 합니다. 지금까지 몰랐던 새로운 것들이 수시로 우리에게 밀려오는 정보의 홍수 시대를 우리가 살아갑니다. 아무리 많이 배워도 여전히 배울 게 더 많이 쌓여가는 시대입니다.

겸손하게 더 잘 아는 사람에게 배우려는 태도를 가지고 낮은 자세로 배워야 합니다. 특히 시니어들은 자식뻘인 밀레니얼 세대와 1990년대 세대로부터 배워야 합니다. 그들은 지금 시대와 코드가 잘 맞춰져 있습니다.

반면에 시니어는 지난 시대에 살아왔던 방식에 아직도 푹 젖어 있습니다. 사소한 태도로부터 시작해서 새로운 과학기술을 받아들이는 방식이 전혀 다릅니다. 특히 1990년대 세대 이후는 멀티미디어가 몸에 배어 자연스럽게 활용할 수 있습니다. 젊은이들을 시니어들에게 맞추라고 할 수는 없습니다. 시니어들이 꼰대 정신을 버리고 젊은이들로부터 많이 배워야 합니다. 특히 시니어들은 안다는 말을 입에 달고 다닙니다. 필자도 돌이켜보면 다를 바 없었습니다. 그리고 입에 달린 말의 습관은 정말 고치기가 힘듭니다.

하지만 이것을 고치지 않으면 정말 꼰대 취급받고 설 자리를 잃고 맙니다. 열심히 노력해서 우리 입에 달린 '안다'는 단어를 쏙 빼버리면 좋겠습니다. 나이에 상관없이 겸손하게 배우려는 자세를 가진다면 얼마든지 성장할 수 있습니다.

흔히 성공보다 하루하루 성장하는 것이 더 중요하다고 합니다. '안다'고 말하는 대신 어떻게 하면 더 배울 수 있을지 고민하면 시니어도 얼마든지 성장할 수 있습니다.

6강
독서와 글쓰기 실전

창직 독서 글쓰기는 불가분의 관계

창직이 독서나 글쓰기와 무슨 상관이 있느냐고 할지 모르지만 저의 경험으로는 독서와 글쓰기를 하지 않으면 1인창직을 하는 데 상당한 어려움을 겪습니다. 창직의 방향을 잡기 힘들고 자신의 정체성을 찾아내고 브랜드를 만들어내는 데 독서와 글쓰기가 반드시 필요하기 때문입니다.

그래서 혹시 그동안 독서와 글쓰기에 대해 소홀하셨던 분들이 계신다면 이번 기회에 독서와 글쓰기를 우선순위에 두라고 권하고 싶습니다.

메타인지라는 말이 있습니다.

메타인지는 자신이 무엇을 과연 잘하고 무엇을 잘 못하는지를 가려내는 것입니다. 사실 어려서부터 우리가 그런 메타인지에 대한 생각을 가지고 교육을 받은 다음 자신이 무엇인가 추구하고 꾸준히 해왔다면 오늘의 결과는 많이 달라졌을지도 모릅니다.

청소년 시절에 벌써 메타인지를 이해하는 분들이 있는가 하면, 그런 생각을 별로 하지 않고 그냥 살아온 분들도 꽤 많습니다. 인간은 누구나 메타인지를 명확하게 찾아내는 것이 쉽지는 않습니다.

독서와 글쓰기를 해야 하는 또 하나의 이유는 세상이 변하기 때문입니다. 2강에서도 말씀드렸지만 세상이 정말 많이 변합니다. 정신없이 빠르게 변화합니다. 과학기술과 통신의 발달에 힘입어 우리 주변의 모든 것들이 변화하고 있습니다. 이러한 변화를 따라잡거나 뛰어넘어 앞서가려면 이 세상이 도대체 어떤 방향으로 변화하는지 파악할 수 있어야 합니다.

학생들은 시험을 잘 보기 위해 공부를 하고, 직장인들은 직무에 도움을 받기 위해 독서를 합니다. 그런데 진짜 공부는 자신의 삶의 방향에 대해 목표를 정하고 연구하는 공부입니다. 진짜 공부를 하기 위해 필요한 것이 바로 독서와 글쓰기입니다.

독서가 좋을 줄은 알지만 막상 함께 독서를 하자고 권하면 처음에는 꽤 어려워합니다. 한두 번 정도가 아니라 꾸준히 독서하기란 정말 어렵습니다.

독서는 선진국과 선진국민의 척도

선진국의 국민들은 독서를 많이 합니다. 독서는 선진국과 선진국민의 척도인 셈입니다. 우리도 이제 선진국으로 도약했다고 하는데 아직도 독서하는 국민이 많지 않습니다. 그래서 상대적으로 여러분에게 더 많이 기회가 있다고 보면 됩니다.

스스로 어떻게 독서를 해야 하는지 방법을 찾는 것도 쉽지 않습니다. 그럼에도 불구하고 독서는 왜 해야 하며 어떻게 하는 것이 좋은지에 대한 책이 많이 나와 있습니다. 그리고 독서의 방법은 지구상 인구의 수만큼이나 많습니다. 그러니 나만의 방식을 찾아내서 독서하는 것이 좋습니다.

필자는 지금 월 1회 모임을 갖는 독서모임에 가입해서 활동하고 있습니다. 그 모임은 안계환 작가가 리드하는 독서경영포럼입니다. 십여 명이 모여서 한 달에 한 권의 책을 읽고 서로 토론하고 가끔 특강도 하는 모임입니다.

안계환 작가는 대기업에 다니다가 창업도 했으며 뜻하는 바 있어서 십 수 년 전부터 전업작가로 활동하고 있습니다. 독서경영 포럼은 얼마 전 10주년을 넘겼습니다. 다양한 사람들이 만나서 책을 읽고 토론하는 모임인데 저로서는 정말 큰 도움이 됩니다. 코로나가 심할 때는 화상회의 줌(zoom)으로 만나기도 하고 가끔 1박 2일 워크숍도 가서 스킨십도 하는 모임입니다.

이렇게 독서를 어떻게 할 것인지에 대해 먼저 연구를 해야 합니다. 처음부터 너무 난이도가 높은 책을 접하면 지속하기가 어렵습니다. 어떤 책은 600페이지, 700페이지 심지어 900페이지나 되는 책도 있습니다. 독서를 전혀 하지 않다가 독서를 시작하면 처음에는 비교적 쉬운 책을 골라 읽는 것이 좋습니다.

저도 46세까지 직장생활을 한 후 50세가 넘어서야 독서를 시작했는데 처음에는 쉬운 만화책부터 읽었습니다. 그러다가 이제는 조금 난이도가 높은 책도 읽게 되었습니다. 독서 내공은 하루아침에 생기지 않습니다. 자신의 수준에 맞도록 독서하면서 조금씩 수준을 높여가는 것이 좋습니다.

창직선언서와 키워드 독서

독서에 관한 한 가지 팁을 드리자면, 1인창직과 관련해서 키워드(keyword) 독서를 하라고 권해 드립니다. 키워드는 여러분이 만든 창직선언서에 나오는 두세 가지의 키워드를 중심으로 책을 읽으라는 뜻입니다.

예를 들면 저의 창직선언서의 핵심은 '창직을 통해 평생직업을 찾도록 도와주는 등대지기'입니다. 여기서 키워드는 '창직'과 '평생직업'입니다.

이렇게 '창직'과 '평생직업'이라는 키워드를 중심으로 책을 찾아 읽는 겁니다. 키워드로 찾으면 다양한 책을 만날 수 있습니다. 그런 책을 키워드 중심으로 묶어서 읽는 방법이 키워드 독서입니다.

한두 권의 책을 읽으면 그 저자들이 말하는 내용을 이해할 수 있지만, 같은 키워드로 2~30권의 책을 읽으면 다양한 저자들의 다양한 이야기를 들으면서 자신도 그 키워드에 대해 깊이 있고 폭넓게 생각하게 됩니다.

꾸준한 글쓰기와 세 권의 저서

이제 글쓰기에 대해 이야기해 보겠습니다. 글쓰기는 생각을 하기 위한 가장 중요한 행동입니다. 독서하는 분들이 많습니다. 그런데 글을 쓰지 않고 독서하는 분들이 꽤 많습니다. 물론 독서 자체만으로도 의미가 있지만 우리 인간의 뇌는 한계가 있습니다. 독서를 하고 일정한 시간이 지나면 그 내용이 잘 기억나지 않습니다.

독서를 하면서 밑줄을 긋거나 메모를 할 때 큰 도움이 됩니다. 그리고 저자는 책에서 이렇게 생각했지만 독자인 나는 다르게 생각할 수도 있거든요. 그런 과정을 통해 생각의 폭이 넓어지고 생각의 힘이 커집니다. 그래서 글쓰기가 아주 중요합니다.

필자도 창직 코칭을 시작하면서 처음에는 지은 책도 없었지만, 문득 책을 써야겠다는 생각이 들었습니다. 그런데 막상 책을 쓰려고 하니 어떻게 해야 할지 알 수가 없었습니다. 지인 중에 많은 책을 쓴 고정욱 작가나 김재화 작가에게 열심히 물어보면서 나름대로 글을 쓰기 시작했습니다.

십여 년 전에 우연히 블로그에 글을 쓰기 시작했는데, 그것이 책의 밑천이었습니다. 평소 책을 읽고 창직 코칭을 하면서 생각했던 내용을 칼럼으로 써서 블로그에 올리고, 맥아더스쿨 주간 뉴스레터에 그 칼럼을 실어 보냈습니다. 이렇게 꾸준히 쓴 칼럼을 모으니 한 권의 책이 되었습니다.

2015년에 『마법의 코칭』이라는 제목의 책이 처음 나왔습니다. 이후 2018년에는 『창직이 답이다』라는 책을 냈고, 2019년에는 『창직하라 평생직업』이라는 책이 나왔습니다. 세 권 모두 창직에 관한 책입니다. 제가 책을 낼 줄은 상상도 하지 못했습니다. 돌이켜보면 그때 책을 잘 냈다고 생각합니다.

물론 지금 와서 책의 내용을 다시 살펴보면 부끄러운 점도 있지만 용기를 가지고 책을 썼다는 데 대해 스스로 대견하게 생각하고 있습니다. 제가 여기까지 오게 된 것은 바로 이렇게 책을 썼기 때문이 아닐까 생각합니다.

책과 더불어 성공한 창직자들

필자의 주변에도 자신의 책을 써서 자신의 정체성도 찾고 브랜드도 만들고 활발하게 활동하는 분들이 있습니다. 그분들을 소개해 드릴까 합니다.

먼저 미래희망가정경제연구소 김남순 대표입니다. 이 분은 가정경제 전문가입니다. 곰곰이 생각해 보면 우리는 어릴 때부터 또는 성인이 되고 결혼을 하고 나서도 가정경제에 대해서 제대로 교육을 받아본 적이 별로 없습니다. 그냥 살면 살아지나 보다 또는 돈이 들어오면 필요에 따라 쓰면 되나 보다 하고 생각합니다. 겨우 가계부를 쓰는 정도로 가볍게 생각합니다.

김 대표는 오래 전에 씨티은행에서 저와 함께 일했던 예전 직장 동료입니다. 그는 금융전문가입니다. 은행을 비롯한 다양한 금융 경험을 가지고 있으면서 이제는 가정경제 전문가로 활발하게 활동 중입니다. 유튜브에 검색해 보면 김남순 대표의 명강의를 들을 수 있습니다.

김 대표가 얼마 전에 낸 책 중에 제목이 재미있는 책이 있습니다. 『죽기엔 너무 젊고 살기엔 너무 가난하다』 책 제목이 너무 멋지죠? 게다가 제목에 걸맞게 내용도 가정경제에 너무나 적합한 콘텐츠로 되어 있습니다. 벌써 수 만권의 책이 팔렸다고 합니다. 여러분도 한번 구매해서 읽어보면 좋겠습니다.

다음은 한국공감소통연구소 윤영호 대표입니다. 이 분은 저와 ROTC 동기인데요. 제약회사에서 기획 담당으로 오랫동안 일을 하고 정년퇴직을 했습니다. 이후 강원도 홍천에 집을 지어 전원생활을 하면서 글도 쓰고 있습니다. 제가 이 분이 직장에 다니고 있을 때 스마트폰을 소개하고 페이스북을 비롯한 SNS 활동을 권했습니다.

직장에 다닐 때는 하지 못하다가 퇴직 후 그동안 페이스북에 올린 글과 평소 써놓은 글을 엮어서 『마음 감옥에서 탈출하는 열쇠꾸러미』라는 책을 냈습니다. 이 책은 현대인을 위한 스트레스 처방전 같은 책입니다. 정신적으로 스트레스를 받으며 마음 감옥에서 살아가는 현대인이 얼마나 많습니까? 그런 사람들에게 희망의 메시지를 전하는 아주 유익한 책입니다.

페이스북에서도 많은 분들의 호응이 있었지만 이 책이 나온 후 독자들의 반응이 뜨거웠습니다. 그렇게 열심히 글을 써서 책을 내고 지역사회를 위해 여러 가지 활동을 적극적으로 한 결과 지역 인터넷 신문사에 주필로 추대가 되었습니다.

그러다가 급기야 홍천군에서 이 분을 스카우트했습니다. 홍천군 지속가능발전협의회 공동대표가 되었습니다. 이 자리는 그냥 홍천 군수가 임명하는 자리가 아닙니다. 강원도지사가 강원도와 홍천군의 발전을 위해서 정말 이 분이 필요하다고 해서 신설한 자리입니다.

윤영호 대표는 대학에서 경제학과를 졸업했지만 독서량이 엄청난 분입니다. 저보다는 훨씬 일찍이 독서에 눈을 뜨고 그러다가 저의 조언으로 이제는 책까지 냈습니다. 독서의 결과가 자연스럽게 책으로 연결된 것입니다. 그는 최근 코로나19를 겪으며 홀로 살아가는 분들을 위해『싱글족으로 살아가기』라는 신간을 냈습니다.

다음은 합정역 부근에 있는 그리스 음식점 그릭조이 오너셰프 전경무 씨에 대한 사례입니다. 이 분은 대학에서 전기공학을 전공하고 한국전력에 입사해서 다니다가 캐나다로 이민을 갔습니다. 거기서 음식점을 경영하게 되었고 한국에 돌아와서 지금 22년째 셰프로 일하고 있습니다.

그리스와 지중해 음식을 주로 만들어서 많은 분들에게 인기를 얻고 있습니다. 저는 이 분을 10년 전에 알게 되었는데요. 그릭조이는 홍대 정문 앞에 있다가 지금은 합정역 부근으로 옮겨왔습니다. 이 분에게도 제가 권했습니다. 글을 쓰고 책을 써보라고.

그는 첫 번째 책으로『영어 단어 외우지마(영단마)』라는 책을 2018년에 썼고, 두 번째 책『그리스 음식문화기행 그릭조이』는 2020년에 펴냈습니다. 2019년 가을 후배 두 명과 함께 그리스 음식기행을 다녀와서 쓴 책입니다. 만화도 직접 그리기 때문에 이 책 속의 모든 그림과 사진은 그가 직접 그리고 찍은 작품입니다.

올해 2022년 9월에는 다시 음식문화기행을 위해 여행을 다녀왔습니다. 이번에는 그리스, 튀르키예와 불가리아를 다녀왔다고 합니다. 이렇게 글쓰기를 하면서 자신의 정체성을 확실하게 찾고 열심히 활동합니다. 그리고 〈그릭조이TV〉라는 유튜브 채널도 직접 운영하고 있습니다. 조만간 세 번째 책이 나오겠지요.

다음은 김원배 진로 재구성 작가에 대해 소개하겠습니다. 이 분은 지금 장충중학교 진로진학부장 교사로 재직 중인데요. 2017년 말에 지인의 소개로 이 분을 만났습니다. 만나보니 이미 7권의 공저를 낸 바 있었지만, 단독 저서는 없었습니다.

필자는 만나자마자 단독 저서를 내도록 권유했는데, 새벽에 일찍 일어나서 열심히 글을 쓰는 방식으로 생활의 틀을 바꾸더니 마침내 결실을 맺었습니다. 2018년에 『청소년을 위한 진로 멘토링 38』이란 책을 출간하여 크게 인기를 얻고, 2021년에 『하고 싶은 것이 뭔지 모르는 10대에게』를 써서 독자들의 많은 사랑을 받으며 스테디셀러로 자리를 잡고 있습니다.

김원배 선생님의 초청으로 제가 2018년부터 지금까지 5년째 장충중학교 자유학년제 1학년 '창직반'을 지도하고 있습니다. 창직반 수업 목표는 생각의 힘 키우기입니다. 그는 이렇게 책을 쓰면서 진로 재구성 작가로서 자신의 입지를 굳히고 나중에 은퇴 이후까지 미리 준비하는 계기가 되었다고 합니다.

마지막으로 제주에서 유튜브 〈하르방TV〉를 운영하는 고수향 작가의 이야기입니다. 최근에 『한라산의 길』이라는 책을 펴냈는

데 이렇게 벌써 네 번째 책이 나왔습니다. 이 분은 제가 2019년 3월 1일 제주올레 주최 삼일절 기념걷기대회를 위해 8코스에서 길을 걷다가 만난 분입니다.

제주 올레를 걷는 분들은 육지에서 온 분들이 꽤 많은데, 고수향 작가는 제주 토박이입니다.

제주의 역사와 문화를 설명하는 그에게 매료되어 블로그 글을 써보라고 권유했는데, 그 해 7월에 첫 번째 책 『간세타고 산남의 올레를 걷다』를 출간하여 출판기념회를 했습니다. 물론 제가 사회를 맡았지요. 현직 제주시장이 축사를 했구요.

이후에도 『간세타고 산북의 올레를 걷다』를 출간하고, 이어 『동촌 올레 할망, 하르방』 등 두 권의 책을 더 냈습니다. 이에 그치지 않고 저의 권유에 따라 K1스마트화가 정병길 화백으로부터 모바일 그림을 배우더니 2022년 6월초 종각역 부근의 '문화공간 온'에서 제1회 전시회를 열고, 7월 27일부터 제주에서 제2회 전시회를 열었습니다.

고수향 작가는 해병대 출신으로 한라산 500여 회와 백록담 300여 회를 등정한 기인입니다. 대단히 부지런한 데다 영혼이 맑고 순수한 분입니다. 이 분도 2018년까지 유한킴벌리 제주 현지법인에서 오랫동안 일을 했던 분입니다. 그런데 이렇게 멋지게 인생 이모작을 하고 있습니다.

여러분 어떻습니까? 제가 다섯 분의 사례를 소개했는데요, 더 많은 사례가 있지만 다섯 분만 소개했습니다. 글쓰기는 이렇게 엄청난 일입니다. 독서와 글쓰기는 제가 창직 7계명에서도 기본이라고 강조한 바 있습니다.

명심하십시오. 1인창직을 위한 독서와 글쓰기는 선택이 아니라 필수입니다.

창직과 독서, 독서와 글쓰기

디지털 문해력을 키워라

 문해력(文解力)은 글을 읽고 이해하는 능력을 말합니다. 그렇다면 디지털 문해력(Digital Literacy)이란 디지털화된 글을 읽고 이해하는 능력입니다. 지금까지 책과 경험을 통해 지식과 정보를 얻고 학교 교육을 통해 생각의 힘을 키워 왔던 인류는 디지털이란 새로운 세상에서 새롭게 경험을 쌓아가고 있습니다.
 이제까지 인류가 사용했던 아날로그 방식과는 비교가 되지 않을 정도로 엄청난 양의 정보를 디지털 공간에서 학습한 신인류가 탄생했습니다. 이런 디지털 문해력을 갖춘 신인류를 성균관대 최재붕 교수는 그의 저서 『최재붕의 메타버스 이야기』에서 슈퍼 사피엔스(Super Sapiens)라고 표현했습니다.
 모든 것을 검색할 수 있는 신인류는 무엇이든 빠르게 습득하고 빠르게 편집합니다. 바야흐로 진정한 슈퍼 사피엔스가 되려면 디지털 문해력을 키워야 합니다.

 필자는 5년째 서울 중구 다산동 J중학교에서 1학년을 대상으로 '생각의 힘 키우기' 수업을 하고 있습니다. 생각의 힘을 키우려면 무엇보다 검색 능력부터 갖추어야 합니다. 학기 초에 처음 만난 중학생들은 어디서 무엇을 검색해야 할지 몰라 당황합니다.
 필자는 수업 시간에 학생들이 스마트폰을 지참하도록 하고,

네이버와 구글 그리고 유튜브까지 모든 앱을 활용해서 검색하는 방법을 알려줍니다. 처음에는 꽤 서투르지만 나중에 학기말이 되면 어느 정도 수준으로 검색하는 능력을 키우게 됩니다.

    필자는 검색을 하되 검색의 결과를 100% 신뢰하는 것은 좋지 않으니 검색 결과를 토대로 스스로 생각하는 방법을 터득하도록 지도하고 있습니다. 왜냐하면 인터넷에 떠돌아다니는 정보에는 유용한 정보가 있는가 하면 쓰레기 정보도 많기 때문입니다.

    디지털 정보 중에서도 페이스북, 블로그, 브런치, 트위터, 인스타그램 등 수많은 SNS 플랫폼에 올라오는 글은 모두 디지털 문해력과 밀접한 관계가 있습니다. 하루에도 엄청난 양의 지식과 정보가 흘러넘치고 있는데 그 모든 글을 제대로 이해하기란 쉬운 일이 아닙니다.

    그럼에도 불구하고 디지털 문해력을 어느 정도 키우지 않으면 글을 읽어도 도대체 무슨 말을 하는지 이해하기 어렵습니다. 특히 약어를 많이 사용하는 디지털화된 글은 어학사전으로도 찾기 어려워 네이버의 지식 백과나 구글 위키피디아를 찾아가면서 읽어야 할 정도입니다.

    가뜩이나 스마트폰의 보급과 더불어 압축 문장의 범람으로 아날로그 문해력이 점점 약화되고 있는 상황에서 디지털 문해력까지 갖추려고 하니 온통 머리가 아플 지경입니다. 하지만 꾸준히 디지털 문해력을 갈고닦은 사람들의 역량이 결국 세상을 읽는 능력에서 두각을 나타내게 됩니다.

    문해력을 키우기 위해서는 부지런히 독서와 글쓰기를 해야 합니다. SNS 사용과 글쓰기도 열심히 해야 합니다. 독서와 글쓰기가 사람마다 방법이 다르듯 디지털 문해력을 키우기 위한 노력도 사람마다 각자의 방식대로 하면 됩니다. 자신만의 디지털 문해력 키우기 방법을 꾸준히 찾아야 합니다.

새로운 과학기술의 발달은 새로운 규칙을 만들어냅니다. 아직은 디지털 문해력의 중요성이 크게 부각되지 않았지만 머지않아 이에 대한 집중적인 연구와 경험을 통해 조만간 확산이 될 것입니다.

아날로그 문해력은 디지털 문해력에도 큰 영향을 줍니다. 자신의 문해력 수준이 어느 정도인지 스스로 평가해서 부족하다고 느낀다면 대책을 세울 필요가 있습니다. 이미 메타버스까지 나온 세상은 알면 존재하고 모르면 존재조차 알 수 없는 그런 세상입니다. 디지털 문해력은 차별화와 경쟁력을 키우는 유익한 수단입니다.

최고의 배움은 가르침에서 온다

배움은 최고의 공부입니다. 아울러 배움의 효과를 극대화하는 가장 좋은 방법은 가르치는 것입니다. 보거나 듣기만 한 것은 어느 정도 시간이 지나면 잊히지만 배운 것을 남에게 가르치면 고스란히 자신에게도 남아 있습니다.

학습(學習)은 배우고 익히는 것을 말합니다. 배우기만 하고 익히지 않으면 자기의 것으로 만들 수 없습니다. 결국 배운 것을 익히는 가장 효과적인 방법은 가르치는 겁니다.

배움의 궁극적인 목적은 지혜로운 사람이 되기 위한 것입니다. 아무리 많은 지식과 정보를 배우고 익혀도 지혜로운 사람이 되지 않으면 잘못 배운 것입니다. 왜냐하면 배움의 목적을 잊어버리고 오로지 지식의 습득에만 몰두했기 때문입니다.

지혜로운 사람은 겸손합니다. 섣불리 배운 것을 과시하지 않고 가르치면서 한 가지라도 더 배우기 위해 노력합니다. 가르치는 사람은 배우는 사람에게서 다시 배웁니다. 그래서 가르침은 두 번 배우는 과정인 셈입니다.

　가르치는 사람은 배우는 사람의 눈높이를 맞춰야 합니다. 자기과시형으로 가르치는 사람은 배우는 사람의 수준 따위는 안중에도 없습니다. 정해진 시간에 내용을 전달하고 자신을 드러내면 된다고 착각합니다.
　배우는 사람이 만족하지 않으면 그것은 가르치는 사람의 잘못입니다. 아무리 쉬운 것이라도 얼마든지 어렵게 가르칠 수 있고, 반대로 아무리 어려운 내용이라도 쉽게 가르칠 수 있습니다. 배우는 사람이 이해하지 못한다면 가르치는 사람이 제대로 알지 못하고 가르쳤기 때문입니다.
　필자는 코치입니다. 창직 전문가이면서 직업 재구성 작가입니다. 지난 10년 동안 450명을 대상으로 부지런히 코칭을 했습니다. 그 중에는 10대 중학생도 있고, 80대의 시니어도 있습니다. 필자는 와이파이 형 코치입니다. 10대부터 80대까지 연령을 초월해서 배우는 대상에 따라 맞춤식으로 가르칩니다.

　필자가 가르쳤다고 했지만, 실상은 쌍방향이었습니다. 그들로부터 많이 배웠다는 뜻입니다. 호기심이 많은 필자는 무엇인가 배워야겠다고 결심하면 우선 필자보다도 그 무엇에 대해 잘 알지 못하는 사람들을 대상으로 가르치는 기회를 만듭니다.
　실제로 지난 8개월 동안 메타버스에 대해 관심을 갖고 배우기 위해 메타버스 실무 강의를 여러 차례 했습니다. 나무를 보기 전에 숲을 먼저 보아야 하듯이 전체적인 개략을 파악한 다음 가르치기 위해 구체적으로 배웠습니다.
　지금은 배우려고 작정하면 여러 가지 방법이 있습니다. 필자보다 더 많이 아는 사람으로부터 배울 수도 있고 책이나 유튜브를 통해서 배울 수도 있습니다. 구슬이 서 말이라도 꿰어야 보배라는 속담이 있습니다. 다양한 채널을 통해 배우면서 어떻게 가르쳐야 할지 고민하고 구체적인 방법을 찾아내려고 나름대로 무척 노력했습니다. 가르칠 수 있는 수준이 되면 제대로 배운 셈입니다.

필자는 가르치면서 배우는 분들에게 필자의 배우는 방식을 소개하고 권유하지만 대부분 긍정은 하면서도 실제로 적용하는 경우는 극히 드물다는 사실을 알게 되었습니다. 배움에도 노력과 습관이 필요합니다. 그저 머리로 이해하고 아는 정도에 그치면 그런 배움은 오래가지 못합니다.

메타버스 강의를 여러 번 하면서 이제는 무엇을 어떻게 가르쳐야 하는지 알게 되었습니다. 디지털 원주민이라 부르는 10대나 20대는 힌트만 제공해도 금세 따라옵니다. 하지만 50대 이상 시니어들은 여러 번 반복하며 직접 해보지 않으면 이해하지 못합니다. 이해하지 못하면 남에게 가르쳐 주기도 어렵습니다. 남에게 가르쳐 주지 않으면 조만간 배웠던 내용이 바람과 함께 사라져 버립니다.

시대가 정말 많이 변하기 때문에 점점 배울 것이 많아집니다. 배움의 요령을 터득하지 못하면 열심히 배우고도 지혜로운 사람이 되기 어렵습니다. 최고의 배움은 남에게 도움을 주기 위해 가르칠 때 완성된다는 사실을 새삼 깨닫습니다.

학습을 포기하지 마라

학습(學習, learning)이란 배워서 익히는 것입니다. 다시 말하면 경험의 결과로 나타나는, 비교적 지속적인 행동의 변화나 그 잠재력의 변화, 또는 지식을 습득하는 과정을 말합니다.

무한경쟁 사회에서 차별화와 더불어 비교 우위에 서기를 원한다면 학습을 멈추면 안 됩니다. 학습은 배울 학(學)과 익힐 습(習)입니다. 모두가 알고 있다시피 우리나라 사람들은 평균적으로 지구상에서 가장 지능지수가 높습니다.

일제 강점으로부터 해방된 후 한국전쟁으로 폐허가 되어 아무 것도 남아있지 않은 시절에도 오로지 배우는 것만이 유일한 생존 수단이었습니다. 그래서 배움에 대한 열정으로 모두가 매우 민첩하게 행동했습니다.

그런데 지금 시대는 배우는 것만으로는 부족합니다. 배운 것을 충분히 익혀 자신의 것으로 만들어야 합니다. 밥솥으로 밥을 지을 때 열을 충분히 가한 후에 뜸을 들여야 합니다. 뜸 들이는 과정을 생략하면 밥이 설어서 먹지 못합니다. 배운 것을 익히는 과정은 생각이라는 단계를 거쳐야 합니다. 왜냐하면 생각의 깊이에 따라 결과가 판이하게 달라지기 때문입니다.

부산 해운대 센텀디지털캠프 박원옥 원장은 학습 능력이 탁월합니다. 지난해 줌으로 1인창직 과정을 1년 동안 지도하면서 메타버스 시대가 활짝 열렸으니 함께 학습해 보자고 필자가 제의했습니다.

박 원장은 불철주야 메타버스 연구에 매달렸습니다. 박 원장의 학습 방법은 단순히 지식을 쌓는 정도가 아닙니다. 자신이 학습한 메타버스를 다른 사람에게 전파하기 위해 엄청난 노력을 기울였습니다.

급기야 메타버스를 궁금해 하고 자신들의 비즈니스에 접목하려는 사람들을 초청해서 메타버스 캠프를 필자와 함께 열었습니다. 부산을 비롯해서 울산, 구미, 심지어 제주에서 몰려들어 메타버스를 배우고 익혔습니다.

새로운 세상에 대한 호기심과 지적 능력을 키우는 멋진 캠프였습니다. 인트로(intro) 개념의 캠프를 마치면서 더 구체적인 방법을 배우기 위한 심화 과정을 오픈해 달라는 요청까지 받았습니다.

박 원장은 메타버스 외에도 NFT(Non-fungible Token)에 대해 이미 특강도 하고 과정도 열었습니다. 박 원장의 학습 능력은 정말 탁월합니다. 수년 전까지는 역시 뭐니 뭐니 해도 21세기에는 창의성이 가장 중요하다고들 했는데 지금은 창의성보다 적응력이 더 중요해졌습니다.

그런데 적응력을 위해서는 학습 능력이 필수 덕목입니다. 비록 그 방면에 학문적인 전공을 하지 않았더라도 경험과 깨우침을 통해 충분히 학습을 하면 박 원장처럼 탁월함을 드러낼 수 있습니다. 학습 능력이 길러지면 자연스럽게 적응력도 생기고 창의성도 우러나옵니다. 어느 게 먼저인지 나중인지가 중요하지 않습니다. 세 가지 능력이 서로 조화를 이루면서 성장해 갑니다.

아직 나이도 많지 않은데 벌써 학습하기를 멈추는 사람들이 필자의 주변에 꽤 있습니다. 학습은 나이와 전혀 무관합니다. 일찌감치 학습을 포기하는 학포자(學抛者)가 되지 말아야 합니다.

독서 토론과 독후 에세이

독서 토론은 독서한 내용에 대하여 여러 사람이 각각 의견을 말하며 논의하는 것입니다. 독서 토론에 적극적으로 참여하는 것이 심오한 독서의 경지에 오를 수 있는 방편의 하나가 됩니다.

인간은 누구나 자신의 프레임으로 세상을 봅니다. 독서도 다르지 않습니다. 책을 쓴 저자의 관점이 어떠하든지 상관없이 독자는 자신의 관점으로 책을 읽고 생각을 하고 행동을 합니다.

독서 토론에 참여하면 저자가 책에서 말하려는 의도와 함께 다른 사람의 다양한 관점을 들을 수 있습니다. 조용히 혼자서 하는 독서와 달리 자신이 미처 생각하지 못했던, 전혀 다른 관점을 다른 사람을 통해 엿볼 수 있게 됩니다. 흔히 비판적 사고로 독서를 하라고 권합니다. 세상에 절대 옳음은 없습니다. 저자의 의도와 다른 사람들의 관점이 옳기도 하지만 그렇지 않을 수도 있습니다.

솔직히 고백하면 필자도 처음 독서 토론에 참여할 때 무척 망설였습니다. 사람들에게 겉으로 보이는 모습과는 달리 독서 내공이 깊지 못함을 들키지는 않을까 염려해서 그랬습니다. 쪽팔림이 두려워서 다른 사람들 앞에서 독서 내용과 필자 자신의 생각을 피력하기 어려웠습니다. 여러 가지 이유로 정해진 시간 내에 책을 읽지 못해서 토론의 주제를 벗어나면 어떻게 하나 걱정도 했습니다.

이런 필자의 경험을 담아 서울시 50플러스에서 지난 4년 반 동안 진행한 1인창직 과정에서는 수강자들에게 독후 에세이 발표하기를 독려했습니다. 에세이는 일정한 형식을 따르지 않고 인생이나 자연 또는 일상생활에서의 느낌이나 체험을 생각나는 대로 쓴 산문 형식의 글을 말합니다. 독후 에세이는 책을 읽은 후 느낀 감정과 생각을 거침없이 쓰고 발표하는 방식입니다.

현대인은 모두가 바쁩니다. 일주일에 책 한 권을 읽기가 벅찹니다. 그래서 책을 끝까지 읽지 않고도 독후 에세이를 쓰고 발표하는 방법을 알려주었습니다. 물론 책을 끝까지 정독하는 것이 좋지만 그 책과 관련해서 충분한 생각을 하고 행동이 뒤따른다면 그것으로 얼마든지 독후 에세이를 쓸 수 있기 때문입니다.

수강한 분들이 처음에는 독후 에세이라는 형식에 적응하지 못해 어려워했지만 금세 적응하고 나중에 과정을 수료할 때에는 이 구동성으로 까마득히 잊어버렸던 독서를 다시 하게 되어 감사하다는 피드백을 받았습니다.

평소에도 자신이 읽은 책의 내용과 자신의 생각을 메모해 두고 적재적소에 활용하는 습관은 매우 유익합니다. 배우들이 대본을 외우고 연기를 거듭하면서 나중에 극중 배우를 닮아가는 사례가 많습니다. 책을 읽고 생각과 행동이 반복되면 조금 더 성숙한 인간으로 거듭나게 됩니다.

배움의 길에 있는 학생들은 시험이라는 과정이 있어야 공부를 하게 됩니다. 정해진 기간 내에 책을 읽고 독서 토론에 참여해야 한다는 과제를 통해 독서의 끈을 놓지 않을 수 있습니다. 독서는 해도 되고 하지 않아도 된다고 생각하면 굳이 힘들게 독서를 해야 할 이유가 없어집니다.

필자에게도 월 1회 독서 토론하는 모임이 둘 있습니다. 매주 창직 칼럼을 두 편 이상 써야 하므로 따로 독서를 하지만 독서 토론에 참여하기 위해 매월 두 권의 책을 더 읽으며 생각의 힘을 키웁니다.

가끔 강연을 준비하거나 대화를 할 때 지금까지 파편처럼 흩어져 있었던 독서 내용이 머릿속에서 조합이 되면서 반짝하며 힌트를 줍니다. 이제는 칼럼을 쓰면서도 참고 자료를 펼쳐놓지 않고도 얼마든지 글을 씁니다. 이 모두가 독서와 독서 토론의 영향입니다. 독서 토론에 참여하기를 적극 권합니다.

독서력의 진화

독서력(讀書力, reading ability)이란 책을 읽어서 이해하고 즐기는 능력을 말합니다. 다시 말해 책을 읽으면서 그 내용을 이해하고 즐기지 못하면 그냥 그 수준에 머물러 버립니다. 진화한다는 말은 점점 변해가며 발달한다는 뜻입니다.

독서력도 진화합니다. 독서력은 자신만의 고유한 독서법을 찾아내는 과정에서 시나브로 키워집니다.

돌이켜보면 필자의 독서법도 꽤 진화해서 여기까지 왔습니다. 직장을 다니던 40대 후반까지 지독하게 책을 읽지 않았습니다. 고작 업무에 필요한 전문서적을 혹시나 도움이 될까 해서 읽는 정도였죠. 그러다가 우연히 책을 읽어야겠다는 생각이 문득 들었습니다. 그런데 처음에는 도대체 무슨 책을 어떻게 읽어야 할지 그저 막막하기만 했습니다. 그래서 한 가지 꾀를 내어 만화를 시작으로 쉬운 책부터 골라 무작정 읽기 시작했습니다.

그러던 어느 날 네이버 블로그를 알게 되어 글쓰기를 시작하면서 본격적으로 독서에 몰두하기 시작했습니다.

수년 전에는 연 200권 독서를 하겠다고 선언하고 노력했지만 목표를 달성하지는 못했습니다. 올해는 책을 읽으며 사색하는 데 중점을 두기로 했습니다. 이렇게 독서력은 다양한 독서법을 스스로 익히면서 조금씩 진화합니다.

필자의 독서법이 어떤 수준인지를 점검하기 위해 자주 만나는 전업 작가들에게 그들의 독서법에 대해 물어보았습니다.

그들의 독서법도 필자와 크게 다르지 않아 보였습니다. 하지만 그들은 필자보다는 훨씬 더 절박함으로 자신만의 독서법을 개발하고 있었습니다.

특히 전업 작가들은 불철주야 다음에 어떤 책을 쓸 것인가를 생각하기 때문에 그 주제에 맞는 책을 두루 찾고 읽고 고민하고 있었습니다. 독서법은 필자와 비슷했지만 깊이가 전혀 달랐던 것입니다.

매일 엄청나게 쏟아져 나오는 책을 모두 읽을 수는 없습니다. 시간도 제약이 있고 사람마다 독서량도 제각기 다릅니다. 독서법에 대해 심각하게 고민하지 않으면 독서력의 진화를 기대하기 어렵습니다. 석사 또는 박사학위를 취득했다고 모두 독서력이 저절로 대단해지지는 않습니다.

독서력은 독서법과 관련이 있습니다. 특히 많은 양의 독서를 하면서도 사색하지 않으면 독서력이 발달하지 않습니다. 독서력의 성과는 글쓰기와 말하기에서 진가가 드러납니다. 글쓰기와 말하기는 책을 출간하는 것과 강연을 하는 것으로 귀결됩니다.

그 정도의 독서 분량으로 따지면 벌써 책을 몇 권 썼을 것으로 짐작하지만 아직 책을 쓰지 못한 사람들이 의외로 많습니다. 비록 내용이 충실하지 못했어도 필자도 책을 몇 권 출간하고 나서야 독서력이 조금 나아졌습니다.

필자가 읽어보기에는 어쭙잖은 글이지만 간간이 필자의 칼럼에 대해 호평을 하는 분들이 있습니다.

필자에게 용기를 주기 위해 그런가 보다 하면서도 필자의 독서력이 조금이나마 나아졌기를 기대해 봅니다.

독서의 길은 끝이 없습니다. 다른 사람의 독서법을 참고는 하되 흉내 낼 필요는 없습니다. 우리 모두는 각자의 수준에 맞는 독서법을 찾아가야 합니다. 자신만의 독서법을 통해 독서력이 점점 진화합니다. 자신만의 독서법을 찾고 독서력을 키워가는 과업은 평생 해야 하는 지난한 작업입니다.

이왕 이런 노력을 하면서 즐길 줄 안다면 훨씬 도움이 됩니다. 아직 아무도 오르지 않은 산 정상을 올라가듯 자신만의 소중한 독서법과 독서력을 찾고 키워가는 성찰이 요구됩니다. 세상이 아무리 빠르게 변하고 바뀌어도 우리는 자신의 프레임으로 세상을 바라보게 됩니다. 아는 만큼 보이고 읽고 이해하는 만큼 깨닫게 됩니다.

독서로 자신을 확장하라

　확장(擴張, expansion)한다는 뜻은 범위, 규모, 세력 따위를 넓히는 것을 말합니다. 인간이 자신을 확장하는 것은 단순히 물리적인 신체의 크기를 벗어나 지식이나 지혜의 큰 바다로 나가며 인적 네트워크를 넓힌다는 의미입니다.
　자신을 확장하려면 먼저 자신만의 확고한 철학이 있어야 합니다. 이런 철학은 시대와 상황에 따라 급변하지 않고 심지를 굳게 내린 변함없는 자신의 철학을 말합니다. 자신을 확장하기 위한 여러 가지 방편이 있겠지만, 독서만큼 확실한 방법을 필자의 입장에서는 아직까지 찾지 못했습니다.
　인간의 변화는 사람을 만나서 이루어질 수도 있지만 독서와 사색을 통한 점진적 변화가 가장 바람직합니다. 달이 차고서야 이윽고 기울듯 인격적으로 충분한 소양을 갈고닦았을 때 변화가 생기는 법입니다. 그리고 이렇게 생긴 변화는 아주 오래갑니다.
　가벼운 임기응변 능력이나 잔머리 굴리기 정도로 세상 유행과 시류에 편승하면서 얼마든지 살아갈 수 있습니다. 하지만 그런 변화는 그 자체가 모래 위에 성을 쌓은 것처럼 금세 파도가 밀려오면 사라져 버립니다.
　독서를 통한 지속적인 깨달음은 우리의 몸과 마음 모두를 단단하게 변화시켜 줍니다. 지금 이 시대에는 아무리 세찬 풍파가 덮쳐 와도 능히 이겨낼 수 있는 확고부동한 변화가 요구됩니다.
　많은 사람들이 독서 이외의 방법으로 자신의 가치와 브랜드를 높이려고 무척 애를 씁니다. 하지만 마케팅이나 홍보 기술 정도로는 그런 확실한 변화를 이루어내기 어렵습니다. 비록 개똥철학이라 할지라도 자신을 보호하고 제대로 표현할 수 있는 변화를 자신의 깊은 내면으로부터 이끌어내야 합니다. 내면으로부터 끌어올린 변화는 쉽사리 사라지지 않습니다. 왜냐하면 그런 변화는 일상이 되어 자리 잡기 때문입니다.

많은 저자들은 같은 주제를 두고도 서로 다른 자신만의 생각을 정제해서 책으로 내놓습니다. 책은 저자의 고뇌와 사색의 결과물입니다. 책을 읽되 저자의 의도에 공감할 수도 있고 반대로 비평할 수도 있습니다. 같은 주제를 두고 다양한 책을 섭렵함으로써 균형 잡힌 관점을 가지게 됩니다.

끝없이 반복되는 저자와의 질문과 대화 속에서 독자는 자신의 철학을 재삼 확인하게 됩니다. 어떤 사안에 대해 맞느냐 틀리느냐의 관점이 아니라 도대체 왜 맞느냐 틀리느냐로 관점이 달라집니다.

독서는 인간을 겸손으로 이끕니다. 폭넓은 독서는 인격 수양에 큰 도움이 됩니다. 지나친 극단화에서 벗어날 수 있습니다.

언제나 자신의 생각만이 옳다는 아집을 버리고 얼마든지 상대방도 옳을 수 있다는 포용력을 갖게 됩니다. 이런 게 독서를 통해 생기는 덤입니다.

인간은 누구나 남에게 자신을 잘 보이려고 노력합니다. 상대에게 더 나은 모습을 보이려고 안간힘을 씁니다. 그래서 화장을 하고 치장을 하고 뭔가 있어 보이기 위해 불철주야 노력을 합니다. 있어 보이는 노력보다 더욱 중요한 덕목은 실제로 있도록 하는 겁니다.

굳이 말을 하지 않아도 제반 주변 여건을 고려해 보면 자연스럽게 견적이 나옵니다. 말하지 않아도 글로 표현하지 않아도 상대방이 금방 알아챕니다. 그게 바로 확장된 인격입니다. 우리의 삶의 궁극적 목적은 조금씩 성숙해지는 겁니다. 어제보다 오늘이 그리고 오늘보다 내일이 조금이라도 성숙해지는 것이 바람직합니다.

천천히 가더라도 그 자리에 멈추지 않으면 됩니다. 독서를 통해 쉬지 않고 저자들과 만나 토론하면서 자신의 지경을 조금씩 넓혀가야 합니다. 자신을 확장하는 최고의 수단은 바로 독서입니다.

마음 챙김을 위한 독서

마음 챙김(mindfulness)은 심리학적 용어인데 개인의 내적 환경이나 외부 세계의 자극과 정보를 알아차리는 의식적 과정입니다.

문명이 발달하고 도시화로 인해 사람들이 밀집해서 살다 보면 사람끼리 부딪히며 온갖 스트레스를 많이 받습니다. 이런 스트레스를 해소하는 방법은 사람마다 다릅니다. 독서는 마음 챙김을 위한 아주 효과적인 방법입니다.

대체로 사람들을 두 가지로 분류하면 비관론자와 낙관론자가 있습니다. 다시 낙관론자를 구분하면 막연한 낙관론자가 있고 지적인 낙관론자가 있습니다.

독일 함부르크 대학의 낙관주의 전문가 옌스 바이드너(Jens Weidner) 교수는 그의 저서 『지적인 낙관주의자』를 통해 미래는 어차피 좋을 것이라고 믿는 사람만이 그 결과를 처리할 의욕을 낼 수 있다고 말합니다. 결국 낙관주의는 선택의 문제입니다.

지적인 낙관주의가 막연한 낙관주의와 다른 점은 현실감각을 지니면서도 미래지향적이기 때문입니다. 이 둘 사이에는 별로 차이가 없어 보이지만 실제로 엄청나게 다릅니다. 그런 면에서 바이드너 교수가 말하는 "계산하고 결정하고 돌진하고 성취한다."라는 슬로건은 시사하는 바가 남다릅니다. 왜냐하면 막연한 낙관주의자는 계산하지 않고 대책 없이 무조건 돌진하기 때문입니다.

L은 어려서부터 참 어려운 역경을 딛고 딸만 다섯인 가정에서 지금까지 가장 노릇을 하며 살았습니다. 열심히 노력해서 회사를 키우고 이제 살만 한가 했더니 가정에 다시 어려움이 찾아와 지난 수년을 수렁에 빠져 고생을 많이 했습니다.

아직도 어려움이 남아 있지만 조금 숨통이 트이면서 스멀스멀 자괴감이 몰려들어 정신적 어려움에 처했습니다. 인간의 원초적인 질문인 '나는 누구이며 왜 사는가?'에 새삼 직면한 것입니다.

이전에 필자에게서 코칭을 받은 적이 있기에 다시 필자를 찾아와서 의논했습니다. L에게 독서를 권했습니다. 그리고 독서하면서 블로그에 느낀 바를 적어 올리라고 했습니다. 비록 현재 다른 사람보다 많은 어려움을 겪고 있지만 세상에서 다양한 사람들이 다양한 어려움에 직면하면 어떻게 했는지를 책을 통해 살펴보고 마음 챙김을 하라는 의미였죠.

블로그에 글을 올릴 때마다 필자의 카카오톡에 공유하라고 했는데 2~3일에 한 번씩 글이 올라옵니다. 아직은 시작 단계이지만 점차 독서를 통해 자신만 겪는 고통이 아님을 인지하고 조금씩 나아지리라 기대합니다.

독서하면서 생각의 깊은 세계로 들어가면 거기에 마음 챙김을 비롯한 인생철학과 평생직업도 덤으로 찾아낼 수 있습니다. 겉으로 보기에는 유명인들이 하나같이 전혀 어려움을 겪지 않고 오늘에 이른 것으로 보이지만 그렇지 않습니다.

숱한 어려움을 참고 견디며 매사 긍정적인 낙관주의로 이겨낸 유명인들이 얼마든지 있습니다. 남과 비교할 필요가 없습니다. 남과 다르기 때문에 자신만의 마이웨이를 찾아 걸어갈 수 있습니다.
　유명 화가들과 음악가들은 남의 것을 보거나 듣지 않으려 무척 애씁니다. 자주 보고 들으면 자신도 모르게 따라갈 가능성이 높기 때문입니다. 서툴고 어쭙잖아도 자신만의 길을 가려면 언제나 지적 낙관주의로 똘똘 뭉쳐 살아야 합니다. 배우자와 주위에 있는 지인들이 위해서 걱정하고 비관적인 말을 해도 긍정의 시각으로 참고 인내하는 과정을 거쳐야 합니다.
　바이드너 교수는 "성공은 내 탓, 실패는 네 탓!"을 하라고 권합니다. 왜냐하면 실패를 내 탓으로 돌리면 점점 자신감과 자존감이 줄어들기 때문입니다. 우리의 마음은 갈대처럼 늘 흔들립니다. 독서는 마음 챙김을 위한 최고의 방법입니다.

종이책 독서가 가장 효과적이다

　스마트폰에 있는 내비게이션 앱을 보면 앱 추천 길, 최소 시간, 무료도로, 최단거리, 고속도로 우선, 편한 길 우선 등 다양한 주행 옵션이 있습니다. 대부분의 운전자들은 GPS를 이용한 교통 상황을 고려하여 앱이 추천하는 길을 선택합니다. 특히 서울 등 복잡한 도심에서는 최단거리 옵션보다 앱 추천 길이 낫습니다. 지름길은 멀리 돌지 않고 가깝게 질러 통하는 길이며 가장 쉽고 빠른 방법을 비유적으로 이르는 말입니다.
　독서의 목적은 다양하지만 대개 자신이 원하는 바를 이루기 위해 가장 지름길을 선택하려고 모두가 애를 씁니다. 어떤 목적을 이루기 위한 방편으로 여러 가지를 들 수 있습니다. 오디오북이나 전자책 그리고 유튜브 책 요약 동영상 등의 편하고 쉬운 독서 방법에 비하면 종이책을 손에 들고 한 장 한 장 읽는 방법은 누가 봐도 시간이 많이 걸리고 고단한 작업임에 틀림없습니다.

하지만 종이책 독서는 가장 효과적인 독서 방법입니다. 그 이유는 종이책 읽기는 우리의 오감을 모두 동원하기 때문에 그렇습니다. 눈으로 읽지만 귀로는 예전에 읽었던 책의 내용이 복합적으로 화학 반응을 일으키며 우리의 두뇌를 자극합니다. 낭독으로 하는 책읽기는 더욱 효과가 큽니다. 책의 목차로부터 시작해서 앞뒤를 살피며 읽으면 저자의 의도를 쉽게 파악하게 됩니다.

책 읽는 속도는 각자가 다르지만 중간 중간에 메모를 하거나 생각에 잠기기도 합니다. 필자의 경우는 글쓰기 소재를 찾아내어 기록해 둡니다. 얼마 전부터 화두로 떠오른 메타버스를 공부하기 위해 몇 권의 관련 서적을 구입해서 읽었습니다. 앞으로 해야 할 메타버스 캠프에서 강의할 내용이 머릿속에 정리를 합니다. 인간의 두뇌는 뇌(腦)과학자들의 말이 따르면 과학으로 증명하기 어려울 만큼 복잡하게 활동합니다.

꾸준한 독서를 통해 깨달음과 통찰을 넘어 통섭의 경지에 이르도록 돕는 것이 바로 독서입니다. 전문 작가들은 책 한 권을 쓰기 위해 수많은 종이책을 뒤지며 글감을 찾아냅니다. 비록 전 세계 곳곳을 모두 가보지는 못해도 책을 통해 그 시대 상황을 이해하고 창의적인 발상을 끌어내어 글로 옮깁니다.

종이책에서 금광을 캐내는 작가들의 노력은 가히 상상을 초월합니다. 이런 과정을 통해 작가들의 두뇌는 계속해서 업그레이드됩니다. 꽤 인기가 있는 문학 작품은 드라마나 영화로 만들어지기도 합니다. 하지만 아쉽게도 종이책으로 읽을 때의 감동을 송두리째 빼앗아가 버립니다. 상상할 수 있는 과정을 생략해 버리기 때문입니다.

컴퓨터가 나오고 전자책과 오디오북이 나왔지만 여전히 종이

책은 인기가 있습니다. 물론 앞으로 MZ세대 이후에게는 어떨지 알 수 없는 노릇입니다.

가야 할 길이 잘 보이지 않고 그저 막막하기만 할 때 종이책은 등불이 되어 줍니다. 우선 손에 들고 다니는 것만으로도 마음에 평안을 제공합니다. 제목만 봐도 읽었던 종이책 속에 담긴 내용이 생각이 나며 새로운 길을 안내해 줍니다.

빅테크 기업들이 앞 다투어 내놓는 새로운 기술들은 인류의 미래를 바꿔놓습니다. 아무리 첨단기술이 쏟아져 나와도 자신이 그것을 받아들이지 않으면 무용지물입니다.

어떤 미래를 열어 갈 것인가는 오롯이 각자의 몫입니다. 변화무쌍한 미래에 의연히 대처하기 위해 수많은 방법이 있지만 종이책 독서를 선택하면 후회하지 않습니다.

인간의 최종 목표는 성숙해지는 것입니다. 마지막까지 성숙하려면 읽고 생각하고 쓰는 일을 지속해야 합니다. 그런 면에서 종이책 독서는 우리 각자의 목표를 이루기 위한 가장 효과적인 길입니다.

차별화를 위한 독서

차별화(差別化, differentiation)는 둘 이상의 대상을 각각 등급이나 수준 따위의 차이를 두어 구별된 상태가 되게 하는 것이라고 합니다. 지금 우리는 모두가 무한경쟁 시대를 살고 있습니다. 친구들과 경쟁해야 하고 취업을 위해 경쟁해야 하며 남보다 뛰어나기 위해 죽기 살기 끊임없이 경쟁을 해야 합니다.

물론 경쟁이 있어야 발전이 있습니다. 경쟁을 해야 할 이유조차 없이 그저 먹고사는 것으로만 만족한다면 조금씩 퇴행의 길로 접어들게 됩니다. 경쟁에서 뛰어나기 위해서는 남과는 무엇인가 달라야 합니다. 다르게 생각하고 다르게 행동하지 않으면 차별화를 이루지 못하고 경쟁에서 뒤처지게 마련입니다.

무엇으로 차별화를 이룰 것인가는 우리 모두의 지상 최대 과제입니다. 왜냐하면 살아 있는 동안 우리는 차별화를 꾸준히 지속해야 하기 때문입니다.

필자의 고등학교 친구 전광수는 경제학을 전공하고 교육학 박사를 취득한 컨설팅 전문가입니다. 한때 그는 열심히 전국의 산을 돌아다니며 산에서 나는 자연 식물을 채취해 자연식 밥상을 차리고 싶다고 했습니다. 그러다 최근에는 충청북도 증평군에 정착해서 농사를 짓고 목공을 합니다. 물론 가끔 기업체 강연도 하죠.

그가 일전에 페이스북에 앤드그레인 도마를 완성하는 모습을 담은 글과 사진을 보았습니다. 대패질을 마치면 샌딩을 하고 또 샌딩을 하며 무한 반복을 거듭해야 드디어 도마가 완성됩니다. 그의 장인정신을 지켜보며 그의 독서에 대한 열정을 살짝 엿볼 수 있습니다.

물론 발로 천리를 마다하지 않고 다니며 배웠겠지만 오늘의 그가 있기까지 얼마나 많은 책을 읽고 생각하고 고심했는지 쉬이 짐작할 수 있습니다. 안 봐도 보입니다. 결국 이런 과정을 통해 차별화가 이루어집니다.

독서의 내공은 겉으로 잘 드러나지 않습니다. 전 박사처럼 우리 주변에서 뭔가 달라 보이는 사람들은 독서를 통해 차별화를 이루어낸 경우가 많습니다. 우리나라가 코로나 팬데믹을 겪으면서 선진국에 진입했다고 하지만 필자가 보기에는 아직 멀었습니다. 그건 아직 독서하는 문화가 정착되지 않았기 때문입니다. 그저 출세하기만 바라고 돈을 많이 벌기만을 위해 노력할 뿐 진정으로 자신의 성숙함을 이루기 위한 노력이 부족해 보이기 때문입니다.

자신이 먼저 성숙해야 우리 사회가 성숙해집니다. 가정으로 들어가 보면 독서를 통한 차별화는 더욱 요원해 보입니다. 부모가 독서를 하지 않으면서 자식이 잘 되기만을 바란다면 그건 로또 맞기를 바라는 것과 다름없습니다. 이런 면에서 유대인들의 가정교육을 새삼 경탄하며 생각해 보게 됩니다. 독서도 출발은 가정입니다.

독서에 대한 간절함이 먼저 있어야 합니다. 그 다음에 가정을 이룬다면 부부가 독서에 대한 남다른 열망이 있어야 합니다.

그래야 자녀가 따라옵니다. 학교에서도 독서 과목을 신설하는 것이 바람직합니다.

미국의 세인트존스 대학은 4년 내내 100권의 동서양 고전을 읽고 토론을 해야 졸업할 수 있다고 합니다. 초등학교부터 고등학교까지 독서 과목이 있으면 학생들이 독서에 대해 자연스럽게 적응하게 될 것입니다.

학교에 등교해서 오로지 시험 점수를 높이기 위한 수업에만 치중하면 곤란합니다. 그보다는 도서관에 많은 학생들이 몰려가 독서하고 토론하는 분위기가 만들어져야 합니다. 학교 전체가 도서관이 되면 더욱 좋습니다.

독서는 차별화를 이루어 경쟁력을 높이는 데 최고이자 최선의 방법입니다.

독서 루틴 만들기

독서를 할 때 자신만의 루틴(routine)이 필요합니다. 루틴이란 IT용어로 어떤 통합된 기능이 있는 프로그램으로 컴퓨터가 특정한 기능을 수행할 수 있도록 마련된 일련의 명령 군(群)을 말합니다.

루틴은 개인 종목의 스포츠 경기에서도 자주 볼 수 있습니다. 예를 들면 골프 선수는 드라이브 샷을 하기 전에 먼저 티 위에 공을 얹어 놓고 뒤로 가서 전방을 향해 몇 차례 빈 스윙을 한 다음 샷을 합니다. 그린 위에서 퍼팅을 할 때의 루틴은 더욱 정교합니다. 캐디가 닦아준 골프공을 홀컵을 향해 정성스럽게 라인업을 한 후 다시 몇 차례 빈 퍼팅을 한 후 몸과 머리를 흔들리지 않게 하고 퍼팅을 합니다. 프로 골퍼는 모두 이런 루틴을 매우 중요하게 생각합니다. 심지어 샷이나 퍼팅을 하기 전 조금만 이상한 느낌이 오면 다시 처음부터 루틴을 반복합니다.

독서 방법은 제각기 다릅니다.

독서를 위한 환경을 준비하는 것부터 루틴에 해당합니다. J중학교 김원배 교사는 새벽 독서광입니다. 몇몇 지인들과 함께 새벽에 독서하기를 약속하고 매일 새벽 일찍 일어나 독서를 합니다. 매주 일요일은 약속한 시간에 줌으로 새벽 독서 멤버들과 만나 일주일 동안 했던 독서 내용과 다음 주 추천 도서를 공유합니다. 그는 새벽 독서를 위해 저녁식사도 적게 하고 심지어 음주도 하지 않습니다. 독서 노트를 준비해서 독서하면서 중요한 내용은 부분 필사를 합니다.

낮 시간에는 학교에서 열심히 학생들의 진학과 진로를 지도하고 틈만 나면 조용히 앉아서 독서를 합니다. 벌써 몇 권의 책을 썼고 지난해에도 『하고 싶은 것이 뭔지 모르는 10대에게』를 출간했고, 올해도 신간 『단단한 자존감을 갖고 싶은 10대에게』를 출간했습니다.

독서 고수들의 독서 루틴은 자세히 관찰하고 따라해 볼 가치가 있습니다. 하지만 역시 자신에게 맞는 방식의 루틴을 개발해서 적용하는 것이 좋습니다.

독서 고수들은 시도 때도 없이 독서를 하는 듯 보이지만 그들도 나름대로 루틴을 갖고 있습니다. 한 권의 책을 처음부터 끝까지 앞뒤를 오가며 샅샅이 훑어보는 스타일도 있고 몇 권의 책을 동시에 읽으며 다양한 저자들의 핵심 아이디어를 캡쳐하는 방식도 있습니다.

시끄러운 장소에서는 전혀 독서를 하지 못하는 사람도 있고 아무리 주위가 어지러워도 몰입하며 거뜬히 독서를 하는 사람도 있습니다. 주변 환경의 영향을 받지 않는 사람들은 자신만의 흔들리지 않는 독서 루틴을 가지고 있어서 그렇습니다. 이것도 독서의 기술에 해당합니다.

필자는 몰입을 잘하지 못하는 스타일입니다.

독서를 하다가도 문득 어떤 생각이 떠오르면 메모를 하거나 북마크를 해두고 급한 일을 합니다. 이 버릇을 고치고 필자만의 독서 루틴을 만들기 위해 스마트폰에 '포모도로(pomodoro)'라는 앱을 설치했습니다. 독서를 시작하면서 플레이를 누르면 25분 동안 벨이 울릴 때까지 집중해서 독서를 합니다.

과학적으로 25분 간격이 가장 집중하기 좋다는 통계가 나와 있습니다. 아무리 급한 전화가 오거나 메시지가 와도 25분 동안은 무시하고 독서를 합니다. 물론 이 시간을 늘리거나 줄일 수 있습니다. 25분독서 후 브레이크 타임을 5분 정도 가집니다. 이것도 변경이 가능합니다.

이렇게까지 하는 이유는 흔들리지 않는 필자만의 독서 루틴을 확보하기 위해서입니다.

사소해 보이지만 독서 루틴은 정말 중요합니다.

왜 독서를 주저할까?

사람들이 왜 독서하기를 주저할까요?

독서하면 좋다는 것쯤은 누구나 잘 알고 있습니다. 하지만 평소에 독서 생활을 꾸준히 하는 사람은 그다지 많지 않습니다. 좋은 줄 알면서도 하지 않는 이유가 갑자기 궁금해졌습니다.

　남의 말을 꺼낼 필요조차 없이 필자가 왜 이전에 독서하기를 주저했는지 상기해 봤습니다. 우선 독서는 강제성이 없습니다. 해도 되고 하지 않아도 당장 문제가 없다고 생각하면 독서하지 않습니다.

　특히 젊은 날 직장생활을 할 때는 오로지 하고 있는 업무에 필요한 책만 골라 읽고 그것이 전부인 양 생각했습니다. 지금 직장에 다니고 있는 필자의 아들을 보면 예전에 필자의 모습이 고스란히 그려집니다. 그래도 이제 직장생활 10년을 훌쩍 넘기고는 독서하려고 노력하는 아들을 볼 수 있습니다.

　필자는 46세 때 일모작 직장을 퇴직할 때까지 거의 독서를 하지 않았습니다. 50세를 넘기고 안산 반월공단에서 전문경영인으로 수년간 일을 하면서 회사 경영을 위해 독서하지 않으면 안 되는 절박한 지경에 처했을 때 본격적인 독서를 시작했습니다.

　맞습니다. 절실함이 없으면 어느 누구도 독서해야 할 이유를 찾지 못합니다. 그리고 부모로부터 물려받은 재산이 넉넉하면 독서해야 할 이유를 전혀 찾지 않게 되죠. 넉넉한 재산이 그를 독서의 세상으로 가지 못하게 막아 버립니다.

　동시에 당장 일용할 양식이 필요한 사람도 독서를 하지 못합니다. 여유가 없기 때문입니다. 독서하지 못하는 또 다른 이유는 다른 사람의 의견을 겸손하게 받아들이지 않는 우리의 잘못된 태도 때문입니다.

　책은 우리에게 저자의 주장을 펼쳐 보입니다. 책을 읽으면서 저자의 주장에 모두 공감하지 않겠지만 나름대로 저자가 주장하는 바를 인정한다면 독서를 하게 됩니다. 다름을 틀림으로 간주하는 우리의 잘못된 교육이 우리를 그렇게 만들었습니다. 다르기 때문에 더욱 더 호기심을 가지고 들어보려는 태도가 필요합니다.

지구상 가장 지능지수가 높은 우리의 타고난 머리가 우리를 독서로부터 멀어지게 합니다. 지능지수가 전부가 아님에도 불구하고 우리는 책을 읽으며 미리 저자의 결론을 자신의 틀에 맞추며 판단하려 듭니다.

미리 판단하는 것은 독서하는 데 독이 됩니다. 비판적 시각으로 독서하는 것과 예단(豫斷)하는 것은 다릅니다. 자신의 판단은 잠시 내려놓고 과연 이 책에서 저자가 무엇을 주장하는지를 알아보려는 노력이 중요합니다.

학력이 높고 지위가 높을수록 독서를 많이 한다고 착각하기 쉽습니다. 의외로 그런 사람들이 더 독서하지 않습니다. 자신이 늘 부족하다고 생각하는 사람은 겸손하게 독서를 통해 배우고 익혀 조금씩 나아지려고 노력합니다.

독서가 습관이 되는 데까지 걸리는 시간이 꽤 깁니다. 동기부여가 확실하지 않으면 독서를 결심했다가 중도에 그만두게 됩니다. 그래서 주기적인 독서모임에 가입하거나 자신이 주관하는 독서모임을 꾸준히 운영하는 것이 좋습니다.

선진국 국민들이 독서를 많이 한다는 사실은 모두 듣고 알고 있습니다. 이제 누가 뭐래도 우리도 선진국에 해당합니다. 그런 자긍심을 가지고 선진국에 걸맞은 국민이 되려면 독서에 매진해야 합니다. 여기서 열거하지 못한 더 많은 이유가 있을지라도 지금 당장 독서를 시작하면 모두 극복할 수 있습니다.

독서꽝

'독서광'이 아니라 '독서꽝'입니다. 독서광은 미친 듯이 책을 많이 읽는 사람을 말합니다. 독서꽝은 독서는 많이 하지만 시간만 죽이는 사람을 가리켜 필자가 붙인 이름입니다. 꽝이란 순 우리말로 제비뽑기 따위에서 배당이 없거나 바라던 바가 아닌 것을 속되게 이르는 말입니다. 독서를 전혀 안 하는 사람도 많지만 열심히 독서를 하는 사람도 꽤 많습니다.

실은 필자가 독서꽝이었습니다. 아니 지금도 독서꽝을 벗어나지 못합니다. 남이 볼 때는 열심히 독서를 하는 것처럼 보이지만 자세히 관찰해보면 독서 헛발질을 하는 경우가 많습니다. 제대로 하지 않은 독서로 인해 시간을 많이 허비합니다. 종종 책꽂이에 꽂힌 책을 다시 펴보면 과연 이런 책을 언제 읽었는지조차 기억해내지 못합니다.

요즘 중학생들은 책을 많이 읽습니다. 특히 초등학교 때 책을 많이 읽었다고 자랑합니다. 그런데 중학교에 올라오면 갑자기 책을 읽지 않습니다. 1학년 자유학년제에서는 그나마 책을 조금 읽지만 2학년으로 올라가면 본격적인 시험 위주의 공부가 기다리고 있고 하교 후에는 여기저기 학원에 다녀야 하기 때문에 독서할 시간이 없습니다. 독서를 해야 할 이유도 찾지 못합니다. 그러다가 고등학교에 올라가면 다시 논술시험을 준비하기 위해 독서를 새롭게 시작합니다. 하지만 시험을 위한 독서이기 때문에 목적이 전혀 다릅니다.

독서량에 치중하면 독서꽝이 될 확률이 높습니다. 소위 자기과시를 위한 독서를 합니다. 얼마나 많은 책을 읽었느냐 하는 것으로 판단 기준을 삼습니다. 자신은 물론이고 자녀들이나 청소년들에게 닥치고 많이 읽기를 강요합니다.

많이 읽기만 하면 머리에서 지각 변동이 일어나고 저절로 지식과 지혜가 솟아난다는 지론을 갖게 됩니다.

글을 쓰기 위해 독서하는 것은 그나마 남는 것이 있지만 메모를 하거나 글을 쓰지 않고 그냥 읽기만 하면 시간이 지나도 독서 후 숙성의 단계를 거치지 못해 모든 것이 허공에 바람처럼 날아가 버립니다.

물론 독서방법에 정도는 없습니다. 독서를 제대로 하는지 아니면 독서꽝이 되는지도 자신 외에는 알지 못합니다. 하지만 언젠가는 그 결과가 어떤 형태로든 나타나게 마련입니다.

결국 독서는 많이 하는 것보다 제대로 하는 것이 중요합니다. 한 권의 책이라도 알차게 읽어야 합니다. 그렇다고 내용을 모두 이해하거나 알 필요는 없습니다. 그 책을 통해 자신이 무엇을 얻고 깨닫게 되었는지에 대한 성찰이 필요합니다.

모든 책이 훌륭한 책은 아닙니다. 그런 것을 구별할 줄 아는 것도 독서의 기술입니다. 모든 책을 처음부터 끝까지 다 읽을 필요도 없습니다. 때로는 그것도 시간 낭비가 될 테니까요.

왜 독서를 하는지 그리고 무슨 책을 읽을 것인지를 먼저 생각하고 독서를 시작하는 것이 좋습니다. 독서하고 나서 무엇을 깨달았는지에 대한 기록을 남기면 금상첨화입니다. 독서의 길은 멉니다. 독서방법도 계속 변합니다.

독서꽝이 되지 않도록 주의를 기울여야 합니다.

독서의 기술

독서가 기술인가요?
맞아요. 기술입니다.
다른 여러 가지 삶의 기술과 마찬가지로 공들여 배울 가치가 있는 기술이지요. 기술이란 무엇인가를 잘 다룰 수 있는 방법이나 능력입니다. 독서의 방법은 최고의 기술에 해당합니다. 정답은 없지만 모범 답안은 있는 것이 바로 독서의 기술입니다. 누구나 쉽게 시작할 수 있으며 많은 분들이 하고 있는 것이 바로 독서입니다. 하지만 어떤 방식으로 독서를 하는지 물어보면 대답은 천차만별입니다.

우선 독서의 목적만 따져 봐도 정말 다양합니다. 남에게 뭔가를 보여주려는 과시형이 있는가 하면 서평을 써서 책을 서점으로부터 받으려는 절약형도 있습니다. 필자처럼 글감을 찾기 위해 부지런히 독서하는 낚시형도 있고 무료한 시간을 때우려는 한량형도 있습니다. 꼼꼼히 책을 읽는 정독형도 있고 필자처럼 핵심을 뽑아내는 건성형도 있습니다. 메모를 하며 읽는 스타일도 있고 밑줄을 그으며 책을 괴롭히는 스타일도 있습니다. 모두가 자기 자신만의 방식으로 독서를 합니다.

뜨인돌 출판사가 2006년 출간한 헤르만 헤세(Hermann Hesse)의 『독서의 기술』이라는 책을 읽어 보았습니다. 독일어 원문 제목은 『책의 세계』라고 되어 있는데, 옮긴이 김지선이 붙였는지 출판사가 결정했는지 모르지만 『독서의 기술』이라는 제목이 필자의 눈길을 끌었습니다.

이 책에서 헤르만 헤세는 독서 방법에 대해 다양하게 언급하고 있습니다. 어떤 책을 읽을까 고민하라. 제대로 골라 읽으라. 책을 과소평가하지 마라. 재독(再讀)은 정말 중요하다 등등.

새삼 우리의 언어로 많은 책을 쓰고 번역하고 출간하는 저자와 번역가와 출판사에게 저절로 감사하는 마음이 생깁니다. 온·오프라인 서점에 차고 넘치는 책을 보면서 그들의 수고로 인해 우리가 비교적 저렴한 비용으로 책을 구매해서 언제든지 읽을 수 있습니다. 또한 위에서 언급한 헤르만 헤세의 저서처럼 독서의 기술을 향상하기 위한 많은 책도 나와 있어서 행복합니다.

하지만 아직도 독서의 중요성을 알지 못하고 그저 주어진 일상에만 연연하는 사람들이 많습니다. 우리나라도 이젠 누가 뭐래도 선진국입니다. 선진국의 국민에 걸맞게 독서를 생활화하는 사람들이 더 많아졌으면 좋겠습니다. 독서모임을 통해서 또는 스스로 독서의 기술을 익히면 좋겠습니다. 간절하면 이루어집니다.

매일 종이로 된 신문은 처음부터 끝까지 읽으면서도 정작 책을 읽지 않는 사람이 많습니다. 모든 비즈니스는 결국 사람과의 관계로 이루어지는데 인간의 본성을 탐구하는 책을 전혀 읽지 않으면서 인간관계를 개선하려는 사람도 많습니다. 특별한 기술을 익히기 위해서는 관련 서적을 찾아 읽고 외우면서도 정작 우리의 삶에 도움을 주는 철학과 인문학 서적을 멀리하는 사람도 있습니다.

정답만 찾으려고 애타게 책을 찾아 헤매는 사람도 있습니다. 독서의 수준과 기술이 축적되면 이윽고 스스로를 지혜로운 사람이 되게 합니다. 독서가 기술이냐 아니냐를 따지기 전에 자신의 독서 수준과 방법을 가끔씩 평가하는 과정이 필요합니다. 남과 비교하라는 뜻이 아니라 자신의 과거와 비교해 보라는 말입니다.

독서에 목숨을 걸다

역사상 독서에 목숨을 건 사람들은 꽤 많습니다. 대표적인 인물로 우리 모두가 잘 아는 항일 독립투사 안중근 의사는 1910년 중국 여순의 일제 감옥에서 독서의 중요성에 대해 "일일부독서 구중생형극(一日不讀書口中生荊棘), 하루라도 책을 읽지 않으면 입 안에 가시가 돋는다."는 너무나 유명한 유묵(遺墨)을 남겼습니다.

물론 이 글귀는 조선시대 초학 교재 추구(推句)에서 가져온 말이지만 독서광의 태도에 대해 이보다 더 잘 표현한 말이 없을 정도입니다. 사형집행인이 안중근 의사에게 마지막 소원을 물었을 때 5분만 시간을 달라고 해서 독서를 마친 후 형장으로 들어갔다는 일화도 있습니다.

나라를 걱정하며 후학들에게 독서로 깨어 있어야 나라를 되찾을 수 있다는 무언의 가르침이라고 봐야겠죠.

우리의 독서는 어떻습니까?

대부분 우연히 또는 취미 삼아 시작한 독서가 점점 시간이 흐르면서 독서의 중요성을 깨닫게 되고 글쓰기를 하면서 본격적인 독서 모드로 빠져드는 경우가 많습니다. 반면에 작가가 되기로 작정하고 사활을 걸고 독서를 시작하는 경우도 있습니다.

필자가 아는 몇몇 작가들은 처음에 출판사의 서평단 모집에 응하여 무료로 책을 받고 서평을 써주다가 지금은 작가의 반열에 올랐습니다. 자신의 작가 재능을 서평을 쓰면서 발견하게 된 사례지요.

복잡하고 어지러운 세상을 잠시 잊고 독서에 몰입하는 현실도피형도 있습니다. 단순히 호기심이나 취미로 하는 책 읽기는 독서의 심오한 깊은 맛을 느끼지 못합니다. 어떤 마음가짐으로 독서하느냐에 달렸다고 해야 할까요?

필자는 가끔 독서에 대한 칼럼을 쓰면서 새삼 독서에 대한 열정을 불태우고 있습니다. 비록 아직도 효과적인 독서 방법에서는 개선해야 할 점이 있지만 그건 어디까지나 사소한 문제입니다.

하루하루 차곡차곡 쌓아올린 독서의 힘이 독서 근육으로 굳어져서 글을 쓰거나 강연을 할 때 막힘이 없이 술술 터져 나옵니다.

얼마 전 KBS1 대구 아침마당에 출연했을 때 패널로 나왔던 개그맨 출신 김쌤이 어쩌면 그렇게 말을 잘하느냐고 했는데 필자의 생각에는 그건 모두가 독서의 결과입니다. 독서와 함께 10년 동안 꾸준히 해 온 창직 코칭의 결과라고 보면 틀림이 없습니다.

필자의 코칭은 커리큘럼을 정하지 않고 맞춤식 코칭을 하는 것이 특징입니다. 왜냐하면 사람마다 생각이 다르고 지향하는 바도 다르기 때문이지요.

이왕 시작한 독서라면 한 번 목숨을 걸고 독서의 바다에 풍덩 빠져보기를 권합니다. 독서는 결코 우리를 배신하지 않습니다. 매일 주는 물만 먹고도 콩나물이 쑥쑥 자라듯 매일 하는 독서가 눈에는 보이지 않지만 내공을 점점 키웁니다.

독서의 힘은 표현력에서 나타나고 협상력이 생기고 자신감과 자존감을 충만하게 합니다. 형장으로 들어가기 직전 안중근 의사는 마지막 독서를 하면서 과연 어떤 생각을 했을까요?

자신의 행동에 대해 후회하지 않고 가족과 나라를 위해 간절하게 빌었을 것입니다.

독서를 하는 사람은 자신만을 생각하지 않습니다. 대의를 먼저 생각하고 넓은 도량을 갖게 됩니다. 책이 우리를 차분하게 해주고 시야를 넓게 해주는 역할을 하기 때문입니다. 필자와 함께 목숨을 건 독서에 한 번 도전해 보면 어떨까요?

산책과 독서

산책(散策)은 휴식을 취하거나 건강을 위해 천천히 걷는 것입니다. 달리기와는 다르게 산책은 여유를 가지고 생각하면서 걷는 것입니다. 독서는 산책과 여러 모로 닮았습니다. 둘 다 생각을 수반하는 행위입니다.

　작가들의 산책은 일상의 일부분입니다. 소설가 무라카미 하루키는 심지어 독서와 글쓰기를 위해 마라톤을 했습니다. 작가들의 산책은 각기 나름대로 특징이 있지만 그들의 공통점은 산책을 하는 도중에 끊임없이 생각의 실타래를 풀어놓는 과정을 무한 반복합니다. 자연을 보고 지나가는 사람들을 만나면서 사색의 깊이가 점점 농익어 갑니다. 특히 발바닥이 길과 맞닿는 접촉을 통해 살아있음을 느끼고 미래를 가슴에 품습니다. 그런 감성이 오롯이 끓어오르면 독서와 글쓰기가 조금씩 더 진지해집니다.

　괴테와 같은 대작가들의 산책은 시계추와 같이 매일 정해진 시간에 이루어졌습니다. 산책하는 시간도 정해 두고 몰입했던 겁니다. 물론 작가들이 건강을 위해 산책을 한다고 하지만 건강 외에도 산책은 삶의 활력소를 불어 넣어주는 비타민 역할을 톡톡히 하곤 합니다. 그래서 흔히 산책은 걸으면서 하는 독서이고 독서는 앉아서 하는 산책이라고 했습니다. 우스갯소리로 산책은 살아있는 책이라고도 합니다.

　필자는 2015년 제주 올레를 걷게 되면서 독서에 더 깊이 빠져들기 시작했습니다. 하루에 보통 20킬로미터를 걷고 나면 성취감이 물밀듯 밀려옵니다. 몸은 나른하지만 정신을 더욱 말짱해지는 경험을 했습니다. 저녁식사를 마치고 한 권의 책을 손에 들면 세상에 부러울 것이 전혀 없습니다.

　여행의 종류는 많습니다. 비행기 여행, 열차 여행, 자동차 여행, 오토바이 여행, 자전거 여행 등 다양한 여행이 많지만 여행 중 여행은 단연코 도보 여행입니다. 가장 안전하고 가장 두뇌에 많은 자극을 주는 여행입니다.

　두뇌를 깨우는 걷기는 두뇌뿐 아니라 온몸의 세포를 일일이 움직여 깨웁니다. 깨운 세포에 독서로 채우면 피와 살이 새롭게 돋아납니다. 마음까지 평온해지면서 자신만의 독서 세계에 빠져들게 됩니다.

도보 여행을 본격적으로 하기 전에는 제주에 가면 당연히 차를 빌려서 목적지에 빨리 가서 원하는 일을 처리하거나 사람을 만나고 돌아오는 단순한 과정이 반복되었습니다. 하지만 지금은 웬만한 거리는 걸어서 갑니다. 공항에서부터 버스를 타고 다닙니다. 발로 걸어 다니다 보니 제주의 구석구석을 알게 되었습니다.

독서와 산책이 이렇게 밀접한 상관관계를 가지고 있다는 사실은 많은 사람들이 이미 증거를 했습니다. 오늘 다시 산책과 독서라는 글을 쓰면서 새삼 산책의 중요성을 깨닫고 필자도 나만의 산책로를 정하고 일상에서 산책을 꾸준히 할 것을 새롭게 다짐합니다.

시골 산책길도 좋지만 도심 산책길도 나름대로 운치가 있습니다. 하루를 숙제가 아닌 축제로 만드는 방법은 자신의 생각만 바꾸면 가능합니다. 출퇴근길이든 누구를 만나러 가는 길이든 상관없이 걸어가는 길이 모두 산책로이기 때문에 더욱 좋습니다.

많이 걷고 많이 생각하고 많이 독서하는 축제의 사계절은 정말 아름다운 계절입니다.

성과를 위한 독서

독서의 목적은 참으로 다양합니다.

그냥 취미삼아 하는 독서가 있는가하면 학교에 보고서를 제출하거나 논문을 쓰기 위해 독서를 하기도 합니다. 필자처럼 칼럼을 쓰기 위한 독서도 있고 책을 내기 위한 독서나 강연을 위한 독서도 있습니다.

서평단에 가입해서 서평을 쓰기 위한 독서도 있고 그냥 여행을 하면서 시간을 때우기 위한 심심풀이 독서도 있습니다.

　　하지만 뭐니 뭐니 해도 지속 가능한 독서는 성과를 내는 독서입니다. 자신의 일과 관련해서 독서를 통해 성과를 낼 수 있다면 아주 좋습니다.

　　율곡 이이는 독서에 대해 명쾌한 그의 생각을 남겼습니다. 그는 독서를 통해 과거에 무려 9차례나 장원급제를 했으며 학자, 정치가, 성인, 충신, 효자 등의 여러 가지 호칭으로 불렸습니다.

　　율곡은 앉아서 글만 읽는 행위는 쓸데없는 일이라고 단언했습니다. 독서는 일을 잘하기 위해 해야 하며 일의 옳고 그름을 분간해서 판단할 수 있도록 독서를 해야 한다고 말했습니다. 그는 많은 시간을 독서에 투자했고 독서는 죽어서야 끝난다는 유명한 말을 남겼다고 합니다.

　　성과를 내기 위한 독서를 하려면 무엇보다 관찰하면서 독서해야 합니다. 관찰하지 않으면 그저 책은 종이 위에 활자가 찍힌 것일 뿐입니다. 독서는 자신을 업그레이드하기 위해 하는 것입니다. 독서를 많이 하고도 성숙해지지 않는다면 의미가 없습니다. 그래서 독서를 많이 할수록 더욱 겸손해집니다. 독서를 통해 아는 만큼 저절로 고개가 숙여지게 됩니다. 떠벌리고 돌아다닐 일이 아닌 겁니다.

　　창작을 통해 평생직업을 찾도록 코칭 하는 필자는 분야를 가리지 말고 책을 읽으라고 권합니다. 인공지능을 앞세운 4차 산업혁명과 코로나바이러스 팬데믹으로 인한 뉴노멀 시대에 미래 직업을 찾기 위해서는 과연 무엇이 필요한지 어느 누구도 예단하기 어렵습니다. 다양한 독서를 통해 적응력을 키워야 어떤 환경의 변화에도 능히 이겨낼 수 있습니다.

　하나의 지식에 얽매여 다른 분야를 보지 못하면 미래를 슬기롭게 헤쳐 나가는 동력을 찾아내기 어렵습니다. 절박해야 성과를 내는 독서를 할 수 있습니다. 책을 읽으면서 뭔가를 건져도 좋고 그렇지 않아도 괜찮다는 안일한 생각은 금물입니다. 시간 낭비를 하지 않도록 목적의식을 분명히 가지고 성과를 내는 독서를 해야 합니다.

　지금까지 창직한 사례를 봐도 독서와 글쓰기는 기본기에 해당합니다. 넓고 깊은 독서 없이 자신만의 평생직업을 찾아낼 더 좋은 방법을 필자는 아직 찾지 못했습니다. 성과를 내는 독서를 한다고 해서 처음부터 무슨 대단한 성과를 내겠다는 생각을 버리고 아주 작은 성과를 차곡차곡 쌓아 올리면 됩니다.

　작은 성과가 쌓이면 점점 큰 성과로 이어질 수밖에 없습니다. 필자와 함께 자신만의 방식으로 성과를 내는 독서를 다시 시작해 보실까요.

아날로그 독서

　독서 방법을 여러 가지로 나눌 수 있겠지만 오늘은 아날로그 독서와 디지털 독서로 나눠 보겠습니다.

　디지털 독서는 디지털 트랜스포메이션(Digital Transformation)의 시대가 도래(到來)하고 특히 최근 들어 스마트폰을 비롯한 모바일(Mobile)이 우리 삶 곳곳에 스며들면서 아날로그에 비해 편리한 점이 널리 부각되어 급격하게 많은 독서가들의 관심을 사로잡고 있습니다.

또한 유튜브에서는 책 읽어주는 크리에이터도 대거 등장하여 굳이 수고롭게 책을 읽지 않아도 그 책의 내용을 모두 요약해서 알려주고 서평까지 들려줍니다.

이렇게 편리한 디지털 독서 문화는 점점 더 그 영역을 넓혀갈 것으로 예상하고 있습니다. 하지만 편리한 만큼 디지털 독서의 문제점도 있음을 지적하지 않을 수 없습니다.

우선 책을 읽는 목적을 간과하기 쉽습니다. 편리하게 많은 책을 읽는 것만으로 포만감을 느낀다면 도대체 왜 책을 읽어야 하는지 간과하게 된다는 사실입니다. 우리가 책을 읽는 주요 목적은 책을 통해 생각의 힘을 키우는 것입니다.

이제까지 알지 못했던 것을 알게 되고 이미 알았던 것은 재삼 확인하는 과정을 통해 생각의 힘이 자신도 모르는 사이에 점점 커지는 경험을 하게 됩니다. 생각이란 판단하고 기억하고 호기심을 갖는 것인데 특히 책을 읽으면서 판단력과 호기심을 갖출 수 있는 능력을 스스로 키우게 됩니다.

디지털 독서를 하면서도 메모를 할 수는 있지만 이것조차 번거롭게 느껴지면 더욱 더 편한 방법을 찾게 됩니다. 디지털 독서의 맹점은 한 번 편리해진 방법에 익숙해지면 거기서 쉽게 빠져나오기 어려워지는 타성이라고 하겠습니다.

모바일 독서를 위해 윌라나 밀리의 서재와 같은 유료 앱들이 계속 쏟아져 나옵니다. 월 정기구독을 하면 많은 책을 오디오북으로 제공합니다. 하지만 정작 자신에게 필요한 책을 찾아서 읽으려면 원하는 책을 오디오북에서는 찾기 어렵습니다. 필자도 스마트폰과 모바일탭을 이용해서 전자책과 오디오북을 직접 보고 들으면서 이런 문제점을 알게 되었습니다.

이에 비하면 아날로그 독서는 전통적인 종이책 중심의 독서입니다. 책의 종이 냄새부터 맡으며 책을 손에 쥐면 우선 포근한 기운이 전해집니다. 앞표지부터 뒤표지까지 책장을 앞뒤로 넘기며 책을 읽을 수 있습니다. 필자의 경우는 책을 읽으면서 여백에 메모를 하는 편입니다. 동시에 중요한 내용에는 넘버링을 해두고 나중에 재독할 때 참고하고 있습니다.

필자는 매주 창직 칼럼을 쓰기 위해 독서하는 과정에서 글감을 많이 찾아냅니다.

독서를 마치고 서가에 책을 꽂으면 뿌듯함을 느낍니다. 그리고 언제든지 책을 다시 꺼내 읽을 수 있도록 잘 정돈해 놓습니다.

물론 여기서 필자가 강조하고자 하는 바는 아날로그 독서는 좋고 디지털 독서는 나쁘다는 말이 아닙니다. 디지털 독서와 아날로그 독서의 특징을 구별하고 장단점을 충분히 파악해서 자신에게 맞는 방법으로 독서하는 것이 좋습니다.

독일의 대문호 괴테가 80세가 되어서야 고백했듯이 정말 자신에게 꼭 맞는 독서의 방법을 찾는 길은 멀고도 험합니다. 어떤 독서 방법이 가장 좋은지에 대한 정답도 없습니다. 다만 필자의 경험으로는 아날로그 독서를 우선순위에 두고 필요할 때 디지털 독서를 보조 수단으로 활용하는 방법을 추천합니다.

언어와 독서

인류의 가장 눈부신 발명품은 언어와 활자입니다.

21세기 하늘 아래 지구상에는 80억 명의 인구가 살고 있지만 독서를 하고 싶어도 할 수 없는 국가와 민족이 꽤 많습니다. 거기에 비하면 우리에게는 한글이 있고 하루도 쉬지 않고 수많은 저자들이 책을 쓰고 기록을 남기고 있습니다.

오래전 중국 진시황은 사상 통제 정책의 일환으로 농서(農書) 등을 제외한 각종 서적들을 불태우고 수백 명을 생매장한 소위 분서갱유(焚書坑儒) 사건을 벌였지만, 그때에도 많은 사람들이 목숨을 걸고 서적을 숨겼습니다.

유럽에서도 삼십 년 전쟁을 비롯한 수많은 전쟁이 일어났지만 여전히 책을 포함한 각종 문서를 남겨놓아 지금 우리가 그때 과연 무슨 일이 있었는지 소상히 알게 되었습니다. 우리의 조상들이 살았던 조선시대에는 왕을 중심으로 일어난 모든 일을 상세히 기록한 조선왕조실록도 있습니다.

지금도 저개발 국가에서는 지도자들이 우민정책을 펴서 국민들이 독서를 하지 못하도록 막고 있습니다. 국민이 똑똑해지고 깨어나면 자신들이 위치가 위태로워지기 때문입니다. 유럽에서 마르틴 루터(Martin Luther)는 1517년에 목숨을 걸고 종교개혁을 일으켰습니다. 1920년 교황 레오 10세로부터 모든 주장을 철회하라는 요구를 받았지만 루터의 주장이 인쇄되어 유럽 전역으로 순식간에 퍼지면서 목숨을 부지하고 종교개혁을 본격화할 수 있게 되었습니다.

우리도 일제 치하에서 하마터면 우리의 언어를 잃을 뻔했지만 다행스럽게 독립을 하고 산업화 과정을 거치면서 오늘에까지 이르게 된 것입니다. 코로나19가 여전히 우리 주위를 맴돌며 우리를 위협하지만 오히려 이런 기회에 더 많은 저자들이 열심히 책을 출판하고 있다는 기쁜 소식을 접하게 됩니다.

독자로서 우리가 해야 할 일은 부지런히 독서하고 가능하면 저자들을 격려하기 위해 책을 구매해야 합니다. 나아가 단순히 독자로서 만족하지 않고 자신의 정체성을 찾아내고 부지런히 글을 써서 독서 세상을 더 넓혀가는 것도 우리가 할 일입니다.

남미 국가들이나 아프리카의 많은 나라들 그리고 아프가니스탄 주변 국가들을 보면 뿌리 깊은 양극화와 착취적 정치 및 경제 체제로 인해 도무지 문맹을 깨뜨리지 못하고 있으니 정말 안타까운 일입니다.

　우리에게도 과제는 있습니다. 비록 경제적으로 선진국에 진입했다고 하지만 국민의 의식 수준은 아직 중진국에 머물고 있습니다. 특히 개인별 독서량은 OECD 국가 중에서도 하위권에 속합니다. 글자조차 읽고 쓸 줄 모르는 문맹국은 아니지만 그 글이 무엇을 의미하는지에 대한 문해력 수준은 여전히 바닥을 깁니다.

　정부나 사회를 탓할 게 전혀 못됩니다. 모든 인프라는 이미 구축되어 있습니다. 개인이 자발적으로 독서에 매진하고 글쓰기에 나서서 힘을 길러야 합니다. 저자들의 출판을 열성적으로 지지하고 열심히 그들의 책을 구입해야 합니다. 아직 건강하게 독서할 수 있을 때 왕성하게 독서를 해야 합니다.

위대한 유산 독서 습관

　유산(Legacy)이란 앞 세대가 다음 세대에게 물려주는 재산이나 문화를 말합니다. 흔히 많은 재물을 다음 세대에게 넘겨주지 못해 부끄럽다거나 안타까워합니다.

　하지만 부자가 삼대를 못 간다고 합니다. 그 이유는 자식은 부모의 거울이기 때문입니다. 부자가 물고기 잡는 법을 알려주지 않고 재산만 물려주기 때문입니다. 1대는 자수성가를 해서 망할 염려가 없고 2대는 현상유지만 해도 되지만 3대는 가진 재산을 관리조차 하지 못해서 나온 말입니다.

　독서 습관이야말로 최고의 유산입니다. 독서를 통해 세상을 보는 관찰력과 적응력을 키우면 재산을 물려주는 것보다 훨씬 유익합니다. 그러기 위해서는 자신이 먼저 독서의 심오한 세계에 빠져 들어야겠지요.

필자의 가친(家親)은 목사(牧師)입니다. 오래전에 은퇴를 했습니다. 1928년생이신데 93세였던 지난해 별세하셨습니다. 가친이 태어난 때는 일제강점기입니다. 1945년 해방이 되었을 때는 약관 17세였고 1950년 한국전쟁 때는 22세였지요. 그렇게 암울하던 시대에 넉넉지 않은 상황에서도 배움의 열정을 품고 열심히 공부를 했습니다.

필자가 어릴 때를 회고해 보면 가친의 서재에는 언제나 책이 가득했습니다. 비록 필자는 50대가 되어서야 겨우 독서에 눈을 뜨게 되었지만 가친의 독서가 은연중에 필자에게 영향을 주었다고 확신할 수 있습니다. 신앙의 유산만 받은 것으로 기억하고 감사하면서 살아왔는데 새삼 돌이켜보면 독서 습관을 덤으로 받게 되었음을 늦게서야 깨달았습니다.

이제는 필자가 다음 세대에게 독서 습관을 물려주어야 할 차례가 되었습니다. 두 아들이 장성하고 결혼해서 가정을 이루고 손자도 태어났습니다. 큰 아들은 직장에 다니고 작은 아들은 프리랜서로 일합니다. 부모가 보기에는 평생 자식이 어려 보이지만 가끔 아들이 방문해서 필자의 책장에 꽂힌 책을 빌려가겠다고 하면 그 날 하루 종일 기분이 좋습니다.

20대 시절에는 종종 독서를 권하기도 했지만 마이동풍이었습니다. 이제는 인터넷 서점에 책을 주문해서 보내면 잘 읽어보겠다고 문자가 옵니다. 필자의 경험으로도 독서 습관을 가지려면 무척 시간이 많이 걸립니다. 우선 왜 독서를 해야 하는지를 깨달아야 하고 그 다음에는 무슨 책을 어떻게 읽을 것인지 정해야 하기 때문입니다.

세대가 바뀌면 모든 것이 달라집니다. 특히 지금처럼 급변하는 세상에서 앞 세대가 경험한 것을 다음 세대에게 그대로 알려 준다고 해도 그다지 도움이 되지 못합니다. 그런 방법보다는 독서 습관을 갖도록 도와주는 것이 훨씬 현명한 방법입니다.

인공지능을 앞세운 4차 산업혁명과 함께 코로나19가 우리의 직업을 빼앗아 가고 동시에 새로운 직업이 등장하고 있습니다. 경험이 최고였던 산업화 시대와는 전혀 다르게 이제는 평생직업을 찾아야 할 때입니다.

과거의 방식을 벗어나 미래 직업을 찾는 최고의 방법은 독서를 통해 이루어집니다. 여전히 독서의 중요성을 알지 못하고 방황하는 사람들이 많습니다. 가정에서 자녀들에게 부모가 독서 습관을 가르치고 몸소 보여주는 것이 위대한 유산이 됩니다.

지혜를 구하는 독서

독서의 목적은 사람마다 다릅니다. 지식을 많이 얻기 위해 독서하는 사람도 있고 남보다 탁월해지기 위해 독서하는 사람도 있습니다. 돈을 많이 벌기 위해 독서하는 사람이 있는가 하면 자신의 정신 수양을 위해 독서하는 사람도 있습니다.

이렇게 다양한 독서의 목적 중에서 으뜸은 단연 지혜를 구하는 독서입니다. 지혜(智慧, wisdom)는 사물의 도리나 선악을 분별하는 마음의 작용을 말합니다.

이스라엘 왕국의 제3대 왕이었던 솔로몬은 여호와께 일천 번제를 드린 후 지혜를 달라고 구했습니다. 여호와는 흡족해하면서 지혜뿐 아니라 그가 구하지 않았던 부와 영광도 함께 주었습니다. 그래서 우리 모두가 오늘날까지 솔로몬은 지혜로운 왕이라고 알고 있습니다.

지혜와 비슷한 단어로는 통찰력이나 통섭을 들 수 있겠습니다. 독서의 성과물이 지혜나 통찰력이라면 더할 나위 없습니다.

그렇다면 도대체 독서를 하면서 지혜는 어디서부터 오는 것일까요? 솔로몬처럼 신이 지혜를 내려 주시기라도 하면 좋을 텐데 지금 시대에 그런 일은 없습니다. 지혜는 깨달음에서 옵니다. 깨달음은 생각으로부터 출발합니다. 독서하면서 생각하고 생각하면서 깨달음의 경지에 이르러야 한다는 말입니다.

사물의 이치와 세상의 흐름을 깨달아 알려면 사물과 세상을 바라보는 안목이 달라져야 합니다. 세상에 대해 불평하고 불만이 가득 차면 마음의 동요가 일어나서 깨달음의 경지에 오르기 어렵습니다. 우선 마음이 평온해야 합니다.

독서는 마음을 차분히 가라앉히는 역할을 톡톡히 해냅니다. 동시에 자신의 주변에 있는 사람들에 대한 감사의 마음이 있어야 합니다. 독불장군은 없습니다. 지금 여기까지 자신이 오게 된 것은 많은 사람들의 도움 덕분임을 감사해야 합니다.

겸손은 지혜를 구하는 데 반드시 필요한 덕목입니다. 솔로몬은 비록 왕이 되었지만 신 앞에서 겸손하게 자신을 내려놓고 지혜를 구했습니다. 나라를 다스리고 주변 나라들과의 전쟁에서 승리하려면 지혜가 필요하다는 사실을 절감했던 거죠.

프로골퍼로서 겸손한 사람으로 미국의 톰 왓슨(Tomas Sturges Watson)을 꼽습니다. 에이지 슈팅(age shooting)을 9번이나 하고 PGA 투어에서 메이저 우승 8번을 포함한 39승을 올린 톰 왓슨입니다. 그는 언제나 얼굴에 웃음을 가득 담고 있습니다. 누가 봐도 친절한 이웃 아저씨 같은 모습입니다.

그는 젊은 선수들을 포함한 누구와도 함께 라운딩을 하고 나면 정중하게 모자를 벗고 정면을 보고 똑바로 서서 인사하고 그날 라운딩하면서 상대 선수가 잘했던 것을 칭찬하며 격려해 줍니다. 바로 이런 것을 우리는 겸손이라고 합니다.

다시 독서로 돌아가 볼까요?

독서는 울퉁불퉁 모난 우리의 마음을 다듬어 줍니다. 불쑥불쑥 터져 나오는 못된 성질을 잡아줍니다. 정신없이 산만하게 날아다니는 생각을 붙잡아 줍니다. 독서를 통해 지혜로운 사람이 되면 겸손하고 부드러워집니다.

비록 많은 양의 독서는 하지만 생각이라는 프로세스(process)를 거치지 않으면 결코 깨달음이라는 고지에 오르지 못합니다. 많지 않은 독서량으로도 얼마든지 깨달음을 거쳐 지혜로운 사람이 될 수 있습니다.

새로운 과학기술이 물밀듯 쏟아져 나옵니다. 이렇게 어마어마한 양의 새로운 지식을 모두 독서로 섭렵할 수는 없습니다. 결국 방법은 한 가지를 읽고 열 가지를 깨닫는 지혜가 필요합니다. 인공지능이 필요한 곳에는 인공지능에게 맡기고 사람이 해야 할 일은 사람이 해내야 합니다. 지혜를 구하는 독서가 필요한 이유입니다.

효율적인 독서법

효율(效率, efficiency)이란 말은 최소한의 투입으로 주어진 또는 기대하는 결과를 얻는 것을 말합니다. 독서도 마찬가지입니다. 최소한의 노력으로 최대의 효율성을 확보할 수 있다면 금상첨화이겠죠.

필자도 독서 방법에 대한 고민을 늘 갖고 있습니다.

독서 방법은 아무리 많이 연구해도 계속해서 노력해야 하는 어려운 분야입니다. 오죽하면 독일의 대문호 괴테는 죽기 전에 이런 말을 남겼다고 합니다.

"나는 독서하는 방법을 배우기 위해서 80년이라는 세월을 바쳤는데도 아직까지 그것을 다 배웠다고 말할 수 없다."

결국 우리 모두는 각자의 독서 노하우를 평생에 걸쳐 연마하다가 죽는 거라고 봐도 무방할 겁니다.

그렇다면 과연 당신의 독서 노하우는 어떤가요?

우선 책을 고르는 방법부터 이야기를 시작해 볼까요?

괴테는 돈이 아니라 작가를 중심으로 책을 골랐다고 합니다. 돈을 버는 방법에 대해 책을 찾아 헤매는 사람들이 꽤 많습니다. 또 그런 책도 수두룩하지요. 그런데 그런 책은 다 읽고 나서도 별로 남는 게 없고 소장해야 할 가치도 별로 없습니다.

저자를 파악하고 책을 고르는 것은 아주 중요한 포인트입니다. 서점이나 도서관에서 책을 잘못 골라본 경험이 누구에게나 있을 겁니다. 그냥 제목에 이끌려서 또는 누가 추천해서 책을 선택했는데 막상 읽어보니 기대하는 책이 아니었다는 말입니다.

이런 경험이 많을수록 점점 책을 더 잘 고를 확률이 높습니다. 그러니 책을 잘못 골랐다고 한탄할 일이 아닙니다. 다만 잘못 고른 책이 아까워서 읽고 있다면 당장이라도 중단해야겠지요.

일단 책을 선택한 후 책을 읽는 방법도 귀중한 노하우입니다.

필자의 주변에 책을 많이 쓴 작가들을 자세히 살펴보면 책 한 권을 순식간에 뚝딱 읽어냅니다. 그렇다고 건성으로 읽는 것도 아닙니다. 책의 내용을 제대로 이해하고 읽습니다.

이게 바로 프로의 노하우입니다. 요즘 새로 나온 책을 소개하면 벌써 내용을 파악하고 있습니다. 한 마디로 내용을 파악하면서도 속독을 몸으로 익힌 거죠.

필자는 이런 게 참 부럽습니다. 이건 다독과는 다릅니다. 책을 집어 들면 우선 제목과 목차를 보고 전체를 먼저 파악한 다음 책을 읽습니다. 뼈대를 이미 파악한 후 나머지 디테일을 읽으면 핵심 내용이 자연스럽게 정리되는 방식입니다. 많은 독서량을 통해 자신만의 방법을 이미 터득한 거죠.

뉴스를 보고 들으면서 전혀 새로운 일로만 받아들이지 않고 자신이 이미 알고 있는 내용을 확인하는 방편으로 삼는 사람들이 있습니다. 그런 사람들은 뉴스에 나오는 내용으로 인해 일희일비하지 않습니다. 어찌 보면 뉴스에 나올 정도면 어느 정도 이미 검증된 내용이기 때문에 시의성이 떨어진다고 봅니다.

독서도 비슷합니다. 자신의 생각을 확인하는 방법으로 독서를 한다면 꼼꼼히 글자 하나하나를 모두 읽어야 할 이유가 없습니다. 빠르게 읽고 이해하는 능력까지 갖춘다면 경쟁력이 있는 셈입니다. 지금 우리는 정보의 홍수 속에 살고 있습니다.

더 많은 정보가 필요하다기보다 가짜 정보를 가려내고 자신의 생각의 힘을 키울 수 있는 정보와 지식을 책을 통해 찾아낼 수 있습니다. 효율적인 독서 방법은 각자가 찾아내야 합니다. 누구도 대신해 줄 수 없기 때문입니다.

에세이 쓰기로 생각의 힘 키우기

생각이란 판단하고 기억하고 호기심을 갖는 것을 말합니다. 생각의 힘을 키우기 위해서는 독서하고 글을 쓰고 상상하고 질문하고 탐색하는 과정을 끊임없이 지속해야 합니다. 매주 화요일 J

중학교 1학년 자유학년제 수업시간에는 학생들과 함께 한 가지씩 주제를 정해 노트에 기록하면서 대화식 수업을 이어갑니다.

학기 초에는 학생들이 도대체 어떻게 생각의 힘을 키울 것인가를 잘 몰라 무척 당황해하지만 한 학기 총 17번의 수업을 진행하면서 절반 정도에 이르면 학생들이 잘 적응합니다.

이런 질문을 성인들에게 하면 어떤 반응이 나올까요? 생각이 무엇이며 어떻게 생각의 힘을 키울 것인지에 대한 고민과 경험을 해보지 않은 성인들은 모두 난감해 할 것입니다. 매번 중학교 수업을 마치면서 피드백을 받아보면 학생들이 스스로 자신의 생각의 힘이 조금씩 커지는 것을 느낀다며 신기해합니다.

생각의 힘을 키우기 위한 여러 가지 방편 중에 특히 에세이 쓰기는 평생 살아가는데 에너지가 됩니다. 에세이(essay)는 일정한 형식을 따르지 않고 인생이나 자연 또는 일상생활에서의 느낌이나 체험을 생각나는 대로 쓴 산문 형식의 글을 말합니다.

일찌감치 미국으로 이민을 가서 지금은 둘 다 미국에서 의사가 된 조카들의 이야기를 들어보면 미국에서는 초등학교 때부터 에세이 쓰기를 꾸준히 하도록 학교에서 지도한다고 합니다. 그렇게 초등학교를 졸업하고 중학교와 고등학교 그리고 대학교를 졸업하면 십 수 년 동안 자신이 열심히 써온 에세이 덕분에 생각이 잘 정리되고 발표력도 크게 성장한다는 것입니다.

우리나라 학생들은 거의 에세이를 쓰지 않습니다. 겨우 논술고사에 좋은 점수를 받기 위해 공부하는 정도에 불과합니다. 이렇게 하면 암기력을 발휘해서 시험 점수는 높아질지 몰라도 생각의 힘은 결코 커지지 않습니다.

아무리 지능지수가 높고 머리 회전이 빨라도 생각의 힘은 저절로 커지지 않습니다. 정답만 찾아내는 공부가 아니라 사물의 이치를 깨닫는 고민과 노력이 반드시 뒤따라야 생각의 힘이 커집니다.

학생들만 그런 게 아닙니다. 성인들도 그런 사람들이 많습니다. 직장에서는 상사가 시키는 일만 하고 자신의 커리어를 위해 스스로 새로운 일을 하려는 노력을 하지 않는 고집스러운 사람들이 있습니다. 일류 대학을 졸업하고 취업을 했지만 정작 직장에서 다양한 경험을 쌓지 않으면 나중에 나이가 들어 퇴직을 하면 혼자서 해낼 수 있는 일이 거의 없습니다.

생각의 힘이 커지면 새로운 일에 대한 두려움이 사라집니다. 무슨 일이든 해낼 수 있다는 자신감이 충만해지면서 자존감도 높아집니다. 스스로 생각의 힘이 커져가는 느낌을 갖게 되면 점점 더 삶의 의미를 찾을 수 있습니다.

가난한 사람이 생각의 힘을 키우면 부자가 되고, 부자가 생각의 힘이 커지면 어려운 사람을 돌아보게 되면서 성숙해집니다. 돈이 없어도 얼마든지 생각의 힘을 키울 수 있습니다.

다른 글쓰기와는 달리 에세이 쓰기는 형식이 없기 때문에 누구든지 쉽게 적응할 수 있습니다. 에세이를 쓰면 흩어졌던 생각이 정리됩니다. 차분하게 에세이를 계속 쓰면 불같이 솟아나는 욕심과 화를 다스릴 수 있습니다.

따로 에세이 쓰기를 공부하지 않아도 에세이를 쓰는 과정을 통해 스스로 자신의 삶의 방향을 잡을 수 있게 됩니다. 다른 사람에게 자신의 생각을 의존하지 않고 생각의 독립을 이루면 어떤 일을 만나도 거뜬히 해낼 수 있습니다.

핵심은 에세이 쓰기를 꾸준히 지속하는 것입니다. 자신의 의지만으로 계속하기 어려우면 함께 에세이 쓰기를 하는 주변의 분들과 뜻을 모으면 됩니다. 에세이로 생각의 힘을 키워 보면 어떨까요?

7강

셀프 홍보하기

소셜 미디어 시대의 셀프 홍보

지금까지 창직선언서, 브랜드, 명함을 만들고 독서와 글쓰기로 무장했다면 다음에는 무엇을 해야 할까요?

그렇습니다. 셀프 홍보가 필요합니다.

지금은 소셜 미디어 시대입니다. 예전에 매스미디어만 존재할 때는 개인이 셀프 홍보를 한다는 것은 엄두도 내기 어려웠습니다. 하지만 지금은 누구나 마음만 먹으면 셀프 홍보가 가능합니다.

여러분은 던바의 법칙을 아시나요?

던바의 법칙은 던바라는 사람이 만든 법칙인데요. '던바의 수'로 널리 알려져 있습니다. 그것은 아무리 발이 넓은 사람이라도 진정한 사회적 관계를 맺는 사람은 150명에 불과하다는 겁니다. 그런데 단언하건대 던바의 법칙은 1인 미디어나 스마트폰이 나오기 전의 이야기입니다.

전에는 우리가 대면해서 사람들을 만날 수밖에 없었죠. 그런데 지금은 그런 세상이 아닙니다. 이제는 SNS나 줌(zoom) 등 온라인으로도 얼마든지 사람들을 만날 수 있습니다. 직접 대면해서 만나는 사람보다 온라인으로 만나는 사람이 자신에게 더 도움이 되는 사례가 얼마든지 있습니다.

『낯선 사람 효과』라는 책도 있는데요. 친한 사람보다 낯선 사람이 오히려 자신에게 큰 도움이 된다는 내용입니다.

1인 미디어와 팬덤의 활용

그렇다면 자신을 홍보하기 위해 어떻게 해야 할까요?

스티브 잡스가 2007년에 처음 스마트폰을 만들었고 본격적으로 2008년부터 시장에 나오기 시작했으며 우리나라에는 2009년 말에 들어왔습니다. 스마트폰이 나오기 전에는 우리 모두 1인 미디어에 대해 관심이 없었습니다. 그때는 매스미디어 세상이었죠. 매스미디어라고 하면 신문이나 잡지 그리고 지상파와 케이블 TV를 말합니다. 그런데 스마트폰이 나오면서 세상이 1인 미디어 세상으로 바뀌었습니다.

『아이 엠 미디어』, 즉 나 자신이 미디어라는 책도 나왔고요. 지금은 1인 미디어로 활동하는 분들이 굉장히 많습니다. 1인창직을 하기 위해서는 자신이 1인 미디어가 되어야 합니다. 그 이유는 비용도 적게 들고 언제든지 자신이 원할 때 다른 사람들에게 자신을 알려줄 수 있기 때문입니다.

또한 지금 시대는 팬덤(fandom)의 시대라고 합니다. 팬덤은 팬을 거느리고 있는 시대를 말합니다. 정치를 하든지 BTS처럼 연예활동을 하든지 무슨 일을 해도 팬덤이 필요한 시대입니다. 저도 팬덤이 있습니다만 팬덤을 확보하고 나면 비즈니스나 개인적인 네트워킹이 훨씬 쉬워집니다. 그러므로 이제는 자신의 팬덤을 어떻게 확보할까를 연구하고 공부하고 노력해야 합니다.

카카오톡, 페이스북

자 그럼 SNS에 대해 이야기해 보겠습니다. 여러분은 개인의

SNS 채널을 몇 개나 갖고 계신가요? 먼저 카카오톡에는 오픈 채팅이 있습니다. 일반채팅과는 달리 오픈채팅을 통해 여러분의 팬덤을 만들 수 있습니다. 일반 채팅방과 달리 오픈 채팅방은 초대장을 보내면 그 초대장을 받은 사람의 선택에 따라 오픈 채팅방에 들어오게 됩니다. 참여코드를 만들어 비공개로 할 수도 있습니다.

일반 채팅방에서는 누군가 게시물을 무분별하게 올려도 강제로 내보낼 수 없지만 오픈 채팅방에서는 방장이 게시물을 가리거나 내보낼 수 있습니다. 이렇게 카카오톡 오픈 채팅방을 지혜롭게 사용하면 큰 도움이 됩니다.

네이버 밴드를 사용하는 것도 좋은 방법입니다. 자료를 꾸준히 보관하면서 멤버들이 볼 수 있도록 할 수 있습니다. 다만 요즈음은 카카오톡 오픈 채팅방이 활성화되면서 네이버 밴드 사용자가 좀 줄었다고 합니다.

다음으로 페이스북에 대해 말씀드리죠.

지금 지구상 인구가 80억 명인데요. 그 중에서 페이스북 가입자가 몇 명일까요? 25억 명이나 됩니다. 이 수치는 중국을 제외한 숫자입니다. 왜냐하면 중국에서는 공식적으로 페이스북을 사용하지 못하기 때문입니다.

2004년에 마크 저커버그가 페이스북을 만들었고 스마트폰이 나온 이후에 급격히 사용자가 늘었습니다. 25억 명이라면 정말 대단한 숫자입니다. 전 세계에서 가장 사용자가 많은 SNS가 페이스북입니다.

페이스북에는 두 얼굴이 있는데요. 개인의 프로필이 있고 비즈니스용 페이지가 있습니다. 프로필은 친구를 5,000명까지 맺을 수 있습니다. 이에 비하면 페이지는 팬을 확보하는 것인데 숫자는 제한이 없습니다. 2021년 페이스북은 회사명을 메타(meta)로 바꾸고 메타버스 시장에서 활약하기 위해 애를 쓰고 있습니다.

프로필에 친구가 5,000명이나 되는데 이것도 모자라서 다른 이메일을 사용해서 10,000명 또는 15,000명의 친구를 맺는 분도 있지만 좋은 방법이 아닙니다.

저도 2010년에 페이스북을 시작해서 짧은 시간에 5,000명과 친구를 맺었습니다. 그 이후 저에게 아무런 반응도 보이지 않은 친구를 2,000명 삭제하고 이후 조금씩 다시 늘어서 지금은 4,800명입니다.

친구가 많은 것이 좋을까요? 꼭 그렇지는 않습니다.

그러나 친구가 너무 없으면 제가 뭔가를 게시하면 그것을 볼 수 있는 친구가 없다는 뜻입니다. 저의 경험으로는 적어도 1,000명 이상은 되어야 된다고 봅니다. 예전에는 저에게 친구 요청을 하는 분들을 받아주었는데 지금은 제가 친구 요청을 주로 합니다. 책을 읽거나 모임을 운영하면서 서로에게 도움이 될 만한 분들을 찾아 친구 요청을 합니다.

페이스북과 같은 온라인 친구는 대면해서 만나는 오프라인 친구와는 개념이 다릅니다. 다르다고 생각하셔야 합니다. 그분들에게 당장 무슨 물건이나 서비스를 팔겠다고 하면 더 이상 원만한 소통을 하지 못합니다.

진심으로 서로 소통하면서 혹시 다른 사람에게 필요할까 생각하며 유익한 물건이나 서비스를 소개하면 비즈니스도 자연스럽게 일어납니다. 여러분 자신을 드러내면서 자신의 팬덤을 확보하면 저절로 비즈니스도 이루어집니다. 페이스북에는 우리의 일상을 올리는 겁니다. 페이스북을 열면 "무슨 생각을 하고 계신가요?"라는 문구가 뜹니다. 지금 생각하고 행동하는 것을 거기에 올리라는 주문입니다. 어렵게 생각할 필요가 없습니다.

예를 들면 제주 올레를 걷다가 파도 소리가 너무 좋으면 저는 그

자리에서 페이스북 라이브 방송을 합니다. 그러면 저의 친구들이 반응을 보이고 대리 만족을 합니다. 이런 식으로 자연스러운 관계가 맺어지면 무슨 행사나 이벤트를 한다고 공지하면 팬들이 찾아옵니다.

온라인 친구를 맺었는데 전혀 도움이 되지 않고 귀찮게 하거나 괴롭히거나 하면 '쿨'하게 친구 삭제를 하면 됩니다. 그래도 지나치게 메신저를 보내면서 괴롭히면 페이스북에 신고하면 됩니다. 이렇게 남을 괴롭히면 어느 날 그 사람의 페이스북 계정을 본사에서 삭제해 버립니다.

아직 직장에 다니는 분들은 페이스북을 해야 할 이유가 전혀 없다고 생각하는 분들이 많은데요, 그렇지 않습니다. 페이스북에서도 친구를 맺고 관계를 형성하는 데는 시간이 많이 걸립니다. 당장은 아닐지라도 언젠가 직장을 퇴직해서 1인창직을 해야 한다면 지금부터 부지런히 관계망을 확보하는 것이 좋습니다.

유튜브 채널과 네이버 블로그

요즘은 웬만큼 열정적인 분들은 유튜브 채널을 운영하는데요. 저의 유튜브 채널 이름은 정은상-창직TV입니다. 정은상으로도 검색할 수 있고 창직TV로도 가능합니다. 많은 코칭을 하면서 유튜브 크리에이터를 배출했는데요. 정치하는 분, 인문학 작가, 음식점 셰프 등 다양합니다.

유튜브 채널도 잘 활용하면 큰 도움이 됩니다. 자신의 브랜드를 알리기 위해 동영상을 만들고 자막을 넣고 가끔씩 라이브 방송도 할 수 있습니다. 다른 사람들의 유튜브 채널을 구독하면서 서로 교류하는 것이 좋습니다.

필자는 최근 구독자수 118만 명이나 되는 '비온뒤 의학채널'

에 종종 나가서 창작 사례를 중심으로 라이브 방송을 합니다. 한 번 할 때마다 적어도 3,000명 이상 보게 됩니다. 저의 채널은 아니지만 이런 유명 유튜브 채널을 활용해도 큰 도움이 됩니다.

네이버 블로그는 정말 유용한 툴입니다. 어떤 분들은 블로그를 아예 자신의 홈페이지로 활용하기도 합니다. 블로그를 꾸준히 하면 이웃이 생기고 네이버에 노출도 잘 되기 때문에 자신을 알리는 데 효과적인 수단입니다. 저도 15년 전에 우연히 시작한 네이버 블로그 덕분에 이렇게 오늘의 제가 있게 되었습니다.

페이스북에는 긴 글은 올리지 않는 것이 좋지만 블로그는 글이 길어도 상관없고, 사진이나 동영상이 많아도 얼마든지 올릴 수 있습니다.

브런치와 트위터, 인스타그램과 메타버스 플랫폼

글쓰기를 위해서는 카카오에서 제공하는 브런치도 있습니다. 브런치에는 주로 작가들이 글을 올립니다만 작가가 아니라도 얼마든지 글을 올릴 수 있습니다. 글을 올리면서 글의 카테고리를 정해 글을 올리면 마니아들이 와서 봅니다. 저는 '창작'이라는 키워드를 중심으로 매거진을 만들어 매주 글을 올리고 있습니다.

트위터(twitter)도 빼놓을 수 없습니다.

저는 18,000명의 팔로워가 있는데요. 트위터는 140자의 아주 짧지만 임팩트 있는 글이나 사진을 올립니다. 미국의 전임 대통령 트럼프가 트위터로 자신의 메시지를 일순간에 전 세계로 전파하기도 했죠.

지금도 많은 분들이 트위터를 적절하게 잘 활용하고 있습니다.

지금 젊은이들이나 청소년들은 페이스북보다는 인스타그램을 즐겨 사용합니다. 원래 별개의 회사였지만 페이스북이 인수했습니다. 인스타그램은 짧은 글과 사진 그리고 동영상을 서로 공유하는 데 탁월한 서비스입니다. 특히 #라는 해시태그를 활용해서 비즈니스나 연예인들이 자신의 팬덤을 확보하는 데 유용한 툴입니다.

메타버스에도 채널이 있습니다.

대표적인 메타버스 플랫폼은 네이버가 만든 제페토입니다. 제페토 가입자는 3억 명인데 그 중 90%가 외국인입니다. 그 외에도 이프랜드, 게더타운, ZEP, 세컨 블록 등이 있습니다.

필자는 네이버 블로그에 글을 쓰다가 어떻게 하면 많은 사람들에게 저의 글을 공유하게 할까 연구하다가 13년 6개월 전에 맥아더스쿨 주간 뉴스레터를 만들어 보내기 시작했습니다. 얼마 전에 700호를 발송했는데요. 지금은 이메일, 페이스북, 트위터 등 매주 약 30,000명에게 뿌립니다.

뉴스레터의 위력은 정말 대단합니다. 어디를 가서 누구를 만나든지 제가 한 번 만났던 사람들은 모두 저를 기억합니다. 바로 뉴스레터 덕분입니다.

지금은 1인 미디어 시대이며 팬덤의 시대입니다.

아무리 좋은 것도 알리지 않으면 모릅니다. 지금은 공유의 시대입니다. 공유는 나누는 겁니다. 내 것만 좋다고 공유하는 사람은 지극히 이기적인 사람입니다. 내 것도 공유하고 남의 것도 존중해 줄 때 우리는 더불어 살아가게 됩니다. 이렇게 하면 여러분의 브랜드가 더욱 확장됩니다.

다시 강조하지만 던바의 수 150명은 더 이상 의미가 없습니다. 왜냐하면 온라인 친구가 있기 때문입니다. 저는 4,800명 페이스북 친구 중에 700명 정도를 직접 대면해서 만났습니다. 여러 명의 그룹이 아니라 단독 또는 두세 명으로 만나면 친밀한 소통이 이루어집니다. 저는 그분들을 통해 많이 배우고 많이 공유하면서 저의 브랜드를 계속 확장해 왔습니다.

소셜 미디어로 세상과 소통하기

공유의 효과

공유(共有, sharing)란 두 사람 이상이 하나의 물건을 공동으로 소유하는 것인데, 요즘은 함께 나눈다는 의미로 널리 사용되고 있습니다.

지금은 바야흐로 공유의 시대입니다. 물건뿐 아니라 아이디어와 같은 무형의 정보와 기술 그리고 심지어 경험까지 공유하는 세상입니다. 공유경제는 재화를 여럿이 공유하여 사용하는 공유 소비를 기본으로 하여 자원 활용을 극대화하는 경제 활동 방식입니다. 이것은 대량 생산과 대량 소비가 특징인 20세기 자본주의 경제에 반(反)하여 생겨났습니다.

대표적인 공유경제의 사례로는 에어비엔비(airbnb)나 우버(uber) 등을 꼽을 수 있습니다. 나눔의 미학은 아무리 강조해도 지나침이 없습니다. 독불장군이 없는 세상을 살면서 작은 것 하나라도 나누면 서로에게 큰 도움이 되어 돌아옵니다. 하지만 나누지 않고 혼자 독점하려 들면 경쟁이 치열해지고 어려움에 빠져들게 됩니다.

공유와 저작권은 서로 상충되는 개념이며 행위입니다. 특별한 기술을 개발하여 이를 지키기 위해 저작권을 보호하는 것은 당연합니다. 다른 사람이 땀 흘려 노력한 가치를 쉽게 빼앗으려 하는 것은 삼가야 합니다.

하지만 이런 기술이 아닌 일반인이 서로 공유할 수 있는 경험과 지식은 충분히 서로 나누는 것이 세상을 더불어 살아가는 지혜입니다. 그럼에도 불구하고 지나치게 공유에 대해 부정적인 생각을 하고 행동하는 사람들이 꽤 많습니다.

스스로 남과 공유할 것이 없다고 생각하는 사람들의 특징은 혼자서 모든 것을 해결하려는 성향을 갖고 있습니다. 지금까지 살아오면서 많은 사람들로부터 도움을 받았지만 도무지 감사할 줄 모르면 공유할 마음이 전혀 생기지 않습니다. 도움을 받는 것은 당연하게 여기고 남을 도와주는 것은 생색을 내려고 합니다. 이런 사람들의 주변에는 사람들이 모여들지 않습니다.

필자도 10년 전 처음으로 인생 이모작과 창직 코칭을 시작하려 할 때 고민을 했습니다. 풍부한 지식이나 경험도 없고 특별한 기술도 없는데 어떻게 다른 사람을 코칭 할 수 있을지 그저 막막해서 망설였습니다. 지금도 가끔 필자의 코칭을 받으면서 한 번 필자처럼 코칭을 해보라고 권하면 대부분 필자와 같은 반응을 보입니다.

하지만 필자는 그때 생각을 바꿨습니다. 비록 여러 모로 부족하지만 필자가 가진 지식과 경험을 필자의 도움이 필요한 사람들에게만 나누면 좋지 않겠느냐고 생각했습니다. 그 결과 지금까지 450명을 코칭 했습니다. 250명은 일대일로 코칭을 하고 200명은 그룹으로 코칭 했습니다.

돌이켜 생각해 보면 그때 그렇게 생각하고 용기 있게 시작하기를 잘했다고 스스로 평가합니다. 요즈음은 코칭 전문가로 인정해주는 분들이 많아져서 나름대로 큰 보람을 느낍니다.

직장을 오래 다니고 퇴직한 분들이나 아직 젊은 직장인들이나 비슷한 고민을 안고 있습니다. 그것은 바로 언젠가는 직장을 퇴직하고 이모작 인생을 시작해야 하는데 무엇을 어떻게 해야 할지 몰라서 걱정합니다.

그런 분들에게 필자는 말씀드리고 싶습니다. 공유의 기술을 학습하라고 말입니다. 학습은 배우고 익히는 것입니다. 공유의 효과를 충분히 인지하고 부지런히 필자처럼 공유하면 반드시 자신의 길을 찾아낼 수 있습니다.

직장을 퇴직한 후에도 백세 시대를 살아가려면 아직 세월이 많이 남아 있습니다. 자신이 특별한 기술을 가지고 있다면 그것을 공유하면 되지만 그렇지 못하면 부지런히 배우면서 그것을 남들과 공유하면 됩니다.

많이 공유하면 많은 것이 남습니다. 아낌없이 공유하면 몇 배가 되어 되돌아옵니다. 공유의 효과를 알게 되면 공유의 참맛을 만끽하게 됩니다.

멘탈 갑이 되는 방법

멘탈(mental)은 생각하거나 판단하는 정신, 즉 정신세계를 말합니다. 멘탈 갑(甲)이란 정신이 튼튼하여 큰 고난을 겪고도 멘탈 붕괴(멘붕)는커녕 멘탈이 잘 흔들리지 않는 사람을 일컫는 용어입니다. 이에 대한 반대말로는 유리 멘탈이나 두부 멘탈이 있습니다. 모든 것을 튕겨 버린다는 고어텍스 멘탈이라는 용어도 있습니다.

이는 옌스 바이드너(Jens Weidner)가 『지적인 낙관주의자』라는 책에서 낙관주의자로 살기 위해서는 고어텍스 멘탈이 필요하다고 강조한 데서 나온 말입니다. 고어텍스(Goretex)는 방수와 방풍 기능은 물론 투습성을 겸한 소재입니다.

인간은 누구나 각자 자신만의 정신세계가 있습니다. 그 정신세계를 스스로 통제할 수 있는 능력을 가져야 합니다. 자신의 멘탈을 스스로 통제하지 못하면 다른 사람에 의해 자신의 멘탈이 휘둘리게 되기 때문입니다.

우리 주변에는 멘탈이 강한 사람이 있는가 하면 약한 사람도 있습니다. 사소한 일에도 멘탈이 흔들리면 중심을 잡지 못하고 판단력이 흐트러지며 어려움에 처하게 됩니다. 반면에 지나치게 멘탈이 강하면 주변에 사람들이 접근하지 못합니다.

멘탈을 통제한다는 의미는 적절하게 자신의 멘탈의 강약을 조절할 수 있는 능력을 말합니다. 누군가가 스쳐 지나가며 던진 말 한 마디에도 멘탈이 무너지는 사람은 무슨 일이든 꾸준히 해내기가 어렵습니다. 유리 멘탈이나 두부 멘탈은 상처를 자처해서 받아들이는 유형입니다. 상대방은 그런 뜻으로 말하지 않았지만 받아들이는 사람이 심각하고 부정적으로 받아들이면서 멘탈이 무너집니다. 세상에 완전한 사람은 없습니다. 완벽한 일도 없습니다. 누구나 강점을 가지고 있다면 약점도 있게 마련입니다.

필자의 주변에도 유리 멘탈을 가진 분들이 몇몇 있습니다. 그런 분들을 만나면 말 한 마디라도 조심하게 됩니다. 혹시 상대방이 상처를 입을까 봐 그렇습니다. 서로 자주 만나고 대화를 나누다 보면 때로는 오해가 생기기도 합니다. 이럴 때는 잘못된 오해를 대화로 풀면 됩니다.

그런데 간혹 지나치면 오해를 풀려다가 오히려 긁어 부스럼이 되는 경우도 생깁니다. 참으로 난감한 상황이 전개됩니다. 대조적으로 멘탈이 너무 강해 강철 멘탈을 가진 사람과도 대화하기가 어렵습니다. 벌써 겉으로 상대방의 멘탈이 강하다고 느껴지면 주눅이 들게 됩니다. 이런 경우에도 말조심을 해야 합니다. 과유불급(過猶不及)이란 이런 경우에 사용되는 말입니다. 결국 멘탈이 너무 약해도 곤란하고, 너무 강해도 안 된다는 뜻입니다.

그래서 멘탈을 통제해야 합니다.

자신의 멘탈이 너무 강한지, 아니면 너무 약한지 스스로 관찰해 봐야 합니다. 혼자 관찰하기 어려우면 가족이나 지인의 도움을 받으면 됩니다. 지혜로운 사람은 겉으로는 부드러운 멘탈을 보이면서도 내면으로 강한 멘탈을 가진 사람입니다. 상대를 배려하며 원만한 인적 네트워킹을 가꾸면서도 웬만한 자극에는 전혀 동요하지 않고 그것을 뛰어넘는 진정한 멘탈 갑입니다.

고어텍스 멘탈은 이런 면에서 적절해 보입니다. 자신만의 진정한 멘탈을 유지하기 위해서는 말이나 글쓰기를 통해 느낀 바를 표현하는 기술이 요구됩니다. 표현력은 강력한 멘탈 통제를 위한 기술입니다.

적절한 멘탈 통제를 위해서는 말과 글쓰기를 통해 자신의 의사를 명확하게 상대에게 전달할 수 있어야 합니다. 우리 일상에서 멘탈과 관련한 일이 수시로 일어나기 때문에 가끔 짚고 넘어가야 할 중요한 화두임에 틀림없습니다.

숲과 나무를 모두 보라

숲은 수풀의 준말입니다. 수풀(forest)은 나무들이 무성하게 우거지거나 꽉 들어찬 것을 말하며 풀, 나무, 덩굴 따위가 한데 엉킨 것도 수풀이라고 합니다. 산에 올라 나무가 많은 곳에 들어가면 숲의 모양이 보이지 않습니다. 숲의 모양은 숲속에서 빠져나와야 이윽고 보이기 시작합니다.

숲과 나무에 대한 비유를 우리는 일상에서 자주 사용합니다. 새로운 과학기술이 소개되면 먼저 숲부터 살펴보고 그 다음에 나무를 하나씩 봐야 합니다. 최근 많은 사람들이 관심이 가지고 주목하고 있는 메타버스(metaverse)의 경우도 마찬가지입니다. 도대체 메타버스란 무엇을 의미하는지 먼저 알고 나서 메타버스의 각종 플랫폼을 한 가지씩 경험해 보는 방식을 택해야 합니다. 그렇게 하지 않으면 메타버스 플랫폼은 사용할 줄 알면서도 정작 메타버스의 진정한 의미를 놓치는 결과를 가져옵니다.

메타버스뿐 아니라 시대를 아우르는 모든 새로운 기술에 대해 이와 같은 시각을 가지고 접근하는 것이 좋습니다. 본질을 파악한 후 활용법을 배우고 익히면 핵심을 관통하며 이해의 폭이 넓어집니다. 마치 카메라의 줌 기능을 사용하듯 처음에는 큰 그림을 먼저 보고, 그 다음에 그 속을 차근차근 파고들어가며 꿰뚫어 보는 방식입니다.

하지만 많은 경우에 큰 그림을 미처 보지 못하고 눈앞에 보이는 작은 그림에만 치중하다가 본질을 놓쳐버리고 맙니다. 아쉽게도 우리는 이런 실수를 자주 범합니다. 어떻게 하면 그런 실수를 줄일 수 있을까요?

실제로 그리고 머릿속에서 줌인(zoom-in)과 줌아웃(zoom-out)을 번갈아 하며 거리감을 익혀야 합니다. 눈앞에 보이는 팩트를 보는 것도 시도해야 하지만 당장 눈앞에 보이지 않는 것도 볼 수 있는 안목을 키워야 합니다.

최고경영자(CEO)라면 특히 숲과 나무를 모두 볼 줄 아는 능력이 절대 요구됩니다. 당연히 양쪽을 번갈아 보며 균형 잡힌 시각을 가져야 합니다. 지나치게 큰 그림만 봐서도 안 되지만, 디테일에만 집착하면 조직이 위험합니다. 혼자서 일을 하면 대단한 성과를 내면서도 부하 직원과 함께 일을 하면 성과를 내지 못하는 경우가 많습니다. 혼자서 하는 일이 아니라면 다른 사람과의 커뮤니케이션이 일의 성패를 좌우합니다. 세상 모든 일은 사람과의 관계에서 이루어지기 때문입니다.

직원과 고객과 잠재 고객으로 연결되는 사람과 사람의 관계는 생물처럼 변하기 때문에 틀에 박혀 있지 않습니다. 숲속의 나무가 수시로 달라지고 숲의 모양도 끊임없이 변하는 것과 같습니다. CEO는 디테일을 먼저 이해하고 난 다음 다른 사람이 그 일을 대신할 수 있도록 과감하게 권한 위임(delegation)을 해야 합니다.

기업에서도 상명하달식의 의사전달 방식은 이제 더 이상 통하지 않습니다. 그런 과거의 방식으로는 변화무쌍한 시대를 헤쳐가기 어렵습니다. 조직에 몸담은 각자가 자신의 무한 능력을 최대한 발휘해서 전체의 역량을 키워야 합니다. 큰 틀에서 숲을 먼저 보고 나서 나무를 볼 때는 숲의 크기와 넓이를 짐작하며 봐야 합니다.

나무만 열심히 쳐다보다가 숲의 모양을 잊어버리면 길을 잃기 쉽습니다. 그래서 메타버스 플랫폼 중에 게더타운은 미니맵(minimap)이란 아이콘을 제공합니다. 미니맵을 누르면 지금 보이는 스페이스의 전체와 자신의 아바타가 어디쯤 있는지를 알려줍니다. 숲과 나무를 입체적으로 보는 기술을 익히려면 수많은 시행착오와 함께 독서와 글쓰기를 병행해야 합니다. 가만히 앉아 있으면서 하루아침에 저절로 그런 능력을 갖출 수는 없기 때문입니다.

스스로 한계를 정하지 말라

한계(限界, limitation)란 사물이나 능력, 책임 따위가 실제 작용할 수 있는 범위를 말합니다. 이것은 되고 저것은 안 된다고 정하는 범위입니다. 우리는 어려서부터 스스로 한계를 정하며 살아왔습니다. 머리 회전이 빠를수록 한계를 빨리 정해 버립니다. 한계를 모른 채 무작정 노력만 하는 것도 문제지만, 너무 빨리 한계를 정하고 노력조차 하지 않는 것은 더욱 문제가 됩니다.

어린 코끼리를 말뚝에 묶어 키우면 나중에 성장한 후에 말뚝을 치워도 지금까지 묶여 있던 곳을 떠나려 하지 않는다고 합니다. 이렇게 맹수의 본능을 한 번 꺾어 버리면 다시 살려내기가 여간 어렵지 않습니다.

스스로 한계를 정하면 창의적인 생각이 살아날 수 없습니다. 그저 본능에 사로잡혀 틀 안에 갇혀 세상을 살아가는 것으로 만족하고 맙니다. 별것 아닌 것처럼 보이는 한계 정하기가 나중에는 심각한 결과를 가져옵니다.

필자는 10년 동안 450명을 코칭 하면서 자신에게 스스로 한계를 정하는 사람들을 많이 만났습니다. 그들의 공통점은 학력이 높고 지위가 높으며 지식이 많은 것입니다. 오히려 많이 배우지 못했거나 높은 지위에 오르지 않았던 사람들은 호기심을 갖고 자신의 한계를 극복하려고 노력합니다. 특히 나이가 들면서 자신의 나이 때문에 한계를 정하는 사람들이 많습니다.

그들은 어디서나 자신의 나이부터 밝히면서 나이가 많아서 할 수 없다고 뒤로 물러납니다. 문제는 이렇게 자꾸 뒤로 물러나면 만나는 주변 사람들이 줄어들고 스스로 고립됩니다. 말을 조심하느라 말수가 줄어들고 매사에 소극적으로 성격이 바뀝니다. 혼자 있는 것을 좋아하고 다른 사람과의 만남을 부담스러워합니다. 나이 들어 너무 나대는 것은 좋지 않지만 적당하게 다른 사람들과 교류하는 것이 더 바람직합니다.

인간은 사회적 동물입니다.

세상을 살아가면서 다른 사람과 소통하는 것이 너무나 중요합니다. 스스로 한계를 정하면 소통이 원활하지 않게 됩니다. 누구에게나 부족한 점이 있게 마련입니다. 동시에 누구에게나 장점도 있습니다. 자신의 장점을 최대한 살려 호기심을 갖고 새로운 변화에 적응하며 사는 것이 지혜로운 방법입니다.

독불장군이 없습니다. 세상은 넓고 배울 것은 많습니다. 무엇인가 새로운 것을 접하면 궁금증이 생겨 가만히 있지 못합니다. 모르면 묻고 열심히 구글링을 하거나 유튜브에서 찾아봅니다. 열심히 독서를 하고 꾸준히 글을 씁니다. 아주 작은 것이라도 새로운 것을 배우면 다른 사람에게 알려줍니다.

필자는 이렇게 하면서 세상을 배우고 있습니다. 블로그, 뉴스레터, 동영상 자막 넣기, 줌(zoom), 메타버스 등을 열심히 배워 이제는 다른 사람에게 알려줍니다. 앞으로 또 무슨 새로운 것이 나올지 모르지만 적어도 필자에게는 한계가 없습니다. 무엇이라도 배워서 남에게 도움을 줄 수 있다면 기꺼이 배울 것입니다.

소욕다시(小慾多施)라는 말이 있습니다. 욕심을 적게 내고 많이 베풀라는 뜻입니다. 남에게 많이 베풀기 위해서는 많이 배워야 합니다. 배움의 목적이 남에게 베풀기 위해서라면 그건 욕심이 아닙니다. 배워서 나의 욕심을 채우려는 사람은 스스로 한계를 정하지만 다른 사람을 위한 배움에는 한계가 없습니다.

인간이라면 누구나 출세하고 남에게 잘 보이려는 욕심이 있습니다. 하지만 그런 욕심을 내려놓고 나보다 남을 낫게 여기고 도와주려는 마음으로 배우면 한계를 뛰어넘게 됩니다. 한계란 없다고 마음으로 다짐하고 새롭게 시작해 보기를 권합니다. 스스로 한계를 정하지 않으면 한계란 결단코 없습니다.

흑백논리를 뛰어넘어라

흑백논리란 모든 문제를 흑과 백, 선과 악, 득과 실의 양극단으로만 구분하고 중립적인 것을 인정하지 않으려는 사고방식을 말합니다. 좀 더 쉽게 설명하자면 마치 검은색과 흰색 외에는 다른 색이 없다고 주장하는 것과 같습니다.

정말 그럴까요? 그렇지 않습니다. 검은색과 흰색 외에도 빨강, 파랑, 노랑 등 다양한 색이 존재합니다. 컴퓨터의 원리는 2진법입니다. 1과 0만 있으면 가능합니다. 1은 온(on)이고 0는 오프(off)입니다. 컴퓨터 프로그래머로 직장생활을 시작했던 필자는 한때 1과 0만 있으면 모든 것이 가능하다고 생각했습니다.

그런데 막상 직장을 퇴직하고 보니 아라비아 숫자도 1과 0이 아닌 2부터 9란 숫자가 널리 사용되고 있음을 알게 되었습니다. 흑백논리를 벗어나면 넓은 세상이 비로소 보이기 시작합니다. 흑과 백 사이에 그레이존(grey zone)이 존재하듯이 말입니다.

한국의 지성이라 불렸던 이어령 교수는 이것을 '가위 바위 보'로 설명합니다. 주먹을 쥐면 바위가 되고 주먹을 펼치면 보가 됩니다. 하지만 주먹의 일부를 쥐고 일부를 펼치면 가위가 됩니다. 보는 바위를 이기지만 가위가 나타나면 집니다. 그런데 가위는 다시 바위가 나타나면 지게 됩니다. 세상의 이치도 이와 비슷합니다.

하지만 정치하는 사람들에게는 흑백논리밖에 없어 보입니다. 내 편이 아니면 모두 적이라고 간주합니다. 정치는 건설적인 협상과 타협으로 이루어져야 하는데 흑백논리로는 함께 살아가기가 불가능합니다. 배움의 길에 있는 학생들과 청소년들은 어려서부터 이런 흑백논리에 사로잡히지 말아야 합니다. 흑백논리를 뛰어넘으면 창의적인 생각이 솟아납니다. 모든 일에는 한 가지 방법만 있는 게 아니라는 생각에 도달하면 다양한 논리를 펼칠 수 있습니다.

배움도 마찬가지입니다.

누군가에게 배우면 그것만이 전부가 아님을 알아야 합니다. 책을 읽어도 저자의 주장이 전부가 아닐 수 있다는 생각을 가지면 점점 생각의 힘을 키워갈 수 있습니다. 무슨 일이든 맞고 틀린 것이 중요한 게 아니라 왜 맞고 틀리는지를 따져봐야 합니다.

그래서 매사 수학 공식처럼 달달 외워서는 세상을 지혜롭게 살아가기 어렵습니다. 왜냐하면 세상은 우리가 원하는 대로 돌아가지 않기 때문입니다.

자신이 원하는 방식으로 세상이 움직이지 않을 때 그제서야 우리는 어떻게 해야 할까를 고민하고 궁리하게 됩니다. 자신이 예측하는 대로 모든 일이 술술 풀리기만 한다면 굳이 생각을 해야 할 이유조차 없어집니다.

흑백논리를 뛰어넘으면 유연성이 생기고 융통성이 확장됩니다. 주변의 모든 환경이 바뀌어도 결코 당황하지 않고 냉정하게 판단하는 능력을 키우게 됩니다.

우리가 열심히 공부하는 진짜 이유는 어제보다 좀 더 성숙한 인간이 되고 지혜로운 사람이 되기 위해서입니다. 코로나 팬데믹으로 인해 세상이 요동치고 인공지능을 앞세운 4차 산업혁명의 거센 바람이 불어와도 결코 흔들리지 않습니다. 하루하루 차근차근 자신이 해야 할 일을 하면서 기회를 만들어 가야 합니다. 자신이 우주의 중심인 것을 철통같이 믿고 의심치 않고 흔들리지 않는 자존감이 있어야 합니다.

흑백논리를 뛰어넘는 일이 겉으로는 어려워 보이지만 실상은 그렇지 않습니다. 하지만 꽤 오랜 시간이 필요합니다. 당장 그렇게 하겠다고 생각해도 다양한 방식으로 자신을 휘두르려는 주변의 유혹이 있기 때문입니다. 이런 유혹을 떨쳐내고 당당하게 자신만의 길로 나가면 됩니다. 인간은 누구나 완전하지 못합니다. 흑백논리를 뛰어넘으면 조금씩 성숙한 단계로 나아갈 수 있게 됩니다.

공부의 기술

　공부(工夫)란 학문과 기술을 배우고 익히는 것입니다.
　우리는 평생 공부를 해야 합니다. 세상이 빨리 변하기 때문에 공부하지 않으면 변화를 따라잡기 어렵습니다. 그런데 공부를 한다고 하면서 배우기만 하고 익히지 않는 경우가 많습니다.
　전기밥솥에 쌀을 씻어 물과 함께 넣은 후 끓이면 어느 정도 지난 후에 뜸을 들이기 시작합니다. 증기가 배출되고 뜸을 들여야 밥이 제대로 익혀집니다.
　열심히 배우기만 하고 익히지 않으면 배우는데 쏟아 부은 열정과 에너지가 물거품이 됩니다. 우리나라 사람들의 배움에 대한 열정은 세계 최고를 자랑합니다. 필자는 강연을 하면서 이제 그만 배우고 배운 것을 활용하라고 권유합니다. 그렇지만 많은 분들이 여전히 배우기에만 열심입니다.
　배운 것을 활용하면 자주 예외가 생깁니다. 분명히 배울 때는 알지 못했던 사실을 새삼 깨닫게 됩니다. 활용을 통해 배움이 확장됩니다. 배우기만 하고 활용하지 않으면 어느 정도 시간이 흐르면 다시 배워야 합니다. 아무리 기억력이 좋은 사람이라도 한 번 배운 것을 평생 기억하고 활용할 수는 없습니다.
　배울 때 알게 된 내용이 전부가 아닙니다. 활용하는 과정을 통해 응용력이 생깁니다. 많이 배우지 않아도 조금 배운 것을 활용하는 사람이 훨씬 더 많이 배웁니다. 부지런히 배우기만 하는 사람은 활용 능력이 따르지 못하면 스스로 딜레마에 빠집니다. 분명히 배운 것은 확실한데 막상 활용하려고 하니 그저 막막하기만 합니다. 새삼 다시 배우기도 그렇고 해서 그냥 포기하고 맙니다.

필자는 얼마 전 607080세대를 위한 스마트폰 공개강좌를 열었습니다. 줌으로 평소 알고 지내던 지인들과 페이스북 친구들을 대상으로 두 시간가량 스마트폰 활용법을 알려 주었습니다. 80명이나 참가해서 열심히 배웠습니다. 강의를 하면서 처음과 마지막에 힘주어 강조했습니다.

"오늘 배운 내용을 부지런히 다른 사람에게 알려주지 않으면 얼마 가지 않아 배운 것이 모두 공중에 흩어져 버립니다."

이런 공개강좌를 하게 된 배경은 이렇습니다. 2018년 말에 서초구 서초문화원 강성민 이사로부터 스마트폰 강의 요청을 받았습니다. 처음에는 사양했지만 수강자들이 주로 607080세대라고 해서 강의하기로 했습니다. 2019년 1월부터 6월까지 매주 월요일 오후 2시간씩 강의를 했습니다.

필자가 무슨 다른 특별한 능력이 있어서 스마트폰 활용법을 강의한 게 아닙니다. 2009년 말 국내에 처음 들어온 애플의 아이폰3를 구입한 후 지금까지 부지런히 스마트폰 활용을 코칭 해 왔습니다. 필자도 모르면 잘 아는 분에게 묻거나 유튜브를 통해 배웠습니다. 배운 내용을 수십 번 아니 수백 번 반복하면서 다른 사람에게 알려주었습니다.

그렇게 하다 보니 원고 없이도 두 시간 강의를 거뜬히 해냅니다. 강의하면서 질문을 받으면 종종 필자도 알지 못하는 내용을 또 배우고 익힙니다. 스마트폰을 어느 누구보다 많이 안다고 자신할 수 없지만 적어도 아는 만큼 다른 사람에게 알려주는 데는 자신 있습니다. 이것이 필자의 공부의 기술입니다. 정답이라고 할 수 없지만 꽤 괜찮은 방법입니다.

디아밸 시대, 잊지 말아야 할 것

워라밸은 일과 삶의 균형이라는 의미인 Work-Life Balance의 줄인 말입니다. 이 표현은 1970년대 후반 영국에서 개인의 업무와 사생활 간의 균형을 묘사하는 단어로 처음 등장했습니다. 우리나라에서는 1960년대부터 90년대까지 산업화 시대를 지나온 후 2000년대에 들어서면서 워라밸이란 용어가 유행하기 시작했고 고용노동부에서는 2017년 7월에 워라밸의 제고를 위해 '일과 가정의 양립과 업무 생산성 향상을 위한 근무 혁신 10대 제안'을 발간하기도 했습니다.

이렇게 워라밸이 시대의 트렌드로 자리 잡고 있는 가운데 드디어 2007년 스마트폰의 출현과 동시에 디지털이 우리 일상의 곳곳에 빠르게 스며들기 시작하면서 이제는 디지털과 아날로그의 균형을 위해 필자는 '디아밸'이란 신조어를 소개합니다.

자세히 우리 일상을 들여다보면 우리 삶의 구석구석에 이제는 디지털이 큰 영향력을 발휘하고 있습니다. 스마트폰이 나온 지 얼마 되지 않은 초기와는 달리 지금은 반도체 칩의 용량 확대와 더불어 인공지능과 클라우드 서비스를 이용한 검색, 메신저 서비스, 금융, 교통, 날씨, 글쓰기, 오디오북, 소셜 네트워크 등 디지털과 모바일 기술이 적용되지 않는 곳이 없을 정도로 확대되었습니다.

문제는 새로운 시대의 물결인 디지털을 외면해서는 곤란하지만 지나치게 디지털에 의존한 나머지 아날로그 자체를 포기하는 지경에 이르게 되었다는 사실입니다. 디지털의 눈부신 진화는 앞으로도 계속 이어질 전망입니다. 우리가 놓치지 말아야 할 것은 무게 중심을 아날로그에 굳게 붙들어놓고 디지털의 진화에 적극적으로 적응하며 살아가야 한다는 사실입니다.

사람이 태어나고 먹고 자고 입고 즐기며 생활하다가 나중에 죽게 되는 이 모든 라이프 사이클은 아날로그 방식입니다. 그러므로 아날로그를 무시해서도 안 되지만 무시할 수도 없습니다. 마치 디지털이 모두인 것처럼 말하고 행동하는 얼리어답터(early adopter)들이 있긴 하지만 그렇지 않습니다.

디지털은 무시할 수 있지만 아날로그는 그럴 수 없습니다. 다만 지나치게 아날로그에 안주하면서 디지털을 원천적으로 인정하지 않으려면 태도는 하루가 다르게 변화하는 미래를 살아가는 데 지혜롭지 못한 태도입니다.

손에 들고 있는 스마트폰을 보면 쉽게 이해가 됩니다. 우리나라에는 아이폰3가 2009년 말에 들어왔지만 많은 사람들은 2013년 이후가 되어서야 본격적으로 스마트폰을 이해하고 사용하기 시작했습니다.

이제 스마트폰도 사라질 날이 얼마 남지 않았습니다. 미래에 스마트폰을 대체하는 그 무엇이 또 나타날지 지금 우리는 알 수 없습니다. 디지털의 새로운 모습이 웨어러블 시계가 될지, 아니면 몸에 붙이고 다니는 어떤 모양의 반도체 칩이 될지 알 수 없습니다. 우리는 미래에 어떤 모습을 가진 디지털 기기가 나와도 능히 자유자재로 활용할 수 있는 적응력을 키워야 합니다.

특히 디지털 기술이 발달하면서 아날로그 방식으로 생각하는 힘이 점점 약해졌다는 뇌 과학자들의 지적을 심각하게 받아들여야 합니다. 디아벨은 무슨 대단한 이론이 아닙니다. 우리 삶에서 일방적으로 아날로그나 디지털 방식을 고집하지 말고 균형을 이루어 삶의 질을 조금이나마 업그레이드하자는 취지입니다.

이제는 디아벨 시대입니다.

똘레랑스로 소통하라

똘레랑스(tolerance)란 프랑스어에서 온 용어인데 원래 자기와 다른 종교, 종파, 신앙을 가진 사람의 입장과 권리를 용인하는 일을 말합니다. 하지만 지금은 똘레랑스가 종교에 국한하지 않고 널리 사용되고 있습니다. 우리말로 굳이 번역하면 관용(寬容)이라고 할 수는 있지만 남의 잘못을 너그럽게 받아들이거나 용서하는 것을 넘어서 좀 더 포괄적인 의미로 사용됩니다.

유럽에는 지금도 오래전 이미 사라진 로마제국의 흔적이 많이 남아 있습니다. 로마제국의 역사는 기원전 27년부터 시작해서 동로마제국이 완전히 멸망한 기원후 1453년까지 따진다면 거의 1500년이나 됩니다. 역사가들은 로마 제국이 이렇게 오랫동안 이어져 내려왔던 이유를 바로 이 똘레랑스에서 찾을 수 있다고 합니다. 용감한 군인들이 다른 나라를 침략한 후에는 그들을 몰살하지 않고 그들의 대표를 세워 그 나라를 통치했습니다.

그리고 한 번 전장에 나가서 싸우다가 패한 장수들에게 다시 싸울 수 있는 기회를 주었다고 합니다. 이에 비해 유목민족들은 침략을 한 후 현지인들을 몰살하고 자기 유목민족을 우두머리로 세워 그 지역을 통치하게 했습니다. 유목민족에게는 바로 이 똘레랑스 정신이 부족했습니다.

친구의 우정은 결혼해서 함께 사는 배우자보다 더욱 진하고 오래가기도 합니다. 우정이 귀중한 이유는 서로의 약점을 알려주고 자신과 다른 친구의 생각을 들어주는 똘레랑스에서 비롯됩니다. 대체로 우리에게는 똘레랑스가 부족한 편입니다. 민주주의가 시작된 지 불과 100년도 되지 않아서 그렇기도 하지만 우리에게는 아직도 흑백논리가 지배적입니다.

나와 다르면 모두 틀린 것으로 간주해 버립니다. 내 생각과 다르면 받아들이기는커녕 들으려고 하지도 않습니다. 이런 현상은 정치권에서 더욱 심합니다. 상대를 넘어뜨려야만 내가 일어설 수 있다고 생각해서 그렇습니다.

친구 사이에 의견이 일치하지 않는다면 서로의 시야를 넓힐 수 있는 절호의 기회입니다. 간혹 의견 충돌이 있더라도 서로에게 상처 주지 않고 타협을 이루는 관용과 지혜를 발휘해야 합니다. 잘했는지 잘못했는지 그리고 도대체 누구의 의견이 옳은 것인지를 판단하는 것은 제삼자의 몫입니다. 혼자서 의견을 개진하고 판단까지 하려고 하니 해당 이슈는 어디론가 가버리고 감정만 서로 건드리며 상처를 쌓게 됩니다.

원활하게 소통하기 위해 정부든 기업이든 개인이든 모두가 많은 노력을 합니다. 원만한 소통을 위해서는 똘레랑스라는 덕목을 쌓아야 합니다. 이런 덕목은 결코 하루아침에 갑자기 생기지 않습니다. 수많은 시행착오를 거치면서 조금씩 축적되었다가 결정적인 순간에 표출됩니다. 아무리 자신과 다른 의견이 있어도 인내하며 끝까지 들어주는 경청의 자세가 요구됩니다. 그래야 똘레랑스가 생겨납니다.

똘레랑스는 좋은 게 좋다는 식의 편의주의가 아닙니다.

첨예하게 서로가 다른 의견으로 충돌하면서도 좀 더 나은 결론을 얻기 위해 조금씩 서로 양보하는 가운데 새로운 돌파구를 찾게 되는 것입니다. 결론을 먼저 내려놓고 남의 의견을 들어주는 방법은 진정한 똘레랑스가 아닙니다. 자신의 의견을 충분히 설명하고 상대방의 의견을 냉정하게 들으며 올바른 판단을 해야 합니다.

그래서 똘레랑스는 말이나 글도 중요하지만 태도가 매우 중요합니다. 똘레랑스를 융통성이라고도 합니다. 설득력이 있는 번역입니다. 그러나 원래 똘레랑스와는 약간 거리가 있습니다. 그래서 똘레랑스는 외래어 그대로 사용되고 있습니다.

가족 간에, 친구 간에, 조직 내에서 또는 심지어 정치권에서 좀 더 원활한 소통을 원한다면 똘레랑스로 실마리를 풀어보면 어떨까요? 아무리 단단하게 얽혀 도무지 흔들리지 않는 불통의 상황도 똘레랑스로 소통할 수 있지 않을까요?

말에도 그릇이 필요하다

인간이라면 누구나 말을 잘하고 싶어 합니다. 말을 일단 시작했다면 청산유수처럼 거침없이 말하는 사람을 모두가 부러워합니다. 하지만 말을 잘하는 것과 잘 말하는 것은 전혀 다릅니다.

말을 잘하기 위해서는 열심히 노력하지만 잘 말하기 위해 애쓰는 사람을 보기는 드뭅니다. 스피치 학원에서도 말 잘하는 기술은 가르치지만 잘 말하는 기술은 가르치지 않습니다. 잘 말하기 위해서는 말에 대한 깨달음이 있어야 합니다.

어린아이가 태어나 어느 정도 자라면 먼저 말부터 하기 시작합니다. 말은 소통을 위한 최고의 도구입니다. 아이에게 말은 생존을 위한 필수 도구입니다. 하지만 청소년이 되면 생존을 넘어 자신의 뜻하는 바를 표현하는 도구로 바뀝니다. 이때부터 말은 단순한 생존의 도구를 넘어섭니다.

잘 말하려면 말솜씨보다 말 그릇을 키워야 합니다.

그릇은 무엇인가를 담기 위해 존재합니다. 말도 그릇이 필요합니다. 그릇의 크기와 모양에 따라 말이 달라집니다. 아무리 말을 잘해도 말 그릇이 작으면 어휘력과 표현력이 부족해집니다. 말을 많이 하지 않아도 말 그릇이 크면 잘 말할 수 있습니다.

말 그릇에는 자신의 말도 담기지만 다른 사람의 말도 담습니다. 잘 말하려면 남의 말을 잘 담아내는 능력이 요구됩니다. 말을 잘하는 것보다 남의 말을 잘 듣는 것이 수십 배 어렵습니다. 잘 들으려면 인내심이 필요합니다. 잘 듣지 않고 잘 말하기는 불가능합니다. 잘 말하려면 말을 그릇에 담은 후 숙성이라는 과정을 거쳐야 합니다. 생각이라는 누룩을 말과 함께 담가둬야 합니다.

말하기는 노력이지만 말 듣기는 기술에 해당합니다.
그에 비해 잘 말하기는 예술입니다.
말 잘하기도 어렵지만 잘 말하기는 정말 쉽지 않습니다. 말은 모든 일상과 비즈니스의 기본입니다. 우리의 하루는 말로 시작하고 말로 마칩니다. 모든 비즈니스도 결국 말로 이루어집니다.

말을 문자로 옮기면 글이 됩니다. 모든 광고 문구는 말과 글로 재구성됩니다. 말과 글로 고객을 설득하지 못하면 어떤 비즈니스도 이루어지지 않습니다. 질문은 잘 말하기 위한 최고의 도구입니다. 잘 말하려면 독창적인 질문을 개발해야 합니다.

질문은 잠자는 감성을 깨웁니다. 질문은 감성을 자극하고 살아 움직이게 합니다. 질문이 살아있으면 잘 말할 수 있습니다.

자신이 정답을 가지고 있지 않다고 겸손할 때 질문을 통해 잘 말할 수 있습니다.

다른 사람이 말을 할 때 말을 잘하는지 잘 말하는지 유심히 관찰해야 합니다. 장황하게 말을 많이 하지만 뭔가 알맹이가 빠질 수도 있습니다. 조금 어눌하고 느리게 말을 하지만 본질을 꿰뚫고 잘 말하는 사람이 있습니다. 말을 잘하는 사람과 잘 말하는 사람을 혼동하지 말아야 합니다.

때로는 침묵이 열 마디 말보다 더 많은 울림을 가져옵니다. 말이 많으면 허물도 많다는 속담은 맞는 말입니다. 글과 달리 말은 누구나 자주 실수를 합니다. 많은 실수를 하고도 잘 말하면 실수가 덮여집니다. 애를 써서 말을 잘할 수는 있지만 잘 말하기는 어렵습니다. 말은 참 어렵습니다. 말 잘하기는 어렵지만 잘 말하기는 더욱 어렵습니다. 잘 말하는 방법을 담은 교과서라도 있으면 좋겠습니다.

미래 마케팅, 인간의 이기심을 활용하라

이기심(利己心, selfishness)이란 자기 자신의 이익만을 꾀하는 마음입니다. 이기심은 인간의 가장 기본적인 본능입니다.

세상에 이기심을 가지지 않은 사람은 없습니다. 비록 겉으로는 이기심을 드러내지 않고 숨기지만 우리 모두는 이기심으로 똘똘 뭉쳐 있습니다. 이기심은 전혀 없고 이타심만 가지고 있다고 떠벌리는 사람은 거짓말을 하는 것일지도 모릅니다.

그렇다면 이왕 모두가 가지고 있는 이기심을 어떻게 적절히 잘 활용하느냐에 따라 상황이 달라집니다. 자신과 다른 사람들 모두가 이기심을 갖고 있다면 그것을 활용하는 데 포인트를 맞추면 됩니다.

이기심으로 출발한 인간의 욕구에 초점을 맞추면 원하는 결과를 얻기 위한 방법이 조금씩 보이기 시작합니다. 역설적으로 들리겠지만 사실입니다.

일찍이 자본주의 이론의 체계를 갖추고 『국부론, The Wealth of

Nations』을 쓴 애덤 스미스(Adam Smith)는 이렇게 주장했습니다.

"우리가 저녁을 먹을 수 있는 이유는 푸줏간 주인이나 양조업자, 그리고 빵집 주인의 자비심 때문이 아니라 그들의 이기심 때문이다."

그는 관세나 규제 같은 인위적인 무역장벽은 사익을 추구하는 시장의 원활한 흐름을 방해할 뿐이라고 믿었습니다. 북한이나 구(舊)소련 등 공산국가들이 어려움에 처하게 된 원인도 여기에 있습니다. 이기심 자체를 잘못된 것으로 해석하고 정죄하려 들면 문제가 생기기 시작합니다. 하지만 그런 인간의 본성을 파악하고 그것을 선순환의 고리로 삼아 유익하게 활용하면 큰 선물이 되어 돌아옵니다.

산업혁명을 시작으로 대량생산 시대가 열리면서 인간의 이기심을 활용했던 사례가 많았지만, 이제는 그런 대량생산의 시대가 저물고 개성 발랄한 다품종 소량생산의 시대가 되었습니다. 다품종 소량생산은 개인별 맞춤 생산을 의미합니다.

필자가 10년 동안 꾸준히 해 왔던 평생직업을 찾기 위한 창직 코칭도 동일한 개념으로 접근했습니다. 대량생산의 시대에는 동일한 제품을 많이 생산하기만 하면 소비자가 열광하던 시대였다면, 지금은 개인별 개성을 존중하며 각자의 이기심으로 포장된 욕구에 초점을 맞추면 됩니다.

물론 처음에는 이런 발상의 전환이 쉽지는 않겠지만 꾸준히 이해의 폭을 넓히고 좌충우돌하다보면 어느새 일정한 패턴을 찾아내게 됩니다.

자본주의는 결국 사유재산을 늘리려는 개인의 욕구가 점점 커질 때 시장도 덩달아 확장됩니다. 혁신도 궁극적으로 개인의 이기심에 포인트를 맞추면 큰 틀에서 벗어나지 않습니다.

그저 막연하게 이기심을 맞추려는 노력보다 좀 더 구체적이고 체계적인 프로세스를 준비해서 개인의 욕구를 대입해 보는 과정을 끊임없이 반복하면 됩니다.

이기심의 편차가 아무리 크다고 해도 가능성을 미리 예상한 몇 가지 옵션을 마련해 놓으면 크게 벗어나지는 않습니다. 세상이 엄청난 속도로 변하지만 인간의 기본적인 이기심은 세상의 변화 속도보다는 빠르지 않기 때문에 얼마든지 캐치업(catch-up) 할 수 있습니다. 마케팅은 인간의 심리를 파악하고 활용하는 기술입니다. 이기심을 활용하기 위한 전략과 전술이 미래의 마케팅 기술입니다.

변화를 원하면 만나는 사람을 바꿔라

동기부여 강연가인 짐 론(Jom Rohn)은 '당신이 가장 많은 시간을 보내는 다섯 사람의 평균이 곧 당신'이라고 말했습니다. 당신이 최근 누구와 시간을 보내는가에 따라 당신이 어떤 사람이 되는가가 정해진다는 말입니다.

지금과는 달리 뭔가 변화하기를 원한다면 과감하게 만나는 사람을 바꿔야 합니다. 물론 자주 만나는 사람 중에는 조심해야 할 사람이 있습니다. 특히 ANT 스타일의 사람은 가능하면 만나지 않는 것이 좋습니다.

ANT란 Automatic Negative Thoughts(자동적인 부정적 사고)의 약어인데 언제나 부정적인 생각을 하고 그것을 말로 표현하는 사람을 일컫습니다.

이런 사람을 자주 만나면 자신도 모르는 사이에 부정적인 영향이 몸에 배어 조금씩 자신도 그런 성향의 사람이 됩니다.

평소 자주 만나는 사람을 만나면 서로 편합니다. 상대가 어떤 사람인지 알기 때문에 공감대를 형성하기 쉽습니다. 하지만 자주 만나는 사람과는 대부분 과거와 현재를 이야기합니다. 했던 말을 하고 또 해서 별로 새로울 것이 없습니다. 대화의 폭이 넓지 못합니다. 미래지향적으로 대화를 나누지 못합니다. 그저 시간만 낭비하는 결과를 가져옵니다.

함께 시간을 보내는 사람과의 대화와 행동은 뇌 기능에도 많은 영향을 줍니다. 오랫동안 만나면 서로 닮아 갑니다. 부부가 결혼해서 한 집에 같이 오래 살면 얼굴도 식습관도 비슷해집니다.

어떻게 변할지 모르는 불확실한 세상을 살면서 만나는 사람만 계속해서 만나면 우물 안 개구리가 됩니다. 세상이 도대체 어떻게 돌아가는지도 모르고 그저 주어진 삶을 살아갑니다.

얼마 전 길을 걷다가 아직 40대 중반으로 보이는 여성이 큰 소리로 전화 통화를 하면서 제발 자신에게 잘 모르는 사람 만나기를 권하지 말아달라고 했습니다. 그저 편하게 살고 싶다는 어투였습니다. '낯선 사람은 모두 나쁜 사람'이라는 프레임을 씌우면 안 됩니다. 낯선 사람을 만나는 사람을 오히려 이상한 눈으로 쳐다봅니다.

필자는 몇 년 전 우연히 안계환 작가를 만났습니다. 나이는 조금 차이가 나지만 그런 건 아무 문제가 되지 않습니다. 필자가 그를 자주 만나는 이유는 만날 때마다 뭔가 새로운 자극을 받기 때문입니다. 함께 있으면 시간 가는 줄도 모르고 다양한 이야기를 나눕니다. 주로 미래에 관한 이야기입니다. 과거를 이야기할 시간이 별로 없습니다. 그래서 대화가 언제나 신선하고 즐겁습니다.

사람은 지극히 주변 환경의 영향을 많이 받습니다.

기후와 지형은 물론이지만 특히 주변 사람들의 영향력은 지배적입니다. 변화를 위해 만나는 사람을 바꿨다면 이제 자신이 더 많이 말하기보다 경청을 해야 합니다. 자신의 말은 지금까지 생각하고 행동해 온 결과이지만 새로 만난 사람의 말은 평소 자주 듣지 못한 새로운 말과 생각이기 때문입니다.

필자도 오래 전에는 새로운 사람을 만나려는 시도를 별로 하지 않았습니다. 그저 우연히 만나거나 정기적인 포럼을 통해 만나는 게 전부였습니다. 그러다가 생각을 바꿔 관심을 끄는 책을 쓴 저자나 페이스북 등 소셜 네트워크를 통해 알게 된 사람에게 먼저 말을 걸고 일부러 만남을 이어왔습니다. 그 결과 이제는 낯선 사람 만나기가 자연스럽고 즐겁습니다.

당신이 요즘 만나는 사람은 어떻습니까?

슈퍼 커넥터가 되라

슈퍼 커넥터(Super Connector)란 사람과 사람을 잇는 휴먼허브(Human Hub) 역할을 하는 인플루언서(Influencer)를 말합니다. 인플루언서는 영향력을 행사하는 사람 또는 강화시키는 사람이라는 의미를 가지고 있습니다.

우리는 지금 바야흐로 슈퍼 커넥터를 요구하는 시대를 살아가고 있습니다. 아무리 인공지능을 앞세운 4차 산업혁명이 본격화되고 최첨단 신기술이 우리 앞에 펼쳐진다 하더라도 그 모든 일은 결국 사람에 의해 시작되고 유지되고 마무리되기 때문입니다.

슈퍼 커넥터는 자신이 바로 플랫폼(Platform)이 되어 사람과 사람을 끊임없이 연결합니다. 필자는 십여 년 전부터 이미 필자 스스로 슈퍼 커넥터가 되기 위해 아예 네이버 아이디를 'superconnect'라고 붙였습니다.

그러면 과연 필자는 지금 주위 사람들로부터 슈퍼 커넥터라 불리고 있을까요? 그런 용어를 굳이 사용하지 않았지만 필자의 지인들은 물론 필자 스스로도 이제는 분명히 슈퍼 커넥터라고 자신 있게 말할 수 있습니다.

그 증거로 누군가를 만나서 열심히 대화를 나누다보면 머릿속에 대화의 내용과 관련이 있는 또 다른 사람이 순간적으로 떠오릅니다. 나중에 점점 더 디테일하게 들어가 보면 어떻게 될지 아직 알 수는 없지만 적어도 그 두 사람을 서로 연결하면 뭔가 시너지가 생길 것이라는 확신이 떠오릅니다.

가까운 시일 내에 서로 대면이나 비대면 방식으로 만나게 해주면 모두가 선뜻 응합니다. 물론 소개를 하는 필자를 신뢰하기 때문이겠죠. 이렇게 해서 상호 연결한 분들이 필자의 주변에 꽤 많습니다.

그렇다면 어떻게 슈퍼 커넥터가 될 수 있을까요?

무엇보다 오지라퍼가 되어야 합니다. 단순한 오지라퍼가 아니라 이타심을 가지고 무엇이든 다른 사람을 도와주려는 적극적이 오지라퍼가 되어야 합니다. 오지라퍼도 두 종류가 있습니다. 열심히 나서서 도와주기는 하지만 서로에게 별로 도움이 되지 못하는 오지라퍼가 있는가 하면 약간의 힌트만 주어도 스파크가 일어나 뭔가 일이 시나브로 이루어지게 만드는 오지라퍼도 있습니다.

착한 사람이 있는가 하면 지혜로운 사람도 있습니다. 그냥 착하기만 하면 별로 도움이 되지 못합니다. 순수한 마음과 진정성을 가지고 도와주면 반드시 결실이 나타납니다. 이런 슈퍼 커넥터의 역할이 결실을 맺는 데는 시간이 꽤 걸립니다. 느긋하게 기다릴 줄 알아야 합니다.

지금은 플랫폼의 시대입니다.

기업도 개인도 모두 플랫폼을 구축해서 고객을 끌어 모으는

데 온갖 힘을 쏟아 붓습니다. 하지만 정작 브랜드까지 만들어 물건이나 서비스를 제공하면서도 사람과 사람을 연결하려는 노력은 별로 하지 않습니다.

사람과의 연결이 최우선 과제입니다. 사람이 연결되면 나머지 물건이나 서비스를 제공하는 일은 저절로 이루어집니다. 슈퍼 커넥터가 되기 위해서는 자신의 영역을 굳건히 지키면서도 상대의 비즈니스에 관심을 가져야 합니다.

사람과의 관계는 하루아침에 이루어지지 않습니다. 발 없는 말이 천리를 간다고 합니다. 어디서든 상대를 험담하면 반드시 상대의 귀에 들어가게 됩니다. 필자의 경험에서 나온 말입니다. 인내심을 가지고 모든 사람을 아우르는 포용력이 필요합니다.

지금은 접속의 시대

지금은 바야흐로 접속(接續, access)의 시대입니다. 여기서 말하는 접속이란 소유(所有, possession)에 대비되는 단어입니다. 접속은 서로 맞대어 잇는 것인데 흔히 컴퓨터 용어로 많이 사용되어 왔습니다.

아리스토텔레스는 2,400년 전에 벌써 모름지기 사물의 진가는 소유할 때보다는 사용할 때 발휘되는 법이라고 했습니다. 과거에는 무엇이든 소유해야 한다는 강박관념에 모두가 사로잡혀 살았습니다.

그 여파가 지금까지 전해 내려와 요즘 중학교 1학년 학생에게 장래 희망을 물었더니 건물주라고 대답했습니다. 그냥 우스갯소리가 아니라 진지하게 말합니다. 하지만 소유에 대한 개념이 최근 들어 급격하게 바뀌고 있습니다. 비록 최근 아파트 가격의 폭등으로 '뭐니 뭐니 해도 소유하고 있어야 이런 기회를 포착할 수 있다.'고들 합니다만 그건 어디까지나 일시적인 현상이라고 봐야 합니다.

　과거에는 판매자와 구매자가 시장의 주역이었지만 지금은 공급자와 사용자가 주역이 되었습니다. 물건이나 서비스를 만들어 제공하면 구매자가 누구든 상관하지 않고 팔기만 했던 시대는 지났습니다. 지금은 공급자가 어떤 명분이든 앞세워서 사용자와의 유대 관계를 만들기 위해 혼신의 힘을 다합니다.
　대부분의 유명 브랜드는 회원제를 도입해서 사용자와의 연결 고리를 만듭니다. 멤버십을 만들어 혜택을 주고 새로운 물건과 서비스에 대한 정보를 지속적으로 제공합니다. MZ세대를 위시한 신세대는 이런 접속의 시대에 이미 충분히 젖어 살고 있습니다.
　하지만 50대 이상 세대에게는 이런 과정이 그저 귀찮기만 합니다. 커피를 한 잔 마셔도 결제하기 전에 멤버십 적립을 할 것인가를 먼저 묻습니다. 신세대는 당연히 스마트폰에서 해당 멤버십 QR코드나 바코드를 찾아내 보여줍니다.

　접속은 마일리지 적립만 하는 게 목적이 아닙니다. 새로운 정보를 지속적으로 제공하고 멤버가 누릴 수 있는 기회를 적시에 주기 위한 방안입니다. 그렇게 꾸준히 공급자와 사용자가 접속을 하면 관계가 지속됩니다.
　얼마 전 공유경제가 사회적으로 크게 부각된 적이 있습니다. 물론 앞으로도 공유경제는 꾸준히 늘어날 것입니다. 공유경제와 함께 이런 접속의 경제는 우리의 일상을 바꿔놓을 것으로 보입니다.
　제품이나 서비스의 주기가 점점 짧아지면서 소유하는 사람에게 불이익이 생깁니다. 쉬운 예로 자동차를 들 수 있습니다. 자동차를 구매하고 소유하면 감가상각을 해야 하고 보험도 들어야 하고 일정 시간이 지나 고장이 나기 시작하면 수리도 직접 해야 합니다. 하지만 리스나 렌탈을 하면 그렇게 할 필요가 없어집니다. 자동차가 낡으면 다시 새 차로 교체해 줍니다.

　소유에서 접속으로 시장의 기능이 달라지면서 사용자의 의식 수준도 급격하게 달라졌습니다. 자동차뿐 아니라 가전제품이나 생활용품조차 구매하지 않고 빌려 쓰는 시대가 되었습니다. 심지어 필자의 손자는 장난감까지 렌탈을 했습니다.

　예전에 유목민들은 기후 변화에 따른 생존을 위해 수시로 남방을 침략했지만, 그들은 점령지를 소유하거나 쓸어버리지 않고 조공을 바치는 속국으로 만들었다고 합니다. 한 곳에 정착해서는 살아남을 수 없는 유목민들이 떠돌아다니면서 자신들의 이익을 챙기기 위해 본능적으로 소유보다 접속을 선호했던 것입니다. 소유하면 이동이 어렵기 때문입니다.

　소유물로 가진 자와 못 가진 자를 나누는 시대는 이미 지났습니다. 그 물건이나 서비스의 가치를 발견하고 제대로 누리지 못한다면 소유는 아무런 의미가 없습니다. 지금은 소유의 시대가 아니라 접속의 시대입니다.

반대 의견에 부딪쳤을 때

　유연성(柔軟性, Flexibility)이란 딱딱하지 않고 부드러운 성질이나 정도를 말합니다. 우리는 일생을 살아가면서 반대 의견에 부딪히는 경우를 종종 만납니다. 언제나 자신의 주장에 동조하고 반대하지 않는 사람들만 만나고 싶어 하지만, 현실은 자신이 책임감을 가지고 무엇인가를 실행하려 할 때 뜻대로 되지 않는 경우가 더 많습니다.

그럴 때 여러분은 과연 어떻게 극복하시나요?

평상시 이런 질문을 받으면 대부분 침착하게 반대 의견을 받아들이고 필요하다면 적절하게 수용하거나 협상하는 자세를 보일 것이라고 대답합니다. 그러나 막상 여러 사람 앞에서 자신이 주장하는 바에 대해 정면으로 반대하거나 비판적인 사람을 만나면 우리는 누구나 예외 없이 흥분하게 됩니다.

일단 흥분을 하게 되면 지성과 아량은 안개처럼 사라져 버리고 어떻게 대처해야 자신의 옳음을 증명하며 상대방의 코를 납작하게 해줄까를 고민하게 됩니다.

인간은 어디까지나 감정의 동물이고 주변 환경에 따라 크게 영향을 받는 존재이기 때문에 아무리 자신이 아니라고 우겨도 일단 감정이 격해지면 수습하기 어렵게 됩니다.

그 자리를 벗어나서 차분히 생각해 보면 얼마든지 반대 의견에 대해 심각하게 고려해 보고 자신의 주장을 다시 수정할 수 있겠지만 이미 상황은 벌어졌고 그 자리를 벗어날 수 있는 여건이 아니라면 문제가 달라집니다. 이럴 때를 대비해서 평소에 훈련이 필요합니다. 상대방과 격하게 논쟁하면서도 결코 감정 이입을 하지 않는 습관이 필요하다는 말입니다.

최근 필자는 넷플릭스 미드 시리즈 〈슈트Suits〉를 재미있게 보고 있습니다. 뉴욕 로펌사의 변호사들을 중심으로 벌어지는 온갖 해프닝을 겪으면서 주인공 하비와 마이크의 아슬아슬하면서도 선을 넘지 않으려는 그들의 노력을 주의 깊게 관찰합니다.

진실이 언제나 승리하는 것은 아니며 그들도 가끔 실수를 하지만 그래도 상호 신뢰하려는 노력을 보여줍니다.

특히 첨예하게 서로의 주장을 펼치면서도 감정 이입을 자제하려는 그들의 노력이 돋보입니다.

이제 와서 돌이켜 보면 필자는 이런 면에서 지금까지 많은 시행착오가 있었습니다. 비교적 감정적인 면을 겉으로 드러내지 않는 성격이라고 스스로 자처하면서도 남에게는 그렇게 대하지 못해 많은 의견 대립으로 어려움을 겪었습니다.

우리는 누구나 이런 문제로 실수하고 후회하기도 합니다. 하지만 이런 과정을 통해 스스로를 한 단계 업그레이드하는 계기가 될 수도 있습니다. 유연성은 하루아침에 생겨나지 않습니다. 끊임없는 자신과의 싸움을 통해 조금씩 깨달음에 이르게 되고 나중에는 어느 정도 경지에 오르기도 합니다.

당장 그렇게 되지 않는다고 자괴감을 가질 필요는 없습니다. 하지만 무엇인가 잘못 되었다고 생각할 때 즉시 상대에게 진솔하게 자신의 감정을 밝히고 도움을 청하는 자세가 바람직합니다.

반대 의견을 자주 만나면 사고의 폭이 확실히 넓어집니다. 당장은 불편하고 기분이 상하지만 다시 생각해보면 다양한 의견이 자신의 성장에 도움을 줍니다. 반대 의견에 부딪힐 때 유연하게 대처하는 능력을 가져야 인격 도야에 도움이 됩니다.

셀프 홍보의 시대

지금은 바야흐로 셀프 홍보의 시대입니다.

홍보란 널리 알리는 것을 말합니다. 셀프 홍보는 자기 스스로 남에게 자기를 알리는 일입니다. 과거에는 열심히 노력해서 뭔가를 이루면 굳이 홍보하지 않아도 다른 사람들이 언젠가는 알아주는 시대였다면, 이제는 시대가 달라졌습니다.

직장에 오래 다닌 사람들은 셀프 홍보에 매우 서툽니다. 수십 년 직장생활을 통해 지나치게 자신을 나타내면 직장 내에서 따돌림을 당하고 인사 고과에도 악영향을 준다는 사실을 뼈저리게 알고 있기 때문입니다.

그렇게 오랫동안 지내다가 막상 직장을 퇴직하면 자신의 정체성을 찾고 브랜딩을 하는 데 어려움을 겪습니다. 자신을 스스로 홍보하라고 하면 온 몸이 오글그린다며 꽁무니를 뺍니다. 굳이 그렇게까지 해야 하느냐고 반문하기도 합니다.

예외 사례가 없지는 않지만 대부분 직장을 퇴직하면 다시 큰 기업을 스스로 일으키기가 실로 어렵습니다. 나이가 들수록 자본이 많이 드는 창업도 시작하기가 쉽지 않습니다. 그렇다면 대부분 퍼스널 브랜딩(personal branding)을 준비해서 창직을 하는 것이 바람직합니다.

그런데 아무리 퍼스널 브랜딩이 그럴싸해도 셀프 홍보를 할 줄 모르면 아무도 알아주지 않습니다. 퍼스널브랜딩연구소 김정웅 대표는 그의 최근 저서 『이젠 휘둘리지 마!』를 통해 셀프 광고의 중요성을 역설합니다.

광고와 홍보의 차이는 비용을 지불하느냐 아니냐의 문제입니다. 그는 '제대로 알려야 제대로 알아준다.'고 하며, '하늘도 스스로 광고하는 사람을 돕는다.'고 했습니다. 오랫동안 창직 코칭을 해본 필자도 크게 공감하는 바입니다.

셀프 홍보는 일시적으로 하는 게 아닙니다. 창직은 평생직업을 찾기 위한 방편입니다. 자신의 정체성을 먼저 찾고 퍼스널 브랜딩을 했다면 남은 과제는 꾸준히 셀프 홍보를 지속하는 일입니다.

셀프 홍보는 결코 하루아침에 이루어지지 않습니다. 브랜딩도 마찬가지입니다. 때로는 브랜딩도 궤도 수정을 해야 하는 경우가 있습니다만, 어떤 경우든 셀프 홍보는 필요합니다. 여기서의 핵심은 일단 브랜딩을 했다면 전략을 바탕으로 지치지 않고 끈기 있게 꾸준히 셀프 홍보를 해야 한다는 사실입니다.

필자도 창작 전문가로 인정받기까지 꽤 오랫동안 부지런히 셀프 홍보를 해 왔습니다. 가능한 모든 채널을 동원했습니다. 페이스북, 인스타그램, 네이버 블로그, 네이버 포스트, 브런치, 트위터, 카카오스토리, 카카오톡, 링크드인, 텀블러, 핀터레스트, 네이버 밴드 등 모든 채널입니다.

그리고 매주 몇몇 인터넷 매체에 창작 칼럼을 씁니다. 그리고 특히 지난 13년 6개월 동안 계속해 온 맥아더스쿨 주간 뉴스레터를 단연 필자의 최고의 셀프 홍보로 꼽습니다.

뉴스레터에는 매주 한 편의 칼럼과 추천도서, 웃음충전소 그리고 각종 이벤트와 필자의 동정을 싣습니다. 뉴스레터만 읽어봐도 필자가 지금 무슨 생각을 하고, 어떤 일을 하고 있는지 알 수 있도록 꾸준히 셀프 홍보에 온 힘을 쏟고 있습니다. 가끔 일부 뉴스레터 구독자들로부터 이메일로 피드백을 받으면 정말 보람을 느낍니다.

위에 열거한 수많은 셀프 홍보 채널 중에 유일하게 뉴스레터만 (아주 저렴하지만) 유료이며 나머지는 모두 무료입니다.

셀프 홍보는 가성비가 최고입니다. 셀프 홍보는 더 이상 선택이 아니라 필수입니다.

설득의 기술

설득(說得)은 상대편이 이쪽 편의 이야기를 따르도록 여러 가지로 깨우쳐 말하는 것이라고 합니다. 말을 잘하는 달변과 잘 말하는 설득은 전혀 다릅니다.

우리가 살아가는 세상은 설득의 기술이 필요합니다. 정치가들에게 설득의 기술은 표를 얻기 위한 필수 요소입니다. 일상생활에서도 설득의 기술은 요긴하게 쓰입니다.

설득의 기술을 터득하려면 심도 있는 독서를 해야 합니다. 아는 만큼 보이고 읽은 것만큼 말할 수 있습니다.

머릿속에 들어 있는 것이 전혀 없는 사람이 다른 사람을 설득하는 기술을 발휘하기 어렵습니다.

비즈니스도 설득의 기술이 핵심입니다. 마케팅과 영업을 위해 설득의 기술이 동원됩니다. 고객 서비스를 위해서는 더욱 설득의 기술을 익혀야 합니다. 설득은 사람의 마음을 읽어내는 것에서 출발합니다. 인문학 서적을 탐독해야 사람의 마음을 읽어낼 수 있습니다.

하이패밀리 송길원 대표는 최근 엔딩 플래너(Ending Planner)라는 직업을 창직했습니다. 결혼을 하기 위해 웨딩 플래너가 필요하듯이 아름다운 삶의 끝을 장식하기 위해 엔딩 플래너가 필요합니다.

엔딩 플래너는 장례지도사와는 달리 누군가의 삶의 끝자락을 도와주는 길벗입니다. 3개월 과정의 커리큘럼을 준비하면서 송 대표는 수강하기 전 십여 권의 인문학 서적을 사전에 충분히 읽어야 한다고 강조합니다. 인문학 소양을 갖추지 않고는 진정한 삶의 길벗이 되기 어렵습니다.

인문학은 언어, 문학, 역사, 철학을 연구하는 학문인데 한 마디로 말하면 사람에 대한 학문입니다. 엔딩 플래너는 사람에 대한 깊은 통찰력을 갖추어야 합니다. 한 사람의 영혼과 육체를 따뜻하게 보듬고 사랑하는 마음이 있어야 다른 사람의 삶의 끝자락을 돌봐줄 수 있습니다.

사람의 마음은 아침저녁으로 변합니다.

자기 자신도 자신의 마음을 다스리지 못해 우왕좌왕하는 경우가 많습니다. 독서를 통해 우리는 먼저 자신의 마음을 안정시킬 수 있습니다. 여러 가지로 얽혔던 마음이 독서를 통해 조금씩 풀어지며 안정을 찾아갑니다. 자신의 마음에 안정을 찾으면 이제 다른 사람이 눈에 들어옵니다. 그들의 필요와 욕구가 무엇인지 발견하게 됩니다.

우리는 모든 것을 경험으로만 배울 수는 없습니다. 그러기에는 시간은 너무 빨리 흘러가고 하루 중에 누군가를 만나는 것도 한계가 있습니다. 독서는 이런 한계를 뛰어넘을 수 있도록 우리를 돕습니다. 굳이 모든 것을 경험하지 않고도 간접 경험을 통해 깨닫고 이해하게 됩니다. 특히 먼저 자신의 삶의 철학에 대한 확신이 있어야 다른 사람의 삶의 철학에도 영향을 줄 수 있습니다.

우리 앞에는 매일 수많은 선택지가 놓여 있습니다. 우리는 순간순간 선택하면서 살아갑니다. 다른 사람에게 선한 영향력을 퍼트리기 위해서는 설득의 기술이 필요합니다. 달콤한 사탕발림 정도의 달변으로는 설득에 성공하기 어렵습니다.

폭넓은 독서를 통해 설득과 대화의 기술을 익혀야 합니다. 매일 끊임없이 하는 독서는 마치 콩나물 시루에 물을 주는 것과 같습니다. 얼핏 보기에는 전혀 변화가 없어 보이지만 자고 나면 조금씩 콩나물이 자라듯 우리의 인격도 성숙해집니다. 결국 독서의 궁극적인 목적은 성숙한 인격체로 발전하는 것입니다.

성숙한 인격은 다른 사람의 성숙을 돕습니다. 우리의 삶은 성숙으로 나아가는 기나긴 여정입니다. 특히 삶의 끝에 이르러서는 아름답게 마무리하는 과정이 필요합니다. 독서로 설득의 역량을 키워보면 어떨까요?

치열한 독서

치열하다는 말은 기세나 세력 따위가 불길같이 맹렬하다는 뜻입니다. 초봄에 들판에 불이 붙으면 거센 바람과 함께 엄청난 기세를 떨치며 훨훨 타오르는 산불을 종종 볼 수 있습니다. 치열은 그런 기세를 말합니다.

독서를 치열하게 한다는 뜻은 책 한 권을 읽어도 대강 넘어가지 않고 빈틈이 없이 꼼꼼하게 파고들며 하는 독서를 의미합니다. 치열한 독서를 하기 위해서는 시간과 돈과 열정을 쏟아 붓는 투자가 필요합니다. 그냥 호기심이나 시간을 때우기 위한 독서로는 치열한 독서의 근처에도 가지 못합니다.

세상에는 독서하는 사람과 그렇지 않은 사람으로 나눌 수 있습니다. 또 독서하는 사람들 중에는 치열한 독서를 하는 사람과 그냥 대충 독서하는 사람으로 양분할 수 있습니다.

우리가 잘 아는 마이크로소프트 창업자 빌 게이츠(William Henry Gates)는 독서광으로 정평이 나 있습니다. 그가 지금까지 이룩한 모든 업적을 살펴보면 그의 모든 예지는 바로 그 치열한 독서에서 나왔다는 것을 알 수 있습니다.

마이크로소프트라는 어마어마하게 큰 기업을 수십 년 이끌어 오면서 그는 독서를 통해 리더십을 갖추고 과감한 결단을 내리고 미래를 예측해 왔습니다. 지금은 일선에서 물러나 빌&멜린다 게이츠 자선재단에서 일하고 있지만, 그의 치열한 독서생활은 점점 더 열기를 더해 갑니다. 언론에 이미 보도된 바 있지만 그의 치열한 독서법을 분석해 보면 우리에게 시사하는 바가 큽니다.

첫째로 그는 책을 선택할 때부터 그 책에 관한 밑그림부터 그립니다. 밑그림을 그리면 독서하면서 곁길로 새지 않습니다. 두 번째로 독서하면서 이미 세워둔 밑그림에 칸막이를 나누고 읽었던 내용을 적절하게 배치합니다. 그러면서 세 번째로 책의 여백에 핵심 내용과 자신의 생각을 적어둡니다. 비판적인 자신의 생각을 빼놓지 않고 정리하고 배치합니다.

　이렇게 하면 독서를 한 후 읽었던 내용이 파편처럼 흩어지지 않고 흐름으로 남아 있음을 확인할 수 있습니다. 물론 쉽지 않은 독서법입니다. 하지만 빌 게이츠는 수십 년 이런 과정을 반복하면서 자신만의 치열한 독서법을 개발해 온 것입니다. 치열하게 독서하지 않으면 몇 년이 지난 후 그 책을 다시 펼쳤을 때 무엇을 읽었는지 그리고 무엇을 깨달았는지 전혀 기억조차 나지 않습니다.

　책을 깨끗하게 메모 한 줄 하지 않고 읽는 습관은 좋지 않습니다. 물론 도서관에서 빌려온 책에 밑줄을 좍 그을 수는 없지만 가능하면 직접 구매해서 책을 노트 삼아 부지런히 메모하며 읽는 습관이 중요합니다.

　에버노트(evernote)라는 앱을 사용해서 해시태그를 붙이면서 독서 메모를 하는 분도 있습니다. 좋은 방법입니다. 책에 메모를 하든 앱을 사용하든 모두 좋습니다. 치열한 독서를 위해서는 미리 계획하고 부지런히 메모를 하는 과정이 가장 중요합니다.

　책을 읽으면서 글쓰기를 병행하는 것도 아주 좋은 방법입니다. 왜냐하면 글쓰기를 위해서는 생각을 정리하는 숙성 과정이 요구되기 때문입니다. 열심히 많이 읽는 것도 좋지만 좋은 책을 선별해서 치열한 독서를 하는 것이 더 유익합니다.

게임하듯 질문하라

　질문은 알고자 하는 바를 얻기 위해 묻는 것을 말합니다. 질문은 궁금할 때, 팩트(fact)를 체크할 때, 요청할 때, 설득할 때, 협상할 때 그리고 생각을 끌어낼 때 하게 됩니다. 1950년 한국전쟁 때 나라 전체가 완전히 폐허가 된 후 우리에게 가장 시급한 일은 가난을 벗어나 먹고 사는 문제를 해결하는 것이었습니다.

그 결과 지난 70년 동안 우리는 '묻지 마' 교육으로 여기까지 왔습니다. '묻지 마' 교육은 한 마디로 가르치고 배우기만 하면 되는 그런 교육이었습니다. 학교나 직장에서도 교사와 선배들의 지시에 군인처럼 절대 복종하는 자세로 평생을 살아왔습니다.

하지만 지금은 시대가 변하여 누군가로부터 가르침을 받는 것만으로는 변화무쌍한 미래를 도무지 헤쳐 나갈 수 없게 되었습니다. 이제는 배우는 인간에서 질문하는 인간으로 바뀌어야 합니다.

질문이 왜 중요한지, 그리고 어떻게 질문할 것인지를 어릴 적부터 가정에서 또는 학교에서 가르쳐야 합니다. 가르쳐주는 내용을 배워서 익히는 정도로는 큰 틀에서 보면 결코 가르치는 자를 뛰어넘을 수 없습니다.

하지만 질문을 하면서 배우면 배우는 자와 가르치는 자가 동시에 서로서로 더 많은 것을 배우게 됩니다. 필자는 '티쳐(teacher)'가 아니라 코치(coach)입니다. 가르치지 않고 길을 안내하고 알려주는 역할을 하는 코치입니다.

지난 10년 동안 450명을 대상으로 일대 일 또는 그룹으로 코칭을 꾸준히 해 왔습니다. 그 결과 지금은 어느 누구보다 많은 것을 배웠고 알게 되었습니다. 교학상장(敎學相長)은 가르치고 배우면서 함께 성장한다는 뜻입니다.

요즘 청소년들은 게임을 즐겨 합니다.

마치 그들의 머릿속에는 게임만 들어 있는 것처럼 게임에 몰두합니다. 게임을 하듯 질문을 몸에 배게 하는 것이 필요합니다. 작정하고 질문하는 것이 아니라 언제 어디서든 호기심을 가지고 질문을 하도록 훈련해야 합니다.

질문하면 생각의 폭이 넓어지고 질문과 대답을 주고받으면서 평소 한 번도 생각해 보지 않은 새로운 사실을 깨닫게 됩니다. 필자가 매주 지도하고 있는 J중학교 1학년 자유학년제 수업은 소크라테스 식 질문 방식으로 수업을 합니다.

학기 초에는 학생들이 질문에 익숙하지 않아 대답하기를 어려워합니다. 그런데 매주 이런 과정을 반복하면 학생들은 자신도 모르게 질문에 대한 대답을 하는 데 적응이 됩니다. 그리고는 자신들도 질문을 하기 시작합니다.

처음에는 무엇을 어떻게 질문해야 하는지 알지 못해 무척 당황하고 두려워하지만 얼마 지나지 않아 질문하기를 즐기게 됩니다. 질문하기가 어렵지 않다는 사실을 깨닫게 된 후로는 서로 손을 들고 먼저 질문을 하려고 합니다.

부모와 교사가 학생들의 질문을 막아서면 곤란합니다. 질문하도록 격려하고 질문을 받을 때 정중하게 대답하면 그 과정을 통해 학생들이 많은 것을 배웁니다. 부모가 가정에서 자연스럽게 서로 질문하고 대답하는 분위기를 조성하는 것이 중요합니다. 학교에서도 교사가 질문을 유도하며 수업을 진행해야 합니다. 지식을 전달하는 역할뿐 아니라 생각의 힘을 키울 수 있는 능력을 배양하는 일이 더욱 중요하기 때문입니다.

우연의 기적-세렌디피티를 잡아라

세렌디피티(serendipity)란 완전한 우연으로부터 중대한 발견이나 발명이 이루어지는 것을 말하며 특히 과학 연구의 분야에서 실험 도중에 실험의 실패를 통해 얻은 결과에서 중대한 발견 또는 발명을 하는 경우를 이르는 말입니다.

　최근 들어 세렌디피티는 일상에서 많이 회자되고 있습니다. 우리 삶은 모든 것이 계획된 대로만 이루어지지 않습니다. 대신에 가끔 발생하는 전혀 예상하지 못했던 일로 인해 방향이 바뀌는 경우가 허다합니다. 이런 예상치 못했던 일이 발생하는 것을 부정적인 마인드와 시각으로 바라보는 사람은 언제나 부정적인 상황으로 몰아갑니다. 반대로 이것을 긍정적인 상황으로 반전시키는 사람도 있습니다. 똑같은 예기치 못한 상황이지만 결과는 전혀 다르게 나타납니다. 달라지는 주변 환경보다 우연히 만나는 사람으로 인해 세렌디피티를 경험하게 됩니다.

　필자의 경우는 2009년 말 스티브 잡스가 만든 아이폰3가 국내에 처음 들어오면서 스마트폰의 미래를 감지하고 열정을 쏟아 부어 파고들면서 많은 사람들을 만났습니다. 필자에게 SNS 세상을 보여준 최규문 교수, 글쓰기 열정을 심어준 고정욱 작가, 모바일 미술로 창직한 정병길 화가, 디지털 리더 지용구 대표, 제주올레 홍경실 코치, 라이프 멘토 김동수 회장, 한국웃음연구소 이요셉 소장, 유머 일번지 김재화 작가, 진로진학 김원배 교사, 줌 전문가 유장휴, 그릭조이 오너셰프 전경무, 엄마학교협동조합 김정은 작가, 놀고먹기대학 남기선 작가, 문명연구소 안계환 작가, 모두출판협동조합 이재욱 대표, 프리미엄 안경디자이너 조성호 등등.

　필자는 사람과 사람을 연결하는 자타가 인정하는 슈퍼 커넥터(super connector)로 활약하면서 정말 많은 세렌디피티를 경험하고 있습니다. 최근 크리스티안 부슈가 지은 『세렌디피티 코드』에 제시한 38개 문항 190점 만점에 필자의 점수가 무려 179점에 이르렀습니다. 각 문항 5점 만점인데 흔쾌히 대부분 5점을 적었죠. 필자도 깜짝 놀랄만한 점수였습니다.

이는 그동안 필자가 만난 사람들로부터 받은 인사이트와 함께 필자의 작은 노력의 결과라고 자평하고 싶습니다. 세렌디피티는 점과 점을 연결하는 것입니다. 우연히 일어난 일이 점이라면 그 점과 다음에 일어나는 또 다른 일이 점이 되어 서로 연결되면 놀라운 일이 일어납니다. 그렇다고 아무런 생각 없이 그저 로또복권을 맞는 것처럼 가만히 앉아 있어서는 세렌디피티를 만날 수 없습니다.

세렌디피티를 만나고도 쉽사리 그냥 흘려보내는 사람이 있는가 하면 그것을 소중하게 생각하고 감사하며 더 나은 방향으로 이어가는 사람도 있습니다. 기회는 포착하는 사람의 몫입니다. 특히 세렌디피티는 더욱 그렇습니다.

평소에 감사하는 마음을 가지고 살아가는 사람에게 세렌디피티는 도적같이 찾아옵니다. 도적은 예상치 않은 순간에 훌쩍 나타났다가 사라집니다. 세렌디피티는 객관적이라기보다 주관적이라는 생각도 듭니다. 자신의 선택에 따라 그것을 붙잡을 수도 있고 영원히 놓쳐버릴 수도 있으니까요.

세상을 살아가면서 우리는 수많은 경험을 하지만 그저 하루하루를 똑같은 일만 반복한다고 생각하는 사람에게 세렌디피티는 결코 찾아오지 않습니다.

친구의 범위

코로나19로 인해 사회적 거리두기가 강화되면서 친구의 범위가 달라졌습니다. 대부분의 시간을 집이나 직장에서 콕 박혀 지내고 이동을 위해 자동차를 운전하고 다니면 하루 종일 지나고도 만나는 사람이 별로 없습니다.

　세상 돌아가는 흐름은 뉴스를 통해 알 수 있지만, 지금까지 만나고 교류했던 친구들조차 만나지 못합니다. 이웃이 사촌이요 멀리 떨어져 있으면 마음도 멀어진다는 옛말이 틀림없습니다. 이럴 때 그동안 소셜 네트워크를 통해 꾸준히 쌓아왔던 친구들과의 소통이 빛을 발하고 있습니다.

　굳이 얼굴을 마주하고 보지 않아도 문자로 또는 카카오톡으로, 또 가끔은 화상회의 줌으로 서로의 안부를 묻고 공동 관심사를 통해 네트워킹을 이어 갑니다.

　사람마다 인적 네트워킹을 하는 방식은 어쩔 수 없이 서로 다릅니다. 하지만 본질은 그리 다르지 않습니다. 흔히 그 사람이 누구인지를 알고 이해하려면 최근에 그가 누구와 만나고 소통했는지를 보면 안다고 합니다. 인간은 누구나 필요에 따라 누군가를 만나고 소통하기 때문입니다.

　그런데 필자는 코칭을 하거나 강연을 하면서 사람들이 친구에 대해 어떤 생각을 갖고 행동하는지 알게 되었습니다. 오프라인 친구의 경우에는 누구나 생각하는 범위를 크게 벗어나지 않습니다. 하지만 온라인 친구의 경우는 천차만별입니다. 카카오톡이나 페이스북만 예를 들어도 어떤 사람은 단톡방에 올라온 글과 사진을 꼼꼼히 읽어보는가 하면 어떤 사람은 대략 훑어보고 중요한 내용만 자세히 들여다봅니다.

　어느 편이 옳고 그르다는 말이 아닙니다. 어디까지나 개인의 성향에 따라 다르다는 뜻이지요. 그런데 가끔 자신과는 다른 성향의 상대에게 자신과 같이 하지 않는다고 다그치거나 무례하다고 생각하는 사람도 있습니다.

　예를 들어 무언가를 물었으면 반드시 대답을 해야 하는데 왜

답을 미루거나 하지 않느냐고 따지는 겁니다. 이런 태도는 서로의 감정을 건드리게 됩니다. 겸손한 자세로 회신을 요구하면 누구나 친절하게 답을 합니다. 혹시 회신이 늦었으면 미안하다고 하며 늦게나마 답을 주면 됩니다.

말에 감정이 실리듯 글에도 감정이 실립니다. 온라인 친구는 오프라인 친구와 다릅니다.

자신에게 상대방은 중요한 사람이라고 생각할지라도 상대방에게 자신은 그다지 중요한 사람이 아닐 수도 있습니다.

기브 앤 테이크(give & take) 스타일의 사람에게는 반드시 주었으면 받아야 한다는 의도가 저변에 깔려 있습니다. 그러나 테이크를 생각하지 않고 기브에 전념하는 사람은 혹시 받지 못해도 섭섭해 하지 않습니다. 오프라인 친구에 못지않게 온라인 친구도 어느 정도 신뢰를 쌓기 위해서는 시간이 꽤 필요합니다. 그걸 참지 못하고 오락가락하면 진정한 친구로 남기 어렵습니다.

또한 온라인 친구가 상대방을 귀찮게 하거나 피해를 주면 '쿨'하게 정리하는 지혜도 요구됩니다. 이러지도 저러지도 못하는 우유부단한 상태는 서로에게 피로감을 더해 줍니다. 계속해서 사회적 거리두기가 연장되면서 이런 상황을 계속해서 만나게 될 겁니다. 더욱 지혜로운 판단이 필요한 때입니다.

에필로그

먼저 지금까지 인도하신 하나님께 감사드립니다.
모두가 하나님의 사랑과 섭리입니다.
이미 출간한 창직 관련 서적 세 권과 다름없이 이번에도 모두출판협동조합 이재욱 이사장의 권유로 책을 내게 되었습니다. 그는 필자의 원고를 받고 직접 원고를 꼼꼼히 읽으면서 1~7강으로 잘 분류해 주었습니다. 이재욱 이사장에게 각별한 감사의 인사를 전합니다. 또한 책을 디자인한 디자이너의 수고도 컸습니다.
변함없는 사랑으로 늘 지켜봐 준 아내 이정숙과 두 아들 현과 준, 두 며느리 이하나와 이향정 그리고 손자 민균에게 감사하고 싶습니다. 이들이 필자의 에너지 원천입니다. 여섯 살 손자 민균이가 나중에 커서 할아버지의 책을 보면 뭐라고 할지 궁금하기도 합니다.
또한 필자가 오늘에 이르기까지 많은 분들의 도움이 있었습니다. 진심으로 감사드립니다. 여러분의 도움이 없었다면 필자가 여기까지 오지 못했을 것입니다.
필자의 코칭을 받고 이미 창직을 했거나 준비 중에 있는 모든 분들에게 감사의 뜻을 전하고 싶습니다. 비록 필자가 코칭을 했지만 실상 그들을 통해 필자가 더 많은 것을 배웠습니다.
세상은 지금까지보다 앞으로 더 빠르게 많이 변할 것입니다. 한 가지 위안이 되는 것은 창직 코칭을 해 온 필자에게는 이제 새로운 것에 도전하는 두려움이 없습니다. 왜냐하면 어떤 목표에든 도전할 수 있는 자신감이 생겼기 때문입니다. 여러분도 모두가 창직을 통해 평생 직업을 찾기를 기원합니다.
감사합니다.